**라깡의
루브르**

라깡의
루브르

정신병동으로서의 박물관

백상현

à Jisuk

문체는 인간 그 자신이다.

- 자크 라깡, 『에크리』

달리 말하면, 인간 존재란 스스로의 주이상스에 대해서

우회하거나 에둘러 말하는 방식 자체이며,

그러한 담화의 방어적 형식 속에서 출현하는 환영들, 즉 유령들이다.

- 작가 노트

프롤로그

논점punctum

이제 막 책을 펼쳐 든 독자에게 필자가 제안하고 싶은 것은 비교적 단순하다. 우리 자신에 대해서, 그것의 확장인 문명에 대해서 이제까지와는 다른 생각의 길을 열기. 고정관념으로 직조된 생각의 테두리로부터 벗어나는 방식으로 문명의 양상들을 상상하고, 그것의 일부인 '나' 자신에게 새롭게 접근하는 길을 트기Bahnung. 생각의 송곳으로 관념들의 표면을 찔러 구멍을 뚫기puncta. 이를 위해서 이 책은 정신분석이라는 도구(송곳)를 사용한다. 특히 우리가 의존하게 될 프로이트-라깡학파의 정신분석은 인간이 스스로에 대해 갖는 다양한 오인과 환상을 분석하고 그것을 넘어서는 방법을 알려주기 때문이다.

선과 악에 대해서, 아름다움과 추함에 대해서, 쾌락과 고통에 대해서, 사랑과 증오에 대해서, 평온과 불안에 대해서 우리를 사로잡는 고정관념과 오인의 베일들은 삶을 한없이 유한한 것으로, 자유롭지 못한 것으로, 특정한 심리적 힘에 종속된 것으로 만든다. 그것들은 우리에게 소유되는 방식으로 우리를 소유하는데, 그런 사정은 한 개인의 미시적 심리 상태로부터 문명의 거시적 활동에 이르기까지 다르지 않다. 우리의 마음이 우리 자신의 의지대로 흐르지 않고 오히려 우리의 존재를 구속하는 것처럼 느껴지는 현상은 문명의 차원에서도 그대로 반복되기 때문이다. 예를 들어, 박물관은 어떤가? 그것은 인류의 소유일까? 반대로 인간을 소유하는 알 수 없는 힘의 신전이 아닐까? 박물관을 거니는 우리 자신의 존재 역시 박물관의 유물과 작품들이 속한 숙명에 종속되는 것은 아닐까? 자본주의라는 틀 속의 경제활동은 어떤가? 사랑이라는 욕망의 행위들은? 삶의 안정과 쾌락을 위해 마련된 다양한 활동들에서 우리는 행위의 주인처럼 굴지만, 정작 우리를 지배하는 것은 우리 자신이 아니지 않은가?

정신분석은 우리 마음의 주인인 동시에 문명의 지배자인 그것을 무의식이라 부른다. 무의식은 주이상스라고 불리는 쾌락의 중핵을 언어로 둘러싸면서 발생하는 독자적인 마음의 구조이며 그 속에서 형성되는 특정 패턴들의 반복 운동이다. 바로 이 무의식의 구조가 자아와 세계에 관련된 모든 환상들을 만들어낸다. 우리가 주체라고 부르는 것은 그와 같은 환상적 세계 이미지 속에서 출현하는 오인의 가장 극단적 형태이다. 여기서의 문제는 그러한 환상을 횡단하여 극복하는 것이 된다. 만일 사정이 그러하다면, 환상의 횡단을 위해 요청되는 첫 번째 실천은 '분석analysis'일 것이다. 분석의 그리스어 어원이 말해주듯 그것은 환상을 이루는 전체를 '해체analuô'하여 그 밑에 숨겨진 원인을, 즉 세계를 지탱하는 환상들의 본모습을 밝히는 것이다. 마치 정신 분석가를 찾아온 내담자가 자신의 삶을 지탱하던 환상들의 정체를 분석을 통해 알아가게 되는 것처럼, 그리하여 그 모든 환상의 원인이 되었던 궁극적인 근본환상의 장소에 도달하게 되는 것과 같이, 문명에 대한 분석은 그것을 지탱하는 근본적 환상의 장소로 독자를 데려갈 수 있다. 한 점의 회화가, 조각 작품이 제작되었던 가장 근본적인 이유가 무엇인지를 알게 됨으로써 우리는 박물관이 건설되었던 무의식적 원인을 이해하게 되며, 마찬가지로 문명 일반이 건설되는 기본적인 패러다임이 무엇이며, 그것의 원인은 또한 무엇이었는지를 이해할 수 있게 된다. 나아가서 이러한 이해는 우리 자신의 자아와 관련된 환상을 이해하는 하나의 방법이 된다. 문명과 자아는 동일한 구조 속에서 서로를 비추는 거울 관계에 있기 때문이다.

  아마도 이러한 과정들은 프로이트와 라깡이 행했던 작업에 대한 역방향의 탐사라고 말할 수 있을지도 모른다. 정신분석의 창안자와 발전적 계승자였던 이 두 사람이 20세기 문명에 주었던 선물은 개인의 심리적 구조와 원인을 밝힘으로써 인류 문명 전체에 대한 새로운 이해의 가능성을 연 것이다. 반면 우리의 책은 문명의 양상들이 가진 무의식적 구조와 원인의 차원을 분석함으로써 그것을 만들었던 인간 자신의 마음을 이해하는 방향을 취한다. 그러나 이 둘은 방향만 다를 뿐 궁극적으로 같은 목적을 갖는다고 할 수 있는데, 그것은 바로 인간 자신을 이해하고 넘어서는 것이다. '요컨대punctátim' 그것은 '나'를 가두는 문명의 베일의 표면을 '찔러punctim' 낸 '상처punctus'로부터 새로운 살과 근육이 생성될 수 있는, 새로운 '나'의 개념이 창안되는 가능성을 타진하는 것에 다름 아니다.

장소topos

생각의 눈을 가리는 베일에 구멍을 뚫고자 하는 이 책이 취하는 방법과 여정은 조금 특별하다. 책은 파리의 루브르 박물관이라는 한정된 장소에 머물면서 이 모든 탐사의 여정을 이어나갈 것이기 때문이다. 그래서 루브르는 이 책의 장소, 즉 '토포스'이다. 우리는 그곳에서 마치 지형 측량사가 하듯 지도를 그려보려고 한다. 물론 그 지도는 박물관의 입구에 비치된 관람객을 위한 친절한 안내도와는 전혀 다른 것이다. 책이 그리려고 하는 지도는 박물관이 숨기고 있는 비밀 통로와 숨겨진 밀실들의 지도이다. 그곳을 방문하는 수십, 수백만의 관광객들과 고전적 미술사가들의 눈에는 결코 보이지 않았을 숨겨진 장소들의 지형도. 문명의 유물들과 예술 작품들이 주는 고매한 쾌락에만 이끌리는 눈들에게는 결코 보이지 않았을 하나의 구멍을, 그곳으로 통하는 비밀 통로의 지도를 그리려고 한다. 간단히 말해서, 이 책은 박물관의 무의식의 지형도를 담아내려고 한다. 그리하여 책이 말하고자 하는 것은 '박물관을 즐기는 또 다른 하나의 방법론' 따위가 전혀 아니다. 오히려 이 책은 박물관이 세워지고 유지되고 향유되는 구조의 모든 토대에 숨겨진 근본적인 장소의 위치를 드러내려고 한다. 그것은 바로 박물관의 중심에 위치한 공백의 검은 구멍이며, 그로부터 발산되는 공허와 불안이다. 박물관의 무의식은 바로 이곳을 억압하고 은폐하기 위해 복도를 만들고 천정을 높이고, 주변을 화려한 작품들로 장식하고 있었던 것이다. 박물관의 유물들에 붙여진 세밀한 이름표들의 연대기적 질서는 그것들 너머에 숨겨진 유령을, 모든 종류의 명명에 저항하는 불안의 대상을 사로잡아 가두기 위한 문명의 임시변통일 뿐이었기 때문이다. 이 책은 바로 그와 같이 은폐하는 구조의 지형도를 그려내는 과정 속에서 은폐의 대상인 불안의 공백으로, 검은 구멍인 그곳으로 접근하는 길을 찾아내려고 한다.

이를 위해 사용되는 또 다른 토포스가 바로 정신분석이다. 라깡학파의 정신분석은 우리의 마음을 세 가지 토포스로 규정하는데, 신경증, 정신병, 성도착증이 그것이다.[1] 유아기의 인간은 말을 배우는 단계에서 이들 세 영역 중 하나로 편입된다. 보다 구조적인 표현을 쓰자면, 인간은 자신의 주이상스에 대해서 신경증, 성도착증, 정신병의

---

1 정신분석 진단의 이러한 세 가지 범주는 라깡의 후기 임상에서 변화를 겪는다. 후기 이론에서는 인간의 정신 구조가 '아버지의 이름'의 폐제 유무에 따라서 정신병(폐제)과 신경증으로 확연히 나뉘지 않는다. 이제 '아버지의 이름'은 주이상스를, 실재의 불안정성을 고정시키는 수많은 이름들 중 단지 하나의 우연적인 이름에 불과할 뿐이다. 따라서 전기 라깡이 '아버지의 이름'을 중심으로 하는 신경증의 구조를 우선해서 이론을 전개해나갔다면 후기 라깡은 정신병을 일반적 구조로 보고('아버지-이름'의 폐제의 일반화), 각각의 개인들이 각기 다른 방식으로 주이상스를 안정화(루틴화)시키며 서로 다른 쾌락의 향유 양식들을 생산하는 것으로 간주한다. 그러나 이 책은 후기의 논점보다는 편의상 초중기의 진단 기준을 참조한다. 정신병과 신경증 그리고 도착증의 구조가 더 이상 절대적이며 선험적인 범주가 될 수는 없지만 여전히 실용적인 구분의 틀이 되어주기 때문이다.

세 가지 서로 다른 포지션 중 하나를 취하게 되는 것이다. 우리의 책은 박물관의 예술 작품들을 이 세 가지 지형도 속에서 분석함으로써 박물관이 불안의 구멍을 억압하거나 드러내는 세 가지 유형의 지도를 그려낼 것이다. 예를 들자면, 첫 번째 장과 두 번째 장에서는 신경증의 두 가지 주요 유형에 속하는 강박증과 히스테리의 구조 속에서 어떻게 박물관의 건축과 회화 작품들이 불안의 구멍을 은폐하거나 무의식적으로 드러내는지 그 양상들이 그려진다. 세 번째 장에서는 정신병의 한 유형인 멜랑꼴리의 구조가 어떻게 불안의 공백에 사로잡히는지 묘사된다. 마지막이 될 네 번째 장에서는 성도착의 구조가 공백을 드러내는 동시에 그것을 또 다른 환상의 베일로 포획하는 특별한 방식이 예술 작품들의 분석을 통해 설명될 것이다. 그리하여 이 책은 루브르의 토포스를 정신분석의 토포스와 중첩시키고, 이 과정 속에서 드러나는 교차점으로서의 구멍을 찾아내려고 한다. 이를 위해서 필자는 각 장이 시작되는 곳에서 실제의 환자들을 먼저 소개했다. 강박증 환자, 히스테리 환자, 정신병적 멜랑꼴리 환자, 성도착증 환자의 실제 기록들을 통해 정신분석의 토포스를 선명히 드러내고, 이를 다시 박물관과 예술 작품들의 토포스 위에 겹쳐지도록 했다. 아마도 이러한 토포스의 중첩은 이 책을 읽는 하나의 방법을 제시하는 것으로 간주될 수 있을 텐데, 그것은 먼저 제시된 환자의 증상과 구조를 그대로 박물관과 작품들을 이해하는 틀로 사용하는 것이다.

비장소atopos

그러한 방식으로 그려지는 루브르의 정신분석적 지형도의 중심에서 발견되는 검은 구멍은 무엇을 의미하는가? 그것은 모든 정신적 구조 유형과 문명의 기원에 위치하는 주이상스의 중핵이며, 개인의 차원에서 집단적 문명의 차원에 이르기까지 '말하는 인간'의 쾌락과 불안을 결정하는 무의식의 결정자이다. 그러나 이것은 어떤 실체나 생물학적 대상이 아니다. 이것은 인간이 언어를 사용함으로써 발생하는 쾌락과 언어의 관계성 그 이상도 이하도 아니기 때문이다. 무의식은 바로 이 단순한 언어적 관계를 통해 발생하며, 우리의 존재는 이러한 관계의 패턴들에 철저히 종속되어 있다. 인간 존재란 쾌락과 고통이 뒤섞인 주이상스의 중핵을 둘러싸는 언어적 직조물의 다양한 형상들에 불과하기 때문이다. 달리 표현한다면, 우리의 존재는 언어의 작은 제국들이며, 역설적이게도 그러한 제국의 중심에 언어화될 수 없는, '말해지거나 써지는 것에 저항하는' 주이상스의 동공洞空을 숨기고 있다.

　박물관에 대해서도 같은 말을 할 수 있다. 박물관을 채우는 감각적 이미지들의 풍요로움에도 불구하고 그것들이 아름답거나 웅장하거나 새롭다고 느껴지게 하는 것은 결국 언어적 질서이다. 박물관은 이미지들을 언어적으로 거세하고 통제하는 과정 속에서 비로소 그것들이 의미를 가질 수 있도록 하는 언어의 제국이다. 만일 우리가 정신분석적 토포스를 통해 박물관의 지형도를 그리려 했다면, 이는 결국 언어적 제국의 지형도를 그리려는 시도라고 할 수 있다. 고전주의적 언어는 어떻게 이미지의 불확실성을 사로잡는가, 매너리즘과 낭만주의 미술의 언어는 어떻게 이미지의 불안을 드러내는가, 앵그르의 관음증적 언어의 회화는 어떻게 이미지들의 거세를 우회하는가 등의 문제가 그곳에 걸려 있다. 이처럼 다양한 유형의 언어에 사로잡힌 박물관-제국의 지형도를 그려내면서 우리가 접근하려는 장소는 그럼에도 언어적 틀에 의해 포획되지 않는 마지막 대상이 숨겨진 장소이다. 그곳은 어떠한 틀에 의해서도 대상화될 수 없다는 의미에서 비대상의 장소이기도 하다. 우리가 이 비대상의 장소 혹은 비장소의 장소에 도달하려는 이유는 그곳이 인간 존재의 가장 핵심적인 윤리와 관계되는 장소이기 때문이다.

다시 강조하건대, 그곳은 박물관의 모든 환상들이 출현하는 원인이 되었던 장소이다. 따라서 그곳에 도달하는 과정 자체는 이미 문명과 인간 자신에 관한 환상을 횡단한다는 의미를 갖는다. 환상에 사로잡히지 않기 위해서는 필연코 그곳에 도달하는 운동을 반복해야 한다는 것인데, 그러고 나면 무슨 일이 벌어질까? 최소한 우리는 우리 자신을 사로잡고 놓아주지 않았던 존재와 세계의 좌표들, 즉 토포스의 현실성이 하나의 신기루였다는 사실을 알게 되지 않을까? 그토록 견고해 보였던 박물관의 벽과 천정, 그리고 복도의 구조가 한여름 밤의 꿈과 같았다는 사실을 알게 되지 않을까? 우리 자신을 사로잡고 놓아주지 않았던 완고했던 숙명적 삶의 스토리가 한 편의 조잡한 동화에 불과했다는 사실을 알게 되지 않을까? 바로 이 순간을 롤랑 바르트는 비장소, 즉 '아토포스'라고 부르지 않았던가?

토포스의 중핵에 도달하면 그처럼 아토포스의 구멍이 열린다. 우리를 가두는 장소들이 은폐하고 있는 토포스의 중심에 비장소의 시작점이 존재하기 때문이다. 그리고 그곳이 바로 현존하는 토포스의 권력이 정지되는 지점인 동시에 도래할 미래의 새로운 토포스가 그려지게 될 창조의 공간이다. 롤랑 바르트는 『사랑의 단상』에서 사랑이 그와 같은 아토포스의 기능을 한다고 생각했다. 연인들을 고립시키는 사랑의 고독은 현재의 세계관이 무너지는 경험 속에서 사랑에 빠진 존재를 길 잃게 하는 힘을 갖기 때문이다. 라깡을 따라서 우리는 이것을 욕망이라 불러도 좋다. 라깡이 『세미나 7』에서 '죽음을 욕망함'이라고 불렀던 정신분석의 윤리가 바로 그것이지 않았던가? 여기서 죽음이 의미하는 바는 현존하는 토포스의 죽음이며, 따라서 그것은 검은 구멍을 욕망함이며, 환상의 중핵에 존재하는 상징화될 수 없는 공백을 욕망함에 다름 아니다.

가려움증atopy

이 책은 바로 그와 같은 욕망의 여정을 담았다. 토포스를 횡단한 곳에서 시작되는 아토포스에 대한 욕망. 주어진 장소로부터 주어지지 않는 장소로의 도약에 대한 욕망. 견고한 환상들의 질서로부터 유령적(비)질서로의 도약에 대한 욕망.

신경증적 소외 일반의 토포스를 다루는 1장을 제외한 나머지 장 각각의 마지막 부분에서 필자는 아토포스의 욕망이 어떻게 논리적으로 말해질 수 있는지를 고민했다. 어떻게 히스테리적 욕망은 자신의 토포스를 무너뜨리고 아토포스로 도약하는가(2장). 멜랑꼴리의 신경증적 판본인 우울증은 어떻게 토포스의 몰락에 대한 깊은 슬픔으로부터 빠져나올 수 있는가(3장). 성도착의 구조가 보여주는 특수한 토포스의 상상적 권력을 아토포스로 도약하는 힘으로 전환시키는 문제(4장) 등이 각 장의 마지막 부분을 채우고 있다. 그런 식으로 이 책은 토포스로부터 아토포스로 나아가는 길의 논리적 지형도를 그려내려고 시도했다.

그럼에도 필자는 이 모든 논리적 지형들이 미술사와 박물관학에 대한 정신분석적 접근이라는, 단지 사변적 설명에 한정되지 않기를 희망한다. 왜냐하면, 박물관이나 정신분석 임상실이라는 토포스의 주인공은 누가 뭐래도 우리 자신, 매일을 살아가는 평범한 우리 존재들이기 때문이다. 그런 의미에서 필자는 이 책을 가득 채우는 문자들이 우리의 일상적 사유를 간지럽히는 벌레와 같은 것이 되었으면 좋겠다. 혹은, 주어진 대로 살아가는 것에 알레르기 반응을 일으키도록 만드는 일종의 병원균이었으면 좋겠다. 예를 들면 아토피[2]와 같은 것 말이다. 장소를 구분하지 않고 찾아와 존재를 간지럽히는 피부병. 토포스의 경계선들을 위반하고 횡단하여 범주와 규범의 권력을 무색하

---

2 피부질환의 일종인 '아토피(atopy)'의 어원 역시 '아토포스(atopos)'이다. 특별한 부위에 머물지 않고 전신을 돌아다니기에 '비장소의 피부병'이라 이름 붙여졌다.

게 만드는 존재의 간지럼증과 같은 것. 그리하여 우리를 좀 쑤시게 하고 마침내는 '자리'에서 일어나 움직이게 만드는 '비장소'의 피부병인 '아토피'와 같은 책이 되기를 희망한다.

차례

1장 　강박증의 박물관

마음의 고고학

고고학아르카이올로기아ἀρχαιολογία이란, 단어의 어원이 상기시키듯 '오래
된아르카이오스ἀρχαῖος' 옛것이 다시 '말해지도록로고스λόγος' 발굴하여 드
러내는 것을 의미한다. 여기서 '말해진다'는 의미의 고대 그리스어인
'로고스'는 '이성적으로 엄밀히 말해짐' 또는 '보편적인 것으로 받아
들여지도록 논해지는 것'을 뜻하기도 한다. 따라서 고고학이란 시간
의 흐름 속에서 상실되었던 과거의 흔적을 오늘의 규범적 언어 속에
통합하고자 하는 시도이다. 이는 망각 속에 묻혀 있던 인류의 기억에
이름을 붙여주고, 그에 합당한 의미를 부여하는 것이다. 이를 통해 인
류가 과거에 대한 소문과 억견[1]으로부터 벗어나 자신의 진리 또는 정

---

1 플라톤의 철학에서 억견(doxa)은 진리와 대립되는 상대적인 의견들이다. 정신분석적 관
점에서 억견은 또한 '텅 빈 말(parole vide)'과 같다. 그것은 진리를 말하지 않기 위해 발음되는
자아의 방어적 사변들이기도 하다.

체성에 더 가까이 접근하려는 시도라고 할 수 있다. 고고학의 본질적인 질문은 자기 자신이 누구인지 알기를 원하는 인류의 고유한 학문, 즉 인문학의 궁극적 질문과 동일한 지점을 가리키기 때문이다.

그런데 이와 같은 고고학적 실천은 학자들만의 고유한 활동은 아니다. 우리의 일상에서 일어나는 기억과 환기의 작용들 역시 이미 고고학적 속성을 지니고 있기 때문이다. 예를 들어보자. 우리 자신의 정체성은 어떻게 구성되는가? '내'가 누구인지 알 수 있도록 해주는 것은 기억의 흔적들이다. 기억들은 정체성을 유지하게 하지만 때로는 변화를 야기한다. 새로 발견된 과거 또는 현재의 기억의 흔적이 나 자신에 관한 이미지를 뒤바꿔놓을 가능성은 언제나 존재하기 때문이다. 우리의 정신은 고고학자가 과거의 기억을 탐사하고 그 결과물을 통해 인류의 정체성을 이해하듯이 자신의 과거로부터 비롯된 기억의 흔적들을 탐사하여 현재의 자아를 이해하려고 한다. 정신의 이러한 고고학적 작업은 결코 쉬는 법이 없다. 가깝게는 어제의 사건들에 관해 질문하고 의미를 부여하는 시도가 있을 수 있고, 멀리는 수년 전의 기억의 발굴과 재해석을 통해 스스로가 누구인지를 질문하고, 이를 통해 자신의 정체성에 관한 이미지를 구성하기를 멈추지 않는다.

이러한 기억의 작업이 없다면 우리는 스스로가 누구인지 알 수 없는 분열과 혼돈의 나락으로 떨어질 것이 분명하다. 정신병 환자들의 경우가 그렇다. 기억의 작업이 제대로 작동하지 않았던 그들은 정체성의 치명적인 분열을 경험한다. 그들은 스스로가 누구인지를 알기 위해 부단히 노력하지만 이러한 노력은 결국 망상적인 해석으로 이어지고, 이를 통해 다시금 끔찍한 불안의 고통을 겪어야 하는 악순환에 빠져든다. 그들은 기억의 고고학적 작업에서 로고스적 언어의 도움을 받지 못한다. 유아기에 언어의 상징적 규범이 안정적으로 구성될 기회를 놓쳐버렸기 때문이다. 정신병의 고고학은 그래서 시적인 언어의 고고학이며, 무한한 차이를 획득하는 대가로 보편성을 상실하게 된 고독의 세계를 창조해낸다. 만일 이러한 비유가 가능하다면, 그들의 개인사 박물관에는 진기한 유물들이 가득하지만 이 유물들은 그곳을 찾는 관람객들에게 그 무엇도 말해주지 않는다.

반대로, 소위 정상인이라는 사람들, 라깡이 신경증자로 분류하는 이들의 개인사 박물관의 유물들은 그곳을 방문하는 관람객 모두에게 대체로 이해되는 가치를 갖는다. 이들이 자신의 기억을 탐사하기 위해 사용했던 언어는 모두에게 소통 가능한 형식의 공용어, 라깡학파의 정신분석이 대타자의 언어라고 부르는 것이기 때문이다. 이 언어를 통해 말하고 말해지는 우리는 개인사의 고유함을 포기하는 대가로 소통 가능성이라는 편리를 얻어낸다.

늑대인간의 개인사 박물관

수집된 마음속의 기억은 다양한 층위를 이룬다. 어떤 기억은 의식의 표면 위에서 생생한 반면 다른 기억은 무의식의 차원에 은폐되어 있다. 어떤 기억은 아주 오래된 일임에도 결코 잊히지 않는데 어떤 기억은 불과 며칠 전의 일인데도 거짓말처럼 전혀 생각나지 않는다. 기억은 또한 원래의 모습에서 변형되어 왜곡의 과정을 거친다. 만일 한 인간의 기억의 흔적들이 보존된 마음속의 공간을 '개인사 박물관'이라고 은유할 수 있다면, 그곳에 안치된 유물들은 어떤 신비로운 힘에 의해 선택 혹은 거부되거나 자주 왜곡되는 듯이 보인다. 프로이트의 정신분석이 우리에게 알려준 교훈 중에 하나는, 이러한 선택이 우리 자신의 의지에 의해서 이루어지는 것은 아니라는 사실이다. 그에 따른다면, 한 인간의 개인사 박물관에 유물로 보존되는 대상들의 선택은 무의식의 수준에서 벌어지는 어떤 종류의 힘의 작용과 관련이 있다. 우리의 마음은 그런 방식으로 자신도 모르는 새에 선별적 고고학을 실행하고 있었던 것이다. 프로이트의 이 같은 발견은 그가 신경증 환자들을 치료하는 과정에서 얻어낸 지식이었는데, 그중에서도 세르게이 판케예프Sergei Pankejeff라는 남자의 치료 과정은 한 인간의 개인사 박물관이 어떻게 형성되고 유지되는지를 보여주는 전형적인 사례라고 할 수 있다.

'늑대인간'으로 더 잘 알려진 이 남자는 1910년에서 1914년 사이에 프로이트에게 정신분석 치료를 받았던, 당시 23세의 젊은 신경증 환자였다. 프로이트의 기록에 의하면 그는 어린 시절 강박신경증의 다양한 증세를 차례로 앓았으며, 성인이 되어 프로이트를 찾아왔을 당시에는 심각한 무기력증과 우울증 그리고 히스테리성 대장 장애를 호소했다. 치료가 진행되는 동안 환자는 자신의 유년기의 기억에 대한

세르게이 판케예프와 그의 아내.

많은 이야기를 프로이트에게 들려주었는데, 어떤 것들은 환자가 이미 기억하고 있는 것들이었고, 다른 어떤 것들은 상담 과정에서 새롭게 환기된 내용이었다.

그 나이의 아이들이 대체로 그렇듯이 소년 시절의 환자는 무서워하는 동물이나 벌레가 많았다. 특히 늑대를 무서워했는데 이는 소년의 꿈에 지속적으로 등장하는 하나의 장면에서 비롯된 것이었다. 소년은 꿈속에서 창문이 열리고, 창밖의 나뭇가지 위에 대여섯 마리의 하얀 늑대가 꼼짝 않고 앉아 자신을 응시하는 이미지를 보았다. 소년이 네 살 되던 해의 크리스마스 전날 밤부터 시작된 악몽이었다. 이 꿈에서 비롯된 늑대 공포증 외에도 소년은 애벌레 같은 작은 동물들을 무서워했다. 줄무늬 나비도 무서웠다고 기억했고, 그러면서도 이들을 가학적으로 잔인하게 찢어 죽이는 놀이에 몰두했다는 상반된 기억도 가지고 있었다.

이후 소년은 성서에 영향을 받아서 종교에 대한 강박적인 증세를 보이기 시작한다. 끊임없이 가슴에 십자가를 긋는다든가, 침실 벽면에 걸려 있는 성화들에 의자를 놓고 기어올라가 모두 입을 맞추기 전에는 잠들려 하지 않았다. 이 같은 증상들 말고도 환자는 정확히 기억할 수 없는 시기에 자신이 섭식 장애를 겪었고, 또한 대장 장애를 지속적으로 겪어왔다고 했다. 늑대인간이 간직하고 있던 이러한 파편적인 기억들 외에 분석이 진행되는 동안 새롭게 떠오른 기억들도 있다. 예를 들면, 환자가 두 살 반쯤 되었을 때 아버지와 어머니 그리고 네 살이던 누나가 마차를 타고 어디론가 떠나는 모습을 가정교사와 함께 배웅한 뒤 평화롭게 집으로 들어서는 자신의 모습에 관한 기억이 있다. 또한 환자가 세 살 반쯤 되었을 때 그의 누나에게서 성적인 놀이를 통해 유혹받은 기억도 상담 과정에서 떠오르게 되었다. 누나는 소년의 성기를 잡고 장난쳤고, 그러면서 소년에게 그들의 유모 역시 자기와 똑같은 일을 아무에게나 했다고 말해주었던 기억이다. 그리고 마지막으로 환자는 부모의 성교 장면을, 아버지가 뒤에 서고 어머니가 엎드린 자세로 성교하고 있던 장면을 기억해낸다. 놀랍게도 이것은 한 살 반쯤의 나이로 추정되는 시기의 기억이었다.

프로이트와의 상담치료 과정에서 늑대인간이 구성해낸 자신의 개인사 박물관의 유물들이란 대체로 이러한 것들이다. 마지막에 언급된 한 살 반 시기의 '믿기 힘든' 부모의 성교 장면에 대한 기억을 제외하

세르게이와 누이 안나의 유년 시절.

면 대체로 우리 모두에게 적용될 수 있는 개인사의 흔한 에피소드들
이 박물관을 채우고 있다는 사실에 동의할 수 있을 것이다. 여기서 마
지막의 기억이 믿기 힘들다는 말의 의미는 그런 일이 전혀 일어날 수
없다는 것이 아니라(오히려 그것은 흔한 일이다) 유아기 기억의 조숙함
이 우리의 상식을 넘어선다는 뜻이다. 한 살 반의 유아가 부모의 성교
장면을 볼 수는 있겠지만, 그것을 기억의 형태로 무의식 속에 간직한
다는 것은 상식적으로 납득하기 힘들다. 물론 부모의 성교 장면의 진
정한 의미는 그보다 훨씬 뒤에 알게 되었을 것이다. 그럼에도 이 최초
의 성적 기억은 그저 단순한 행위로 간주되는 이미지는 아니었던 것
같다. 그것은 환자에게 분명 성적인 충동을 자극하는 원형적 힘을 가

늘대인간이 치료 중에 직접 그린 늑대 꿈 이미지.

진 이미지였다. 프로이트는 이런 기억을 원장면이라고 부른다. 유아 성욕과 기억 그리고 그것의 억압과 은폐 등에 관한 프로이트 정신분석의 관점에 동의하건 그렇지 않건, 어쨌든 우리는 늑대인간의 상담 치료 기록을 통해서 개인사 박물관의 구조에 관한 하나의 그림을 그려볼 수 있게 되었다. 이처럼 늑대인간의 사례는 정신분석학의 발전에 기여했던 분석 사례일 뿐만 아니라 일반 독자의 관점에서 기억의 구조를 이해하는 데 도움을 주는 소중한 자료이다. 특히 기억들이 서로 연결되거나 단절되는 방식은 우리 자신의 정체성이 어떻게 구성되는지를 알려주는 단서가 될 수 있다.

예를 들어, 소년의 꿈에 나타난 늑대 무리가 발산하는 공포감은 아버지에 대한 소년의 성적 충동을 억압하는 기능을 했던 것으로 분석에 의해 밝혀진다. 늑대에 관한 소년의 지식은 동화 속의 이미지 또는 실제의 사냥개들이 보여주는 이미지를 통해 습득되었을 것이다. 소년이 살던 곳은 농장이었고, 근처의 목장에는 양치기 개들이 많았다. 그들이 성교하는 장면을 소년이 보았을 가능성은 충분히 높고, 이를 통해서 늑대는 아버지와 어머니의 후배위 성교 장면을 은밀히 연상시키는 기능을 했을 것이다. 그러나 꿈속에서의 늑대는 에로틱한 환상이아니라 공포의 대상이다. 그리고 아버지에 대한 소년의 성적 충동은자신을 어머니와 동일시하면서 유형화되었다. 늑대 꿈은 소년을 수동적이며 여성적인 위치로 자리 잡게 만드는 환상이었고, 소년의 자아는 이것을 받아들일 수 없었을 것이다. 늑대 꿈을 꿀 당시의 소년은 이미 남성과 여성의 성적인 태도에 관한 지식을 갖고 있었으며, 자신이 남자의 능동적 위치에 있어야 한다는 사실 역시 잘 알고 있었다. 따라서 아버지를 사랑하는 마음속에 자리 잡고 있었던 성적 충동은어떤 방식으로든 억압되어야 했고, 억압의 양상은 늑대 꿈을 비롯한다양한 공포증의 형태로 나타났던 것이다.[2] 늑대에 대한 공포는 소년

---

2 라깡에 따르면, 엄밀한 의미에서의 성관계, 즉 성에 대한 규범적 관계성이란 존재하지 않는다. 즉, 성관계란 없으며 오직 욕망의 대상 a와의 관계만이 존재한다. 따라서 능동성(남성)과 수동성(여성)은 그것 자체로 남성과 여성의 성차에 대한 근본적 표상이 될 수 없다. 이것은오히려 욕망의 대상과 주체의 관계를 매개하는 문화-지식의 상대적 베일들이다. 그럼에도 남녀 관계의 심리적 포지션으로서의 능동과 수동의 구분은 이미 어린아이의 지식 속에서 성적정체성을 구분하는 강력한 표지로 인식되기 시작한다. 또는, 성차에 대한 능동성-수동성의 지식은 유아기로부터 비롯되는 신화에 근거한다고도 할 수 있다. 이에 대해서 라깡은 다음과 같

의 성충동을 겁주고 억압하여 의식의 표면으로 등장하지 못하게 하는 파수꾼의 기능을 했다. 그러나 공포증이 소년의 금지된 성충동을 모두 억압할 수 있었던 것은 아니다. 소년은 작은 벌레들에 대해서 공포증과 동시에 가학적 태도를 보였는데, 이는 벌레들이 작은 아기들을 연상시켰기 때문이다. 작은 아기들이란 소년의 욕망의 범주 속에서는 아버지의 사랑에 대한 경쟁 상대를 의미할 수 있었다. 따라서 작고 힘 없는 생물들은 공포증을 통해 그것이 환기시키는 성충동을 억압하는 반응을 불러일으켰지만, 또한 경쟁 상대인 그들을 가학적으로 파괴하면서 성충동을 긍정하는 반응 또한 불러일으켰다.[3]

세 살 반에 일어났던 누나에 의한 유혹 역시 소년의 성적 정체성을 구성하는 데 결정적인 영향을 미친다. 늑대 꿈보다 이른 시기에 일어난 이 유혹은 소년을 성적으로 수동적인 위치에 놓이게 만들었다. 소년의 성기를 가지고 장난을 친 대상이 두 살 많은 누나였기 때문이다. 여기서 유입된 흥분은 소년의 충동을 수동적인 형태로 환기시켰

이 말하고 있다. "그[프로이트]는 남녀 관계는 심리적으로 능동성-수동성의 대립이라는 대표자를 통해서가 아니면 달리 포착될 수 있는 방법이 없다고 주장합니다. 그 어떤 것도 남녀의 대립 자체에 딱 들어맞을 수는 없다는 것입니다. […] 그[프로이트]는 수동성-능동성의 대립이 유입되고 본떠지고 주입된다고 말합니다. [그러나] 이것으로는 남녀 관계를 완전하게 담아내지는 못합니다."(Jacques Lacan, *Le Séminaire XI*, Paris, Le Seuil, 1973)

3 우리는 이것을 라깡이 초기 이론에서 말하는 '침입-콤플렉스(complexe d'intrusion)'와 연결지어 생각할 수 있다. 유아기의 공격성 중에서 특히 형제와 같은 경쟁 상대들에게 보이는 공격성이 그것이다. 성충동의 경쟁 상대들에 대해서 보이는 이와 같은 공격성은 이후 '부성적 심급(instance paternelle)'의 개입으로 극복(승화)된다. 늑대인간에게는 바로 이러한 부성적 심급의 개입에 문제가 있었던 것이다. 침입-콤플렉스와 공격성에 대해서는 라깡의 다음 텍스트 참조. Jacques Lacan, «Les comlexes familiaux dans la formation de l'individu», *Autres écrits*, Paris, Le Seuil, 2001, p.28.

고, 스스로를 아버지에 대해서 여성적 위치를 차지하게 만들었다. 물론 이러한 위치는 소년이 습득하기 시작하는 성차 구별에 관한 지식에 반하는 것이었다. 이에 소년의 자아는 성충동을 다양한 방식으로 억압하거나 승화하려는 노력을 멈추지 않는다. 이때 자아의 가장 공격적인 반응은 늑대 꿈의 형성이었다. 그러나 소년이 유모와 어머니로부터 성서의 이야기들을 듣게 된 이후부터는 종교적 담론이 보다 효과적인 방식으로 아버지에 대한 성충동을 억압한다. 처음에는 그 방식이 강박적인 형태로 나타났다. 잠자리에 들기 전에 가슴에 십자가를 반복하여 긋거나 벽에 걸린 성화들에 사다리를 놓고 기어올라가 하나하나 입 맞추기 전에는 절대로 잠들려 하지 않는 등의 행동들이 그것이다. 이러한 강박증은 이후 성서 이야기들에 몰입하면서 보다 안정적인 방식으로 승화된다. 예수의 고난은 소년이 자신을 그리스도와 동일시하면서 아버지에 대한 충동을 하나님에 대한 것, 즉 종교적이며 따라서 사회적으로 받아들여질 수 있는 것으로 전환시켜 사고할 수 있는 가능성을 열어주었기 때문이다.

강박적인 종교적 행동들과 이어지는 성서 이야기에의 몰입은 소년이 자신의 충동과 내년하지 않도록 하는 완충장치 역할을 해주었다. 성인이 된 이후까지 지속되었던 대장 장애 증세 역시 비슷한 역할을 했다. 환자는 성인이 된 후에도 관장을 하지 않으면 거의 배변을 볼 수 없는 신경성 대장 장애를 앓고 있었는데, 이러한 관장 행위는 환자의 여성적 성충동을 은밀하게 만족시켜주는 일종의 히스테리적 증상이었다.[4] 그리하여 환자는 동성애자가 되지 않으면서도, 심지어는 다양한 여성 편력을 거치면서도 아버지에 대한 성충동을 무의식 속에 고스란히 간직할 수 있었다. 물론 이 과정에서 다양한 병리적 증상이 돌출하여 환자의 삶을 괴롭힌 것이 사실이다. 따라서 이 환자에 대한 프로이트의 정신분석 치료는 돌출된 병리적 증상들이 사회적으로 허용된 욕망의 흐름에 연결될 수 있도록 진행되었다.

메타 고고학으로서의 정신분석

지금까지 소개된 늑대인간의 자료들이 우리에게 주는 인상은 개인의 기억이 일종의 '애도 작업travail de deuil'을 수행하고 있다는 점이다. 한 개인의 기억의 박물관에 채워진 주요한 유물들은 모두 하나의 중핵을 중심으로 구성된 듯 보이는데, 그 중심에는 주체가 욕망했으나 잃어버리도록 강요받은 상실의 대상이 자리 잡고 있기 때문이다. 물론 유물들은 그러한 상실의 대상을 은폐하는 방식으로 그것을 둘러싸고 있

---

4 배변 장애와 유사한 구조로 섭식 장애를 들 수 있다. 사춘기 소녀들에게서 발견되는 식욕 부진 증세 중에서 배변 장애 구조와 비슷한 증상들이 관찰되는데, 이것은 아버지에 대한 성충동에 대해서 방어적으로 반응하는 증상이다. 구강기에서 사랑의 대상은 '먹는 것' 또는 '잡아먹히는 것'으로 인식된다. 따라서 아버지에게 성교를 당하고 싶어 하는 욕망은 '잡아먹히는' 이미지로 되돌아오고, 이에 대한 방어가 '먹는 것에 대한 거부'로 나타날 수 있다. 사춘기 소녀들의 아버지에 대한 억압된 성충동이 자아의 방어에 의해서 식욕부진의 형태로 나타나는 흔한 사례들이 그것이다. (지그문트 프로이트, 『늑대인간』, 열린책들)

다. 표면적으로 기억의 유물들이 보여주는 인상이나 의미는 그 너머에 무엇이 숨겨져 있는지 결코 알 수 없도록 시치미를 떼고 있기 때문이다. 이러한 은폐는 무엇보다도 개인사 박물관의 주인인 주체 자신을 속이기 위한 것이다. 주체가 자신의 욕망의 민낯을 맞닥뜨리지 않도록 유물들은 전혀 다른 형상을 하고 박물관의 전시관을 채우고 있다. 그런데 이러한 은폐는 그 자체로 애도의 가장 본질적인 기능이다. 만일 애도의 의미가 상실된 것으로부터 떨어져 나와 그것 없는 앞으로의 삶이 가능할 수 있도록 하는 작업을 의미한다면, 애도는 또한 상실의 대상을 잊도록 만들어주는 작업이어야 하기 때문이다. 그리고 잘 잊기 위해서는 상실된 대상이 다른 방식으로 말해질 수 있도록 허용되어야 한다. 늑대인간이 종교적 의례에 강박적으로 사로잡혔던 것은 자신이 상실한 대상, 즉 아버지에 대한 성충동을 다른 방식으로 표현하고 그리하여 그것을 잘 잊기 위한 절망적 애도의 시도였다. 늑대인간의 내면적 기억의 박물관을 채우고 있는 거의 대부분의 유물들은 바로 이러한 애도를 위해 준비된 제물들에 다름 아니다.

사정은 우리 모두에게 마찬가지라고 할 수 있다. 우리의 개인사 박물관을 채우고 있는 유물들은 그 추억들이 간직한 표면적인 아름다움과 다시 돌아갈 수 없는 애틋함의 정서 이면에 하나의 강력한 동기를 간직하고 있다. 그것은 바로 우리가 영영 상실한 욕망의 대상에 대한 애도의 작업이다. 현재 우리의 정체성을 구성하고 있는 기억의 유물들은 그렇게 상실을 중심으로 전시되어 있으며, 그런 상실의 본질을 은폐하고 그에 대한 기억을 다른 것으로 대체하기 위해서 조직되어 있다. 그런 의미에서 우리의 정체성은 사실상 우리가 상실한 것에 대한 그림자라고 할 수도 있다. 현재의 나 자신이라고 말할 수 있는 이미지는 우리가 어린 시절에 포기해야 했던 사랑의 대상에 대한 그림자이다. 이것이 단순한 반영 이미지가 아니라 검은 그림자인 이유는, 상실한 대상에 대해서 우리 자신의 무지無知가 유지되는 한도 내에서만 우리의 정체성이 유지될 수 있다는 조건 때문이다. 우리는 우리가 무엇을 상실했는지 알 수 없어야 하며, 그러한 무지가 우리 자신의 안정된 정체성 형성에 본질적이다. 그런 의미에서 우리의 개인사 박물관은 일종의 투쟁의 흔적들이다. 그것은 상실에 대한 투쟁이며, 상실을 위한 투쟁이기도 하다. 한때 소년이었던 혹은 소녀였던 우리 자신의 어린 시절이 사회적으로 용인될 수 있는 이미지로 자신의 정체성을 구성해내기 위해서 받아들이거나 억압해야 했던 기나긴 애도 작업의 흔적들.

프로이트의 환자였던 늑대인간의 증상들이 유별나게 환자를 힘들게 만들었던 것은 상실에 대한 이러한 애도 작업을 적절히 도와주어야 했던 상징적 아버지의 역할이 부재했기 때문이다. 그의 아버지는 아이들의 교육에 소홀했고, 어머니 역시 마찬가지였다. 늑대인간의 유년 시절의 정체성은 유모와 가정교사들에 의해서 받아들여진 교육의 흔적에 의존해 구성될 수밖에 없었다. 혹은 늑대인간 스스로의 자아가 만들어낸 다양한 공포증이나 강박증에 의존하여 자신의 정체성을 창안해낼 수밖에 없었다. 유년 시절 늑대인간은 때로는 교육이 불가능할 정도로 통제 불가능한 성격을, 때로는 말 잘 듣는 얌전한 모습

을 보여줬는데, 이 모든 급격한 성격 변화의 흐름들은 아이가 자신이
상실한 욕망의 대상과 관련하여 어떻게든 안정적인 정체성을 구성해
보려는 투쟁의 흔적이 남겨놓은 외적인 이미지에 불과하다.[5] 늑대 꿈
을 꾸던 소년은 천사가 아니었던 것과 같은 의미에서 악마도 아니었
고 교활한 사기꾼도 아니었다. 프로이트 역시 그것을 누구보다 잘 알
고 있었으므로 자신을 찾아온 기이한 성격의 이 남자를 어떤 편견에
도 의지하지 않으면서 관찰하고 도와주려고 노력했다. 프로이트는 한
인간의 먼지 가득한 개인사 박물관으로 환자와 함께 걸어 들어갔고,
그곳에 전시된 기억의 유물들이 진정으로 의미하는 바를 알아내기 위
해 환자의 알고자 하는 욕망을 북돋았던 것이다.

그런 의미에서 프로이트가 실천했던 것은 메타-고고학이었다. 환

---

5 유년기의 정체성 구성을 위한 심리적인 변화와 투쟁의 과정 속에는 당연히 반항과 불안,
집중력의 상실처럼 보이는 방황, 때로는 가학적으로 보이는 성향의 갑작스런 돌출 행동이 자
연스럽게 출현한다. 미국 제약산업의 강력한 통제 속에 있는 현대 정신의학은 유년기의 이런
과정들을 ADHD, 즉 '집중력 결핍과 과잉행동 장애'라는 뇌질환으로 해석하여 강력한 약물
치료로 해결하려는 경향을 보인다. ADHD의 주장자들은 해당 질병으로 분류되는 아동들의
뇌 구조가 '정상 아동'과 다르다는 근거를 댄다. 그러나 우리는 뇌의 구조와 뉴런들의 작용이
신체의 다른 부위의 근육이나 혈관 등과 유사한 반응을 보일 수 있음을 간과해서는 안 된다.
환경과 태도가 근육과 뼈 그리고 혈관 등의 생물학적 기관의 형태를 변화시킬 수 있듯이 감정
적 습관과 정신 환경이 뇌의 기능을 변화시킬 수 있다. 따라서 ADHD 진단을 받은 아이들이
뇌의 장애를 앓고 있는 것이 아니라 심리적 작용에 의한 뇌 구조의 변화를 겪고 있을 수 있다
는 가능성을 열어놓아야 한다. 간단히 말해서, 아동들의 심리는 정체성을 획득하기 위한 투쟁
상태 속에 놓여 있으며, 이 과정에서 야기되는 정신적 불안 상태는 생물학적 원인이 아니라 심
리-환경적 요인일 가능성이 훨씬 크다. 이 경우 약물을 처방하는 것은 아이의 사유 활동을 정
지시키는 것이며, 일종의 정신적 살해와 같다. 이는 교육의 포기이며, 나아가서 문명의 포기
이다. 현재 한국의 초중고등학교에서 벌어지는 'ADHD 아동 사냥'은 학업 성적에 대한 과도
한 집착과 현대 정신의학의 상업주의라는 괴물스러운 커플이 낳은 심각하게 걱정스러운 현상
이다.

자의 인생이 이미 건설해놓은 개인사 박물관의 유물들을 고고학적 탐사를 통해 다시 배치하고 그것의 숨겨진 의미를 드러내는 작업이었기 때문이다. 따라서 한때 정신분석을 고고학에 비유했던 프로이트의 언급은 약간의 수정이 필요할 것 같다. 정신분석이란 아무도 찾지 못한 고대의 유적지를 탐사하는 과정이 아니기 때문이다. 정신분석은 오히려 이미 환자 자신에 의해 건설되어 유물들의 배치가 완료된 한 인간의 개인사 박물관의 굳게 잠긴 문을 여는 행위이며 그곳으로 환자와 함께 들어가는 재방문의 행위이다. 그곳에서 분석가는 유물 또는 예술 작품이라고도 할 수 있을 환자의 기억에 쌓인 먼지를 털어내고 그것에 명명된 이름들의 의미를 묻는다. 박물관의 작품들은 환자가 상실한 것을 애도하기 위해서 마련한 환상적 신화의 시나리오를 따라서 배치되었을 것이다. 분석가는 이러한 개인의 신화에 사로잡힌 유물들을 해방시키려 노력할 것이고, 이러한 시도를 따라서 환자는 서서히 박물관을 전혀 다른 공간으로 인식하게 된다. 그리하여 박물관은 과거의 기억이 갇혀 있는 폐쇄된 공간이 아니라 미래로 개방된 예술가의 작업실이 된다. 그곳을 가득 채운 기억의 유물들은 환자의 정체성을 규정하는 권력이 아니라 미래의 가능성을 창조하기 위한 특별한 재료가 된다.

누구에게나 역사는 필요하고, 이를 통한 정체성의 고정 역시 필요하다. 그러나 라깡학파의 정신분석이 규정하는 정체성은 언제나 도래하는 시간 속에 있으며 과거에 속하지 않는다. 그런 방식으로 개인사 박물관은 메타적 고고학의 작업장이 되고, 도래할 새로운 '나'의 이미지를 생산해낼 가능성의 공장이 된다. 그러나 이것은 정신분석이라는 특수한 과정이 추구하는 특권적 목표가 결코 아니다. 이것은 우리 모두가 자신의 기억에 관하여, 개인사 박물관에 관하여 취하는 권리의 차원에서 이해되어야 한다. 누구도 타자(부모)에 의해 새겨진 과거의 흔적을 숙명으로 짊어져야 할 의무가 없기 때문이다. 오히려 인간 존재가 가진 유일한 의무는 '인간 존재'의 의미를 각자의 차원에서 '재발명하는réinventer' 것이다. 만일 개인사 박물관의 유물들을 선택하고 배치하며 명명했던 언어가 타자의 언어였다면, 성인이 된 우리의 의무는 그것을 자신만의 새로운 언어로 다시 배치하고, 다시 명명하는 것이다. 자신의 자아에 대한 소외를 넘어서는 새로운 '나'의 창안. 이것은 프로이트에서 라깡으로 이어지는 정통 정신분석의 흐름이 정신분석 임상이라는 협소한 범주를 넘어서 인문학 전체의 차원에 넘겨준 윤리적 명제이다.

　이제부터 우리가 루브르 박물관을 방문하며 진행하려는 작업이 바로 그것이다. 정신분석이 개인사 박물관에 메타-고고학을 행하듯, 이제 시작될 우리의 인문학적 탐사 역시 루브르 박물관에 대한 메타적 고고학을 시도할 것이다. 이는 박물관에 전시된 작품들에 대한 비평을 시도하려는 것이 아니라 박물관 자체의 존재 의미를 묻는 것이며, 그곳에 안치된 유물들의 신화적 기능을 분석해보는 것이다. 박물관은 무엇을 위해 존재하는가? 또는 예술 작품은 무엇을 위해 존재하는가? 나아가서, 박물관의 유물들과 작품들이 인간에게 주는 쾌락은 어떤 종류의 쾌락이며, 이들이 우리로부터 은폐하려는 대상은 무엇인가? 이에 대한 답을 구하는 과정에서 우리는 루브르가 개인사 박물관과 유사한 기능을 하고 있음을 보게 될 것이다. 그것은 우리 자신의 욕망의 진실을 은폐하는 기능이며, 본질을 보게 하기보다는 환상의 표면적 이미지에 매혹되도록 하는 덫의 기능이라는 사실이다.

이 같은 환상의 구조를 가로지르면서 나아가는 우리의 탐사가 겨냥하는 목표는 박물관의 유물들을 그와 같은 환상으로부터 해방시키는 것이다. 정신분석 임상과정이 개인사 박물관의 폐쇄성을 미래로 개방하듯이, 우리는 루브르 박물관을 예술 작품의 천재성이 찬양되는 고고한 신전이 아니라 새로운 미술, 새로운 문명, 새로운 자아들이 창안되는 작업실로 전환시켜보고자 한다. 만일 루브르에 대한 이와 같은 시도가 성공한다면, 아마도 두 가지 의미 있는 결과를 얻을 수 있을 텐데, 그 첫 번째는 라깡학파의 정신분석을 정신분석이 아닌 전혀 다른 범주의 탐사를 통해 더 잘 이해하게 되는 것이다. 그리고 이는 곧 두 번째의 의미 있는 결과와 연결된다. 라깡학파의 정신분석 윤리를 인문학 전체의 명제로 보편화하는 것이 그것이다. 왜냐하면 첫 번째 결과가 프로이트-라깡의 정신분석 임상 이론이 인문학에 남겨준 보편적 진리에 대한 이해를 가능하게 하기 때문이다. 루브르 박물관이라는 장소를 이와 같은 두 가지 목표를 위한 담론들이 펼쳐지는 생산적 작업장으로 만드는 것, 아마도 이것이 우리의 책을 묘사하는 가장 적절한 설명일 것이다.

그럼에도 마지막 질문 하나가 남는 것을 피할 수 없다. 어째서 루브르인가? 이에 대해서 필자가 할 수 있는 대답은 '우연'이라는 단어를 사용하는 문장들의 나열에 불과하다. 루브르는 필자의 삶의 일부를 차지하는 도시의 중심이었고, 필자가 세상을 이해하기 위해 고군분투했던 학문적 범주의 중심이기도 했다. 이 모든 것은 어떤 필연성도 없이 우연에 의해 마련된 삶의 과정에서 비롯되었다. 여기에 또 다른 비개인적 우연들까지 존재하는데, 그것은 루브르의 어원이 '늑대'라는 뜻의 라틴어 'Lupara'였다는 사실이다. 12세기경 파리의 센강 북쪽 강변은 늪지로 이루어진 황무지나 다름없었고, 원주민들은 그곳을 늑대의 출몰지로 알고 있었다. 불어로 '루loup'라는 단어는 늑대를 의미하는데, 그곳에 건설된 작은 요새를 늑대성城, 즉 '루브르louvre'라고 부르기 시작했던 것이다. 루브르는 바로 이 요새가 오늘날의 거대한 박물관으로 발전한 것이다. 루브르 박물관이 필자에게 프로이트의 늑대인간이 갇혀 있던 개인사 박물관의 폐쇄적 어둠을 상상하게 만들었던 것은 그렇게 우연 아닌 우연의 결과였다. 그런 의미에서 이 책은 주어진 우연을 필연의 창안으로 전환하려는 시도의 과정을 담고 있다.

루브르의 강박증

늑대인간의 유년 시절 기억이 성충동에 대한 방어의 성을 쌓는 과정들을 따르고 있다면, 유년기라고 부를 수 있는 초기 루브르의 성곽들이 따르고자 했던 논리 역시 무엇인가에 대한 방어였다. 12세기

(1190년)에 필립 오귀스트 왕에 의해 건설된 센강 북쪽 강변의 이 요새는 강을 타고 들어오는 바이킹과 노르망디의 침략에 대비한 군사적 목적을 가졌는데, 현재도 루브르 박물관의 지하에 그 유적의 일부를 간직하고 있다.

이후 외세의 침략에 대한 위협이 줄고 왕권이 안정되면서, 루브르 성은 권력의 중심인 동시에 문화의 중심으로 성장과 변화를 겪게 된다. 특히 16세기 프랑스와 1세에 의해서 루브르는 당시 유럽의 최신 유행을 이끌던 이탈리아의 르네상스 양식으로 재단장하기 시작한다. 당대의 최고 예술가로 인정받던 레오나르도 다빈치를 이탈리아에서 데려와 그가 죽을 때까지 프랑스에 머물게 했던 것 역시 프랑스와 1세였다.

왕국의 문화적 부흥을 꿈꾸던 왕과 노년의 르네상스 예술가의 만남은 운명적이었다고 전해진다. 프랑스와 1세는 과학과 예술의 마스터인 다빈치를 아버지처럼 사랑했고, 다빈치 역시 자신의 재능을 통해 왕을 매혹시킨다. 마치 유년기의 늑대인간이 새로 부임한 남자 가정교사[6]를 자신의 상징적 아버지로 동일시하면서 충동이 억압된 자아의 정체성을 구성하는 데 도움을 받았던 것처럼, 프랑스와 1세 역시 종교적 미신의 유령들이 난립하던 중세로부터 좀 더 안정적인 근대국

---

6 사춘기의 늑대인간은 당시 그를 가르치기 위해 새롭게 고용된 남자 가정교사를 따르게 되었는데, 그를 쉽사리 자신의 자아 이상의 자리에 위치시킨다. 가정교사는 무신론자였고, 비교적 객관적인 지성의 소유자였다. 짐작건대 남자 가정교사의 지식은 이전에 늑대인간을 사로잡았던 기독교적 담론들보다 더욱 효과적인 방식으로 충동에 대한 방어의 기능을 수행해주었던 것 같다.

랭부르 형제Limbourg Brothers, 〈베리 공작의 풍요로운 계절Très Riches Heures du Duc de Berry〉
(1412~1416). 콩데 미술관 소장. 15세기경 루브르 요새를 그린 풍경화.

앵그르Jean Auguste Dominique Ingres, 〈레오나르도 다빈치의 죽음La Mort de Léonard de Vinci〉 (1818). 앵그르가 다빈치의 마지막 순간을 상상하여 그린 작품. 백발의 노인이 다빈치이고 그를 안고 있는 것이 프랑스와 1세이다.

가의 정체성을 획득하기 위해 르네상스의 스승을 아버지로 받아들였던 것이다. 1519년 레오나르도 다빈치는 67세의 나이로 사망하는데, 프랑스와 1세의 품에 안겨 마지막 숨을 거두었다고 전해진다.

　프랑스와 1세가 건축가 피에르 레스코에게 루브르 왕궁의 개축을 명령한 시기는 다빈치의 사망 이후인 1527년이다. 루브르 요새의 르네상스화라고 부를 수 있는 이 프로젝트는 이후 앙리 2세와 3세 그리고 카트린 드 메디치의 통치 시기를 거치면서 루브르 박물관의 일부를 형성하며 현재의 쿠르 카레la Cour carrée의 건축물로 발전되었다. 특히 루이 14세가 명하여 개축된 루브르의 아폴론 갤러리는 왕궁의 성

장에 있어서 유년기의 정점을 상징한다. 요새로서의 어린 시절의 방
어적 외관으로부터 벗어나 예술과 과학 그리고 종교를 포함하는 문화
의 힘을 통해 루브르는 비로소 자신의 정체성을 안정화시키고 있었기
때문이다. 늑대 꿈을 꾸며 두려움에 사로잡히곤 했던 소년이 어머니
로부터 듣게 된 성서 이야기를 통해 자신의 성충동에 대한 공포를 비
록 한정되고 강박증적인 방식이긴 했어도 어쨌든 상징화할 수 있었던
사례는 루브르에서 거대한 문명의 단편을 통해 다시 반복되고 있었
다. 특히 루이 14세의 절대왕정 시기에 드러난 문화의 강박적인 경향
은 늑대인간과 늑대성의 운명이 거의 동일한 신경증의 여정을 따라가
고 있음을 분명하게 보여준다.

　루이 14세는 원래 루브르에 머물며 그곳을 절대왕정을 대표할 상
징적 장소로 개축하고자 했다. 현재 루브르의 아폴론 갤러리가 바로
그와 같은 계획이 시작된 곳이다. 그러나 루브르의 근대화 계획은 베
르사유 궁전의 건축 계획이 왕의 마음을 사로잡는 순간부터 중단되었
다. 루이 14세는 이후 자신의 모든 권력을 이용하여 베르사유 궁전의
건축에 몰두하게 될 것이기 때문이다. 달리 말한다면, 만일 베르사유
궁전의 건축 계획이 존재하지 않았더라면 루브르는 오늘날과는 전혀
다른 모습이었을 수도 있다. 좀 더 경직되고, 좀 더 질서 잡힌, 그래서
확실히 강박적인 특성을 가질 수밖에 없는 그러한 건축물이 되었을
것이다. 베르사유 궁전을 관찰하는 것만으로도 그와 같은 추측은 쉽
사리 증명된다.

　베르사유 궁전을 지배하는 양식은 화려함에 대한 기하학의 지배이

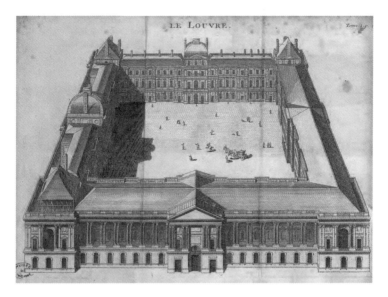

장 밥티스트 스코탱Jean Baptiste Scotin, 〈중세 루브르 이미지〉(1742), 프랑스 국립도서관 소장. 12세기 초기 루브르의 요새와 첨탑이 있었던 장소. 이후 프랑스와 1세 시대부터 요새는 허물어지고, 현재의 르네상스 양식의 건축물들이 그 주변에 사각형 모양으로 들어서기 시작하면서 쿠르 카레의 건축물로 발전되었다.

다. 그것은 흘러넘치는 쾌락의 향연이 무리할 정도로 강박적인 질서에 의해 억압되고 통제되는 양상이다. 마치 자신의 성충동과 싸우는 소년의 무의식이 종교적 상징 속에서 찾아낸 이미지를 강박적으로 추구하면서 성충동을 억압하려 했듯이 베르사유 궁전의 양식은 시각적 쾌락의 초과를 통제하려는 엄격한 질서의 추구 속에서 권력의 이미지를 재현해내려고 시도하고 있다. 물론 아폴론 갤러리나 베르사유 궁전의 예술에 통제만 있는 것은 아니다. 바로크 양식의 본질이 그런 것처럼 그곳에는 색과 형태에 대한 과장된 탐닉 역시 풍부하게 표현되고 있다. 그러나 이 모든 시감각의 초과는 르네상스를 지배하던 근대

아폴론 갤러리(1890~1900년경 촬영). 천장과 벽면의 이미지들은 극단적인 화려함 속에서 표현되고 있지만 대칭적이며 기하학적인 구분들에 의해 이미지들은 철저히 통제된다.

적 수학의 질서에 의해 압도당하고 있다. 절대왕권의 상징인 베르사유 궁전의 건축양식의 이러한 특징은 이후 루브르 왕궁이 박물관으로 변신하면서도 여전히 짙어지게 될 숙명을 예고하는 것이었는데, 그것은 국가의 통제 기능이었으며, 초과하는 이미지들에 대해 방어하는 강박증의 기능이기도 했다.

 개인의 역사든 인류 문명의 역사든 모든 문화의 중핵에는 통제가 불가피한 충동 또는 카오스가 존재하며, 문명은 이것을 중심으로 억압의 테두리를 구성하게 마련이다. 정신분석이 강박증이라고 부르는 증상은 이러한 억압의 테두리가 특정 생각을 중심으로 반복되는 기능장애를 말한다. 성충동을 중심으로 회전하면서 그것과 주체의 거리를

베르사유 궁전 전경.

유지시켜주어야 하는 사유의 흐름이 어느 한 문장에 고립되어 도돌이
표처럼 반복되는 현상이 그것이다. 생각의 이 같은 경직된 반복은 일
상적 삶의 전개를 방해한다. a 다음에 b라는 생각이 전개되어야 하는
데 계속해서 a가 반복되는 것이다. 이때 a의 지점은 억압의 대상인 성
충동을 오히려 부각시키게 된다. 그렇게 부각되는 성충동을 억압하
기 위해 a의 반복은 더욱 격렬해진다. 이것이 강박증의 딜레마이다.
억압을 위해 채택된 방어의 기표가 오히려 억압의 대상을 다시 불러
내는 역설적 상황이 초래되는 것인데, 늑대인간의 종교적 강박이 바
로 그것이었다. 늑대인간은 자신의 성충동에 방어하기 위해서 가슴에
성호를 긋고 성화들에 입을 맞추지만 그러면 그럴수록 억압된 충동의

베르사유 궁전의 오랑쥬리 정원 ©Toucan Wings

존재는 불안의 정서 속에서 한결 더한 강도로 엄습해 올 뿐이다. 이로 인한 불안은 다시금 강박적 행동을 부추기는 반복의 딜레마를 연출한 다. 루이 14세의 베르사유 궁전 건축의 아름다움을 기이한 것으로 만 드는 것 역시 동일한 강박증이다. 자연이 보여주는 변화와 혼돈의 양 상들을 기하학적 패턴의 조화 속에서 철저히 통제하려는 의지가 베르 사유 궁전과 정원의 비인간적 풍경을 연출해내고 있다.

 사진을 보면 알 수 있듯이 정원과 궁전의 어떤 요소도 우연에 맡겨 지지 않았다. 베르사유의 철저히 통제된 이미지는 자연의 힘 또는 타 자의 욕망이라는 통제할 수 없는 대상을 인정하지 않으려는 강박증적 사유의 전형을 보여준다. 여기서 타자의 욕망은 늑대인간이 아버지에 대한 충동으로 경험했던 그것, 타자를 향한 욕망이며 동시에 타자로부터 오는 욕망, 즉 외부로부터의 침입이고, 따라서 자아 내부의 안정된 일관성을 위협하는 힘이다. 고전주의적 사유는 바로 이러한 외부의 침입, 즉 카오스를 존재하지 않는 것으로 간주하는 경향이다. 그런 의미에서 베르사유 건축은 고전주의적 사유가 도달할 수 있는 가장 병리적인 지점이기도 하다. 자신이 통제할 수 없는 사유의 외부를 인정하지 않으려는 고전주의적 유한성에의 집착은 일관된 생각의 흐름이 지속되도록 하기 위해서 모든 것을 희생할 준비가 되어 있다. 강박증의 본질이란 이렇듯 통제 불가능한 타자의 욕망, 무한성의 흔적인 그것을 화석화해 유한성의 감옥에 가두어버리는 데 있다.

허무를 가두는 감옥

이제까지 우리는 루브르 박물관의 유년기를 돌아보면서 그곳이 문화적 쾌락을 탐닉하는 장소인 동시에 절제하는 장소였으며, 그러한 절제의 과도함이 강박증과 유사한 현상을 초래할 수 있다는 사실을 살펴보았다. 루브르를 지배했던 프랑스의 왕들은 건축과 장식예술을 통해서 아름다움을 탐닉하는 데 몰두하는 듯 보였지만 또한 그러한 쾌락이 초과하는 것을 엄격히 제한하려고 했다. 한편 쾌락에 대한 탐닉과 억압이라는 모순된 대립의 과정은 늑대인간의 성장 과정에서 그의 정체성을 형성하거나 파괴하는 가장 중요한 대립의 요소들이기도 했다. 물론 늑대인간의 정체성 형성 과정은 성충동을 중심으로 구조화되었으므로, 루브르 박물관을 이러한 신경증의 메커니즘과 비교하는 것은 일견 비약으로 보일 수도 있다. 프로이트의 정신분석을 비난하는 인문학자들이 특히 강조하는 것이 이러한 일반화이다. 프로이트가 인간사의 모든 현상들을 단지 성에 대한 욕망과 억압의 과정으로 환원하려 한다고 비판하는 그들은 문명과 사회의 다양성을 강조한다. 성충동과 직접적인 관련이 없는 현상들이 문화 속에 존재하며, 오히려 성충동은 삶의 작은 부분에서 한정된 영향력을 행사할 뿐이라는 것이다. 그러나 이러한 비판은 성충동에 대한 오해에서 비롯된 것이다. 성충동이란 일반적으로 생각되듯 성기대를 중심으로만 구성되는 것이 아니기 때문이다. 성충동이란 보다 다형적이며, 외형만으로 보기에는 전혀 성적으로 보이지 않는 경우가 더 많다. 나아가서 인류의 행위를 성충동에 근거해서 바라봐야 하는 더욱 근본적인 이유는 문명을 생산하는 인간의 심리적 구조가 유아기에 남겨진 흔적을 따른다는 데에 있다.

구강충동과 항문충동 그리고 시관충동(눈)과 호원충동(목소리)에 이르기까지, 확장되는 방식으로 분화되는 성충동은 유아의 마음속에 일종의 수로들을, 충동의 '길트임Bahnung'을 흔적으로 남긴다. 이후 인간의 행위를 지탱하는 욕망들은 그것이 전혀 성적이지 않은 내용을 표현한다고 해도 유아기에 형성된 리비도의 수로들을 따라서 흘러들거나 유출된다. 만일 문명의 다양한 현상들을 언어의 내용이라고 한다면 그러한 내용을 표현하기 위해 사용하는 언어의 문법이 성충동에 의해 구조화되었기 때문에 문명은 언제나 성적인 양상을 보일 수밖에 없다는 것이다. 달리 표현한다면, 삶의 다양한 목록들을 지탱하는 욕망의 구조는 어린 시절 마음속에 흔적으로 남겨진 상실된 대상의 텅 빈 자리를 중심으로 구성된 것에 다름 아니다. 늑대인간의 예로 돌아가자면, 아버지에 대한 욕망이기도 했던 이것은 억압되어 있다는 의미에서 지금은 여기에 없는 텅 빈 형상을 하고 있다. 늑대인간의 마음의 구조는 바로 이러한 상실의 공백을 은폐하고 그곳으로 흘러드는 리비도의 흐름을 다른 방식으로 수로화하면서 삶의 다양한 환영들을 생산해내고 있었다. 이것이 바로 상실된 대상에 대한 애도의 작업이라는 사실을 우리는 이미 살펴본 바 있다.

한편, 라깡은 1959년의 세미나들에서 이러한 애도의 중심에 위치하는 원초적으로 상실된 대상, 즉 공백을 '사물la Chose'이라는 개념을 통해 조금 다른 각도에서 설명한다. 이 '사물'이라는 개념은 프로이트가 「과학적 심리학 초고」에서 언급했던 심리적 대상인 '사물事物 das Ding'인데, 마음의 구조는 바로 이것에 끌리는 동시에 또한 이것을 피하기 위한 모순된 운동 속에서 구조화된다. 라깡은 바로 이 '사물'의 개념을 욕망 일반의 구조를 설명하는 데 사용될 수 있는 일종의 보편적 좌표로서 설정하고 있다. 그에 따르면 '사물'이라는 뜻의 독일어 'das Ding'은 '산물産物'을 의미하는 'die Sache'와는 구별되는 용어로서 프랑스어의 'la Chose'나 영어의 'the Thing'에서는 드러낼 수 없는 차이를 내포하는 용어이다. 사물은 논리적 시간 속에서 문명 이전의 시작점을 의미하며, 산물은 문명의 과정 속에서 분화되어 산출된 욕망의 대상들이다. 사물과 산물 모두 욕망의 대상으로서 기능하지만, 사물은 보다 근본적이며 파괴적인 것으로, 죽음 충동의 영역 전체를 지칭한다. 늑대인간의 예를 통해 설명한다면, 아버지-타자는 사물의 좌표를 갖는 것으로서 유아기의 늑대인간이 자신의 주이상스를 향하게 했던 대상이다. 그러나 이와 같은 부모에 대한 근친상간적 욕망은 문명이 허용하지 않는 것이며, 우회되는 방식으로만 만족될 수 있다. 늑대인간이 늑대 꿈을 꾼 이후 성서의 그리스도 이야기에 몰두했던 것은 자신의 근친상간적 욕망이 사회적으로 허용될 수 있는 방식으로 우회되고 은폐될 수 있도록 하기 위해 산물들의 질서를 필요로 했기 때문이다. 그리스도와 아버지 하나님의 기표로 구성된 성서 이야기들의 연쇄는 늑대인간의 금지된 충동을 우회시키는 산물들의 연쇄였다. 도식으로 사물과 산물의 관계를 설명하면 아래의 그림과 같다.

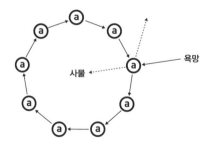

도식에서 사물은 인간과 문명의 욕망이 향하는 중핵에, 주이상스의 영역인 그곳에 위치한다. 이것은 늑대인간의 욕망이 획득하고자

했던 금지된 충동의 만족이 위치하는 자리이기도 하다. 사물의 단계에 있는 주이상스는 아직 사회적인 언어로 분절되지 않았다. 따라서 그것은 단지 충동의 만족만을 추구하는 일종의 머리 없는 괴물과 같다. 고대 그리스 신화에 등장하는 반인반수 미노타우로스처럼 사물의 영역에서 작동하는 욕망 또는 충동은 사회적 금기를 무시한 채 파괴적인 만족을 반복적으로 추구할 뿐이다. 그러나 자기 자신을 사회적 질서 속에서 보존하려는 자아의 현실원칙은 바로 이러한 사물의 파괴적 힘에 대항하여 안정적인 욕망의 구조를 구축하려는 시도를 멈추지 않는다.

도식에서 사물을 둘러싸고 회전하는 a들은 자아가 선택한 방어적 욕망의 대상들, 즉 산물들이다. 산물들의 순환(a→a)은 욕망이 사물로 접근하는 것을 사전에 차단하여 주체에게 자신의 욕망이 너무 과도해지는 것을 제한한다. 이러한 차단의 기능에서 연쇄(→)는 필수적이다. 왜냐하면, 욕망의 대상으로서의 a가 끝없이 다른 a로 대체되지 않을 경우 욕망은 하나의 대상에 고착되고, 이러한 고착은 욕망을 사물에 접근시키는 결과를 초래할 것이기 때문이다. 강박증에서 동일한 생각에의 집착과 반복이 그 전형적 예다. 마치 공전 궤도에서 회전력을 상실한 달이 지구와의 충돌을 피할 수 없게 되는 것처럼, 연쇄의 힘을 상실한 대상은 욕망이 사물로 돌진해 들어가는 힘을 막을 수 없게 된다. 여기서 연쇄의 힘은 사유의 가장 근본적인 기능인 '기표signifiant'의 연쇄, 언어적 연쇄의 힘을 말한다. 더욱 일반적인 표현을 쓰자면, 그것은 생각이 물처럼 흐르도록 하는 기능이다.

인간의 마음은 사유의 언어적 흐름 속에서 자신의 충동-사물을 멀리할 수 있는 거리를 확보한다. 늑대인간의 무의식이 자신의 성충동에 대해서 시도했던 거리 유지의 최초 방식은 늑대 꿈의 공포라는 강박적 생각의 반복이었다. 이후 소년의 마음은 지칠 줄 모르는 사유의 작업 속에서 종교 담론의 언어적인 연쇄를 도입하여 충동과의 거리를 유지하는 데 부분적으로 성공한다. 늑대인간을 치료했던 프로이트가 활성화하려고 했던 것 역시 바로 이러한 생각의 흐름이며, 언어적 연쇄의 힘이었다. 우리가 늑대인간과 루브르 왕궁의 역사 속에서 공통적으로 발견할 수 있는 논리는 그와 같은 연쇄가 보다 정교할수록 사물과의 거리는 더욱 멀어진다는 사실이다.[7] 언어 연쇄의 정교함은 사유의 정교함을 의미하고, 이는 더 많은 기표들이 더욱 자유로운 방식으로 연쇄에 참여할 수 있게 되었음을 뜻한다. 만일 이러한 설명이 쉽게 이해되지 않는다면 언어의 정교함에 대립하는 두 가지 반대 사례를 떠올려보는 것이 도움이 될 것이다. 그 첫 번째가 우울증이다.

우울증 또는 단지 우울함이라고 묘사될 수 있는 마음의 상태는 정

---

[7] 언어 연쇄의 정교함이 사물을 더 잘 억압할 수 있다는 주장은 다시 고려되어야 할 논점이기도 하다. 극단적으로 논리적인 언어의 테두리가 사물을 둘러싸고 목 조르기 시작하면서 연쇄의 고리가 해체되는 순간이 존재하기 때문이다. 예를 들어 수학적 원근법이 극단적으로 강조되는 하이퍼리얼리즘 회화에서 현실-감각이 오히려 증발되어버리는 경우가 그것이다. 플라톤이 『국가』에서 '처자 공유의 가설'로서 제시하고 있는 논리, 즉 우성적 자질을 갖춘 2세들을 생산하기 위한 우성적 남녀들의 집단 결혼 논리가 오히려 근친상간을 초래할 수밖에 없는 현상 역시 마찬가지다. 정교하게 계산된 기표-연쇄는 그것의 논리적 일관성 속에서 사물을 효과적으로 억압할 수 있지만, 이러한 일관성이 과도해질 경우 사물은 회귀한다. 이것이 바로 증상의 속성이다. 증상은 억압된 사물의 회귀 그 자체이다. 기표 연쇄의 정교한 억압과 사물의 증상적 초과에 관해서는 3장에서 더 자세히 설명될 것이다.

신병으로서의 멜랑꼴리와 유사한 증상을 보이는데, 생각의 속도가 현저하게 느려지는 것이다. 여기서 사유의 흐름이 느려진다는 것은 추상적이거나 문학적 표현만은 아니다. 우울한 상태의 마음은 생각하기를 거부하는 실질적 증상을 보이기 때문이다.

우울한 마음은 자신의 슬픔을 말로 설명할 능력이 없거나, 있더라도 그것을 거부하는 상태에 있다. 이는 자신의 상실을 타자의 언어로 애도하지 않으려는 거부의 표현이기도 하다. 애도라는 것은 상실한 대상을 현재의 언어 또는 타자의 언어로 설명하고 상징화하는 작업이다. 우울증이나 멜랑꼴리는 자신의 상실을 언어적 연쇄로 설명하기를 거부함으로써 대상 a들의 순환이 정지된 상태로 들어가게 된다. 이를 애도의 기능장애라고 부를 수 있겠는데, 이때 출현하는 것은 상실된 것의 빈자리, 즉 텅 빈 허무이다. 우울증이나 멜랑꼴리가 자기 파괴적 충동에 쉽사리 노출되는 것은 바로 이러한 허무의 증상과 관련이 있다. 산물들(a) 또는 언어의 기표-연쇄를 통해 보호받지 못한 우울증자가 텅 빈 허무의 자리에서 마주치는 것은 다름 아닌 사물 그 자체, 충동 그 자체이기 때문이다. 그런 의미에서 우울증과 멜랑꼴리는 기표-연쇄가 빈곤해진 상태이며, 사유가 기민함을 상실한 상태이다.

우울함을 묘사하는 또 다른 용어인 허무는 바로 그렇게 더 이상 사유할 대상이 없게 된 세계, 리비도가 투자될 대상이 부재하는 세계를 의미한다. 사유가 정지하면 언어의 빈자리에서 허무가 피어오르고, 허무의 공백은 사물을 드러낼 것이다. 그리고 사물의 출현은 과도한 주이상스의 불안을 노출하며 자아는 이에 대한 극단적 거부를 통해 자기 비난의 유령들을 잔혹한 초자아와 함께 불러낸다. 이것은 인류의 문명이 선사시대의 어두운 동굴 속에서 마주친 최초의 우울 또는 최악의 허무였을 것이다. 동굴 속의 우리, 호모사피엔스는 사물의 불안과의 조우를 피하기 위해 사유의 모든 능력을 동원하고, 마침내 거대한 언어의 성을 쌓는 데 성공한다. 자신의 마음속에 존재하는 사물의 자리인 허무의 공백을 효과적으로 폐쇄하기 위해서 인류의 자아는 문명의 벽돌을 쌓아 올린다. 그런 의미에서 루브르와 같은 역사적 건축물들은 사물의 파괴적 허무를 가두는 감옥과 같다고 은유할 수 있지 않을까?

정교한 사유에 대립되는 또 다른 사례는 대상-산물objet-Sache에 대한 광신적 고착이다. 우울증이 대상-산물의 부재로 인해 사물에 접근하게 된 사례였다면, 광신은 순환(a→a)이 정지된 특정 대상-산물(a)에 대한 과도한 리비도의 투자가 고착으로 이어지고, 결국 산물 자체가 사물이 되어버리는 경우이다. 종교의 광신주의가 대표적인 예라고 할 수 있다. 신을 묘사하는 특정 기표는 외부의 다른 어떤 기표로도 대체될 수 없는 고립 속으로 들어가며, 마침내 신의 초월성은 기표에 의해 대체된다. 공백으로 남겨져 있어야만 했던 신의 속성이 기표-의미를 통해 틀어막히게 되는 것이다.[8] 이 경우 역시 사물은 고립된 기

---

8 라깡은 『세미나 7』에서 신이 자신을 동어반복으로만 묘사 가능한 대상, 즉 묘사 불가능한 대상으로 규정하는 구약의 구절("I am that I am.")을 인용한다. 신 또는 절대적 진리의 자리는 공백으로 남겨져야 한다는 것이다.

표에 의해서 불려나오고, 사유는 사물이 불러일으키는 충동적 관계에 지배된다. 물론 이것은 단지 종교적 광신의 문제만이 아닌 다른 모든 이데올로기적 광신주의에 해당되는 현상이다. 타협을 거부하는 고립된 담론은 필연적으로 사유의 정교한 대체(a→a) 가능성을 정지시키고, 폭력과 파괴의 사물에 접근하기 때문이다. 루브르가 중세적 세계관을 지배하던 종교적 광신의 고립된 담론으로부터 빠져나오기 위해 레오나르도 다빈치라고 하는 새로운 아버지를 선택했던 이유 역시 정교한 기표 순환을 허용하는 르네상스-근대 담론을 통해 사물의 폭력으로부터 자신을 보호하기 위해서였다.

신경증적 문명의 역사

'사물'과 '산물'의 대립에 관한 이제까지의 논의는 신경증적 문명이 자신의 욕망에 관하여 취하는 태도를 선명한 구도 속에서 설명해준다. 신경증적 문명은 쾌락을 추구하면서도 그것이 과도해지는 것을 경계한다. 과도함의 중핵에는 라깡이 사물이라고 규정한 충동의 괴물이 존재하기 때문이다. 경계와 억압의 방어 장치는 산물들의 연쇄(a→a)로 이루어져 있다. 욕망의 대상-산물들을 정교하게 연쇄시킴으로써 인간과 문명은 쾌락을 즐기는 동시에 사물로 과도하게 접근하려는 충동의 경향을 욕망의 안정적 환상 지대로 우회시킬 수 있기 때문이다. 한편, 신경증적 욕망의 속성에 대한 이 같은 설명은 역으로 사물이 출현하는 조건을 밝혀준다. 만일 대상-산물들의 정교한 연쇄가 사물과 주체의 거리를 유지시켜주는 기능을 한다면, 대상-산물들의 부재는 사물의 출현을 보장하는 조건이 될 수 있다. 간단히 말해서, 사물 출현의 조건은 대상-산물 연쇄의 부재, 즉 공백이다.

신경증은 이와 같은 공백의 출현을 억압하는 방식으로 사물의 출현을 억압하게 된다. 그러나 공백의 출현을 억압하기 위해 그것을 완전히 틀어막을 경우 앞서 설명한 광신주의[9]가 광기의 형태로 사물을 출현시키는 것을 또한 피할 수 없게 된다. 따라서 공백의 출현을 억압하는 신경증의 전략은 그것을 완전히 제거하는 것이 아니라 통제 가능한 공백의 형태로 길들여 보존하는 것이다. 블랙홀과 같은 카오스의 공백이 아니라 길들여진 결여의 형태로 공백을 관리하는 것. 이것을 우리는 공백의 사냥이라고 부를 수도 있다. 유령처럼 난립하고 어디에나 편재하는 위협적인 공백을 사로잡아 가시적이며 통제 가능한 공백으로 길들이려는 시도는 문명이 사물의 위협으로부터 자신을 보호하는 일반적인 전략이었다.

---

9 그럼에도 주목해야 하는 것은, 진리가 출현할 때 주체는 사물의 빈자리에 출현한 증상에 대해서, 즉 특이성의 일자에 대해서 광신적 포지션을 취한다는 사실이다. 엑스-니힐로의 진리, 즉 발생론적 진리관에서 진리의 최초의 기표는 바디우가 말하는 '초일자(Ultra-Un)'의 형식을 취한다. 최초에는 그 어떤 보편성도 갖지 않는, 즉 상징계로부터 완전히 배제된 것으로서의 증상적 문장 또는 기표는 주체를 매혹하고, 그 또는 그녀를 광신적 정동으로 포획한다. 이는 진리의 최초 양상은 이데올로기적 광신의 형태와 구분할 수 없다는 사실을 암시한다.

산 마르코 대성당 내부 ©Wolfgan Moroder

라깡이 1960년 2월 3일 진행했던 세미나에서 건축과 회화 원근법의 가장 고유한 기능은 공백을 사로잡고 가두는 데 있다고 주장했던 것의 의미가 바로 이것이다.[10] 그에 따르면, 건축물은 삶의 편리를 보장해주는 실용적 기능을 넘어서 신경증적인 기능을 수행하는데, 그것은 편재하는 공백을 사로잡아 관찰 가능한 공백으로 전환하는 것이다. 동서양의 신전과 성당, 왕궁의 건축물들이 돔과 궁륭 등의 형식으로 건물 내부에 가시적인 공백을 출현시키려고 했던 이유가 여기에 있다. 위 사진들은 라깡이 세미나에서 예로 들었던 산 마르코 성당의

---

10 "간단히 말하자면, 원시적 건축물은 공백의 주변을 둘러싸며 조직되는 것으로 규정될 수 있습니다. 예를 들어 산 마르코와 같은 대성당의 형식이 주는 틀림없는 인상이 그것입니다. 그리고 이것은 다른 모든 건축물의 진정한 의미이기도 합니다."(Jacques Lacan, *Le Séminaire VII*, Paris, Le Seuil, 1986, p.162)

산 마르코 대성당 외부 ©Wolfgan Moroder

내부와 외부 이미지이다.

　라깡은 이와 같은 공백이 단지 삶의 편리를 위해 마련된 내부 공간
이 아니라는 사실을 강조하기 위해 '성스러운 공백'이라는 표현을 사
용한다. 건축의 역사가 내부에 가두려고 했던 공백은 인간의 욕망이
사로잡힌 가장 궁극적인 것(사물)을 담고 있는 동시에 바로 그것이 소
멸하는 공간이기도 하기 때문이다. 욕망의 지향점이자 소멸의 지점이
기도 했던 이 '성스러운 공백'은 그러나 아무렇게나 만들어질 수 있는
것은 아니었다. 공백을 둘러싸는 방식에 따라서 사물에 대한 억압과
은폐의 실질적 효과의 수준이 결정되기 때문이다. 예를 들어, 로마네
스크 양식의 건축이 공백을 둘러싸는 방식은 투박했고, 과도하게 폐
쇄적이었다. 이는 앞서 설명했던 것처럼 산물의 연쇄가 정교하지 못

생-세르냉 바실리카 성당 ©Benh LIEU SONG

함을 의미하고, 그렇게 둘러싸인 공백은 사물을 완전히 소멸시킬 수 없었다.[11] 중세 건축물 내부는 공백의 유령을 통제할 수 없었던 테두리의 불완전성으로 인해 신비와 불안의 향기가 가득한 공간, 우울증과 광신주의 사이를 오락가락하는 유령의 신전이 된다. 그렇다면 로마네스크 건축양식이 '성스러운 공백'을 출현시키고자 했던 시도를 살펴보자.

---

11 보다 기술적인 표현을 쓰자면, 공백은 오직 팔루스의 틀 속에서만 소멸된다. 팔루스의 기능은 충동을 상징계의 보편성 속에 가두고 그것의 실현(주이상스)을 영원히 연기한다. 건축이 팔루스의 기능을 도입한다는 의미는 언어적 틀을 도입한다는 것이다. 르네상스는 수학-언어의 도입을 통해 이것을 실현한다.

로마네스크와 고딕, 공백의 사냥

왼쪽 사진은 12세기 프랑스 툴루즈 지역에서 완공된 생 세르냉 성당
이다. 당시 유럽의 건축술은 성당 천장을 둥글게 높이는 방식으로
공백을 연출해냈다. 그러나 중앙 기둥 없이 천장을 높이자 하중을
견디지 못하고 무너지는 사고가 빈발했다. 로마네스크 건축양식은
이러한 문제를 해결하기 위해 중앙 홀의 양쪽으로 회랑을 만들어 천
정의 하중을 분산시키는 기술을 사용했다.

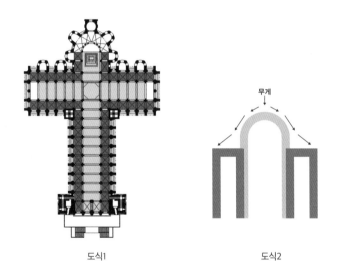

도식1　　　　　　　도식2

　도식 1은 중앙 천정의 무게를 분산시키기 위해 덧붙여진 구조물을
보여준다. 사진에서 노란 부분은 궁륭 천장 부분, 즉 공백이 사로잡힌
부분이다. 이곳의 하중을 지탱하기 위해 보조적으로 덧붙여진 회랑이

붉은색 부분이다. 로마네스크 건축양식은 성당 내부의 넓이를 포기하고 높이를 택함으로써 허공의 성스러운 공백을 사로잡는 데 건축의 기능을 집중하고 있다. 이것의 단면도가 도식 2다.

그러나 로마네스크 건축양식의 이 같은 궁여지책은 공백을 폐쇄적으로 만든다. 하중을 견디기 위해 덧붙여진 회랑의 육중한 구조가 건물 전체를 일종의 감옥처럼 보이게 만드는 것을 피할 수 없기 때문이다. 천정의 성스러운 공백은 외부와 단절된 공백, 사물의 음울한 그림자가 유령처럼 떠도는 형상의 공백처럼 보였다. 이와 같은 폐쇄성은 공백을 사로잡는 것이 아니라 오히려 주체가 공백에 사로잡히는 현상을 초래할 수도 있었다. 중세의 수많은 미신과 광신주의의 광기는 바로 이렇게 공백을 온전하게 사로잡을 수 없었던 문명의 비일관성에서 비롯된 것이라고 해도 과장이 아니다. 중세 건축물의 폐쇄성만큼이나 당시 문명의 담론들은 고대 그리스와 로마의 경쾌한 기표 연쇄의 기술들을, 즉 사유의 정교함들을 상실하고 있었기 때문이다. 마치 늑대 인간의 무의식이 자신의 충동을 억압하기 위해 짧고 단편적인 종교적 강박에 의존하고 있었던 것처럼, 중세의 문명은 어디로도 흘러가지 못하는 기독교적 담론의 편협한 동어 반복에 사로잡혀 있었고, 로마네스크 건축양식은 바로 이러한 기표 연쇄의 막다른 골목을 이미지로 체현해내고 있었다.

결국 문제가 되는 것은 공백을 보다 유연한 언어로, 연쇄 가능한 언어로 둘러싸는 것이고, 그리하여 공백의 내부를 그것을 둘러싼 외부의 언어를 통해 가늠할 수 있도록 허용하는 것이다. 정신분석의 용어를 쓰자면, 그것은 사물을 대상 a로 전환하는, 거세하는 문제이다 (사물→대상 a). 즉, 자신의 충동을 욕망의 차원에서 파악하고 말할 수 있도록 만드는 것이 문제였던 것이다. 그러기 위해서는 공백의 내부가 공백의 외부와 투명하게 연결될 수 있도록 하는 조치가 필요했는데, 이후 등장하는 유럽의 고딕 건축양식이 그와 같은 구조를 실현한다.

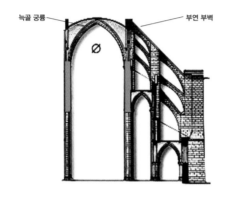

늑골 궁륭   부연 부벽

Ø

위의 도식은 고딕식 성당 건축 내부의 궁륭 천정을 지탱하기 위해 측면에서 공백을 잡아당기듯이 덧붙여진 부연부벽을 보여주고 있다. 천정을 둥글게 만들어서 공백(Ø)을 출현시키고, 그것의 외부를 두꺼운 벽이 아닌 거대한 스테인드글라스의 창(그림에서 푸른 부분)으로 둘러싸도록 만드는 기술, 즉 공백(Ø)을 하나의 집합({Ø})으로 합리적으로 둘러싸도록 만드는 기술, 공백의 외부에서 공백의 내부를 가늠할 수 있도록 만드는 기술이 고딕 양식의 핵심이다. 이와 같은 방식으로 만들어진 고딕 건축물 중 하나가 1248년에 완공된 파리의 생 샤펠 성당이다. 이 성당은 내부의 성스러운 공백, 허공 또는 공간적 허무라고도 부를 수 있을 그것이 어떻게 투명한 유리 벽면에 의해 조직적으로 둘러싸일 수 있는지를 보여주는 전형적인 고딕 양식 건축물이다. 이곳에서 신도들은 삶의 의미들이 한순간 소멸해버리는 신적인 진리의 허무와 만난다. 그러나 동시에 이승의 덧없음, 무($\emptyset$)는 조화와 비례의 투명함 속에서 포착됨으로써 신의 진리가 카오스가 아닌 어떤 초월적인 질서의 테두리 속으로 들어올 수 있음을 암시한다. 마치 떠도는 무($\emptyset$)의 유령이 하나의 집합($\{\emptyset\}$)으로 가정됨으로써 모든 집합에 보편적으로 편재하는 부분집합으로서의 안정적인 규정성을 갖게 되는 것처럼(체르멜로-프랭켈 공리) 공백의 허무는 이제 사물 출현의 조건이 아니라 사물 억압의 효과적인 장치로 기능하게 된다. 속세의 시선으로는 볼 수 없는 신의 진리($\emptyset$)는 그럼에도 안정적인 방식으로 이승에 편재($\{\emptyset\}$)하는 대상으로 가정된다.

이를 거꾸로 설명하면, 성당 건축이 공백을 사로잡으려 했던 이유는 공백이 진리의 출현을 암시하는 이미지로서 기능하기 때문이었다. 거대한 건물 내부의 텅 빈 공간은 세속적 이미지들의 소멸을 암시한다. 텅 비고 거대한 공간-이미지 앞에서 인간은 삶의 의미들의 덧없음을 체험하기 때문이다. 쉽게 말해서 공백의 이미지는 이 세상의 종말을 시사한다. 동시에 공백의 이미지는 무에서 새로움이 시작될 수 있는 창조론적 진리를 또한 이미지화한다. 서구의 성당 건축양식이 공백의 포획에 그토록 몰두했던 또 다른 이유가 여기에 있다.

생 샤펠 성당 ©Didier B(Sam67fr)

르네상스, 포획된 공백

고딕 시대 이후 등장하는 르네상스 문명은 중세 공백의 불안이 보다 정교한 방식으로 통제되기 시작하는 모습을 보여준다. 특히 원근법의 발명은 어떻게 서구 문명이 공백을 단지 기하학적 방식으로 억압하는 대신 보다 기술적인 방식으로 둘러싸기 시작했으며, 공백의 중심에 있는 사물을 마침내 하나의 (소실)점으로 축소시켜 소멸되도록 할 수 있었는지, 즉 단순한 결여로 전환시켰는지를 보여준다. 이 역시 라깡의 1960년 2월 3일 강연 내용에 부합한다. 당시에 그려진 원근법 회화의 사례들을 살펴보면서 회화에 대한 라깡의 논점을 이해해보자.

앞으로 설명할 두 그림은 각기 다른 방식의 원근법으로 공백을 포획하는 작품들이다. 두 그림 모두 2차원 평면 위에 3차원적 공간을 표현한다. 또는, 라깡의 관점에서 설명하자면, 작품들은 성스러운 공백을 화면 안에서 포획하려고 시도하고 있다. 먼저 원근법적 시도가 불완전하게 적용된 첫 번째 그림, 프라 안젤리코의 〈수태고지〉에 주목해보자.

신비로움의 정서가 강조된 이 그림에서는 소실점이 정확하지 않다. 필자가 다음 페이지에서 이미지들의 소실점 방향을 따라서 임의로 그어본 선들은 서로 어긋난 채 만나지 못하고 있다. 그럼에도 화면 속으로 성스러운 공백(공간)을 끌고 들어온 뒤에 이것을 테두리 치고 포획하려는 화가의 의도는 분명해 보인다. 회화의 평면 내부로 도입된 공백의 이미지는 단지 그림의 3차원적이며 현실적인 느낌을 강

프라 안젤리코Fra Angelico, ⟨수태고지*The Annunciation*⟩(1425~1430), 산 마르코 수도원 소장.

조하기 위해서 그려진 것만은 아니기 때문이다. 그림의 내부로 도입된 공백은 진리의 사건이 출현하는 장면을 묘사하기 위한 가장 적절한 진리-틀로 사용된다. 왜냐하면 진리의 사건은 언제나 무로부터 출현하며, 공백으로부터 솟아오르는 사건의 이미지는 비존재로부터 존재가 탄생하는 창조의 논리를 가장 적절히 표현하기 때문이다. 라깡은 실제로 1959년의 세미나들에서 무신론적이며 비관념론적인, 따라서 실재의 진리의 유일하게 가능한 형식은 오직 '창조적créationniste'[12] 관점, 즉 '엑스-니힐로ex-nihilo'(무로부터의 창조)의 관점이라고 지속적으로 강조하고 있다. 이에 대한 설명을 덧붙이면 다음과 같다.

우리가 진리라고 말할 수 있는 것은 언제나 사건의 형식으로 출현

---

12 창조적 또는 창세기적 진리관이라고 부를 수 있는 이것은 철학에서 (특히 바디우 철학에서) 정확히 '발생론적(générique)'이라고 부르는 그것이다.

하며, 진리의 사건이 출현하는 자리는 기존의 존재 질서가 붕괴되는 자리 또는 균열, 따라서 공백의 자리이다. 바디우는 이를 '사건적 장소site événementiel'라고 부르는데, 이는 현재의 세계를 지배하는 '백과전서적 지식savoir encyclopédique'의 권력 또는 타자-지식의 권력이 발을 헛딛는 순간이며, 대상-산물들의 연쇄 질서의 미끈한 표면이 일그러지며 균열 또는 초과를 발생시키는 순간, 즉 공백이 출현하는 순간이다. 진리 사건은 언제나 바로 이 순간의 공백의 한가운데서 출현한다. 바꿔 말하면, 진리의 출현 조건은 공백이다. 정신분석에서는 이러한 공백의 순간을 증상이라고 부른다. 신경증자의 삶의 일관성을 위협하며 등장하는 꿈, 말실수 또는 이유를 알 수 없는 신체적 증상이나 강박적 행동들이 바로 그것이다. 진리 사건이 비로소 한 세계의 진리가 되는 것은 누군가(주체) 이러한 진리 사건의 이름을 보존하기 위한 충실성의 투쟁을 시작할 때이다. 혹은, 신경증의 증상이 단순한 신체적 기능장애가 아니라 무의식의 진리로 이끄는 진리의 전령이라는 사실을 받아들이고 진리를 위한 탐사를 시작하는 순간이다.

이 같은 진리의 출현 형식을 묘사하기 위해 프라 안젤리코의 이 그림이 무엇보다 필요로 했던 것이 바로 공백의 이미지였고, 그는 당시 발명된 원근법의 기술을 부분적으로 차용하여 공백을 화면 내부에 끌어들이는 데 성공한다. 화가이기 이전에 (기독교적) 진리의 구도자였던 프라 안젤리코는 공백을 이미지화하면서 수태고지, 즉 신의 아들이 성처녀에게 잉태될 것이라는 메시지 전달의 순간을 엑스-니힐로의 진리 사건으로 묘사하는 데 성공한다. 그런데 공백이란 대상-산물들의 소멸이며, 플라톤적 표현으로는 억견이 추방된 사유의 진공眞空 상태이다.[13] 종교적 구도자에게는 세속적인 욕망의 대상들(산물)에 대한 거부일 것이며, 칸트 윤리학에서는 병리적 대상들에 대한 실천의 단절을 의미할 것이다. 좀 더 일상적인 용어를 쓴다면, 진리의 출현 조건으로서의 공백은 마음을 비우는 것이다. 가득 찬 항아리에는 무엇도 새로 담을 수 없기 때문이며, 따라서 공백은 비우기 전에는 채울 수 없다는 상식적인 진리의 틀을 표상한다. 그러나 공백은 또한 기존 질서의 부재이며, 우리가 의존하던 상식의 파괴를 의미할 수도 있다. 공백이란 붕괴를 초래하는 균열의 위협이며 사유의 일관성을 정지시키는 정신의 분열이기도 하기 때문이다. 신경증적 문명이 공백을 사로잡아 길들이려고 하는 이유가 바로 여기에 있다. 그것은 현재의 문명 또는 신경증자의 현재 상태를 위협하는 붕괴의 신호이기 때문이다. 그러나 이미 설명된 것처럼, 공백은 또한 새로움의 시작점이며, 붕괴 이후에 도래할 새로운 세계에 대한 틀로서 기능한다. 공백의 이와 같은 양면성은 파괴와 창조의 두 개념이 같은 사건에 대한 두 가지 다른 시각에 불과하다는 사실을 의미하는 것이기도 하다.

프라 안젤리코가 그림 속에서 출현시키고 있는 공백은 이와 같은 양면성을 모두 암시하는 공백이다. 수태고지는 구약의 질서가 붕괴

---

13 "내가 아는 유일한 것은 내가 알지 못한다는 사실이다"는 소크라테스가 진리를 사유하는 방법론을 이해하도록 해준다. 사유의 공백에 도달하지 못한다면 어떠한 진리도 불가능하다는 것. 산파술이란 무에 도달한 뒤 진리를 스스로 잉태하는 기술이다. 정신분석의 임상 과정은 정확히 소크라테스적 산파술의 20세기적 판본이며, 무지에 도달하기 위해 공백을 소환하는 기술이다.

산드로 보티첼리Sandro Botticelli, 〈수태고지*The Annunciation*〉(1489~1490), 우피치 갤러리 소장.

되는 재앙인 동시에 신약의 탄생을 예고하는 진리의 순간이지 않았던 가? 그런 의미에서 그의 그림 속에 포획된 공백이 일그러진 형상이라 는 사실은 의미심장하다. 그것은 이성의 질서에 의해 완전히 포획당 하지 않으며, 무엇인가가 끊임없이 유출되고 있는 불완전한 테두리의 공백이었다. 소실점이 정확히 좌표화되지 않은 그의 그림 속 공간이 출현시키는 것은 불안한 공백이며, 이성에 의해 사로잡히기를 거부하 는 공백이다. 보다 확실한 이해를 위해서는 두 번째 그림인 보티첼리 의 〈수태고지〉와 비교하는 것으로 충분하다. 보티첼리의 그림 속 공 백은 일점 소실점에 의해 완전히 수학적인 방식으로 포획되어 있다. 프라 안젤리코의 그림에서 보이는 신비로움과 불안의 정서와는 전혀 다른 공백이 안정적으로 제시되고 있는 것이다.

보티첼리는 프라 안젤리코의 신비로움의 정서를 포기하는 대신 안정과 정확성의 '현실적 쾌락'[14]을 획득하려 했다. 보티첼리 회화의 화려한 장식주의는 공백에 대한 억압을 은폐하기 위한 수사에 불과했던 것이다. 마치 욕망의 불완전함을 은폐하기 위해 논리적 정확성에 강박적으로 매달리는 강박증자의 수사처럼, 보티첼리의 회화는 공백의 불안, 진리의 파괴성에 대항하기 위해 원근법의 정확성에 의존하는 동시에 그러한 정확성이 파생시키는 경직된 이미지를 완화하려는 시도 속에 있다. 여기서 표현된 공백은 사로잡힌 공백이며, 현실의 질서에 균열을 생산할 능력이 거세된 공백이다.

진리, 공백, 욕망의 변증법

이제까지 살펴본 서구 문명의 공백-사냥의 모습들은 인간의 욕망과 충동의 변증법이 진리 개념의 형성에 깊이 관여한다는 사실을 알려준다. 진리를 추구하는 문명의 실천은 때로는 공백을 안정적으로 테두리치고 그곳을 로고스적인 진리의 출현 장소로 한계 짓는 방어적인

---

14 '현실적 쾌락'이라는 표현은 쾌락원칙과 현실원칙의 혼합어로 보아도 좋다. 그것은 공백의 불안을 억압하여 현재의 자아를 보존하려는 보수적 쾌락의 추구이다. 현실의 자아가 현실의 고정관념들의 지배에 의한 산물에 불과한 것이기에 현실적 쾌락은 고정관념에 대한 탐닉과 동의어이다.

욕망의 환상에 의존했다. 그러나 때로는 일그러진 공백의 출현을 허용하면서 파괴적인 충동의 출몰을 야기한다.

로마네스크 건축과 프라 안젤리코의 회화 속 공백은 진리를 불안의 정서 속에서 사유하도록 유도하는 효과가 있었다. 이러한 효과는 신의 진리가 로고스, 즉 이성과 언어에 의해 포획될 수 없음을 암시하며, 필연적으로 불안을 동반한다. 반면 보티첼리와 같은 예술가들이 만들어내는 르네상스의 공백은 이성과 언어(수학)의 테두리에 의해 정교하게 억압되는 모습이었고, 소실점에 단단히 고정되었으며 따라서 불안을 야기하지 못하는 안정적인 진리, 욕망의 원인이었다. 르네상스의 수학적 공간은 진리의 공백을 틀어막지 않으면서도 소실점이라는 특수한 구조를 통해서 진리의 도래를 안정적인 방식으로 연기하는, 즉 뒤로 물러서게 만드는 효과를 실현시키고 있었다. 소실점이라는 말 자체를 우리는 그런 방식으로 이해해볼 수도 있을 것이다. 그림속에 표현된 진리가 지속적으로 사유될 수 있도록 고안된 작은 구멍과 같은 것으로 말이다.

반대로, 강박증이나 히스테리와 같은 신경증의 증상들은 자신들의 결여를 유지하는 데 있어서 하나의 통제 가능한 지점, 즉 팔루스의 구조 내부의 예측 가능한 지점이 아닌 분산된 지점들을 통한다. 쉽게 말해서, 그들이 자신의 충동을 억압하는 구조는 불안정하며 산발적이다. 강박증과 히스테리의 치료 과정은 바로 이러한 결여, 공백의 일그러진 테두리에 보다 많은 기표들이 참여할 수 있도록 하면서 공백의 표면이 내부의 충동 회로에 갇힌 원환이 아니라 외부의 욕망의 변증법에 개방된 삶으로 이끄는 것이다. 그런 의미에서 중세의 로마네스크로부터 고딕, 르네상스로 이어지는 과정은 서구 문명이 스스로의 강박증과 히스테리를 극복해 나아가는 단계를 상징한다. 물론 르네상스가 이후 19세기의 과학 지상주의로, 그리고 20세기의 자본 지상주의로 나아갔다는 사실은 서구 문명의 신경증이 다시금 강박증의 단계로 돌아서고 있었음을, 그것도 아주 심각한 증상 속으로 침몰해가고 있다는 사실을 보여준다. 마치 신경증 환자에게 완전한 치료란 존재하지 않는 것처럼, 그리하여 증상이란 우리가 함께 살아가야 할 우리 자신의 존재 그 자체인 것처럼 문명은 자신의 증상을 끝없이 회귀시키면서 공백의 중심을 맴돌고 있는 것이다.

여기서 진리와 공백 그리고 욕망의 변증법에 관련된 이 모든 흐름들이 루브르 왕궁의 역사 속에서도 반복되고 있음을 잊지 말자. 종교적 건축물이 아니었으므로 건축양식을 통한 본격적인 공백의 포획을 시도하지는 않았지만 그럼에도 루브르는 주로 회화나 조각 작품 등 왕들의 소장품을 중심으로 공백과 밀접한 관련을 맺게 된다. 그리고 이후 루브르가 성당 건축에 못지않은 거대한 공백을 내부로 사로잡게 되는 계기는 아이러니하게도 무신론의 시대였던 20세기 사회당 정부의 지원 속에서였다.

1980년에 정권을 잡은 프랑스 사회당의 미테랑 대통령은 루브르에 대한 대대적인 개발 사업을 추진했다. 프로젝트의 총감독으로는 중국계 미국인 건축가 이오 밍 페이가 참여했다. 그가 루브르의 지하를 파내어 새로운 갤러리와 전시 공간을 만들고, 그리로 들어가는 입구에 거대한 유리 피라미드를 건설하는 계획을 대중에게 공개하자 여론은 양분된다. 정방형이었던 루브르의 전통적인 이미지와 삼각형 피라미드의 새로운 조합을 참신하다고 평가하는 쪽과, 외국인 건축가에게 프랑스의 전통이 모욕당했다고 느끼는 반대의 여론이 그것이다. 논란 속에서도 이오 밍 페이의 프로젝트는 미테랑 대통령의 전폭적인 지지 속에서 추진되었고 오늘날 우리가 만나게 되는 루브르의 새로운 이미지가 마침내 완성되었다. 전체적으로 사각형의 느낌을 주는 루브르의 전통적 이미지와 삼각형 피라미드 이미지의 대립이라고 하는 표면적인 충돌은 그러나 우리의 관심사가 아니다. 그보다 우리의 관심을 끄는 것은 피라미드라고 하는 구조물이 가진 상징적 의미와 그것이 루브르에 새롭게 도입한 공백의 형상이다. 먼저 피라미드의 의미를 살펴보자.

피라미드는 죽음이라는 이해 불가능성, 즉 의미의 공백에 대해서 당시의 문명이 반응할 수 있는 최대한의 과학적 조치였다. 고대 이집트인들은 기하학과 천체관측술 등 당시의 첨단 과학을 총동원하여 파라오의 죽음에 의미를 부여하려고 시도했다. 이는 인류가 상실에 대해서 해왔던 애도의 작업 중에서 가장 강박증적이라고 말할 수 있다. 왜냐하면 그들은 죽음에 관하여 설명되지 않는 잔여를, 그림자를 용납하지 않으려 했기 때문이다. 그들은 죽음을 남김없이 설명하려고 했으며, 나아가서 죽음 자체를 부정하려고 했다. 이는 피라미드의 구조 자체를 살펴보는 것으로 쉽사리 논증된다. 삼각형의 거대한 구조물은 언제나 외부로 나아가는 작은 환풍구와 같은 통로를 갖는데, 이 통로는 밤새 지지 않는 별들의 자리인 주극성週極星들, 그중에서도 영원히 고정되어 있는 듯 보였던 북극성을 향해 정확히 각도가 맞춰져 있다. 한편 피라미드 중심에 마련된 작은 밀실인 파라오의 무덤은 건축물의 중핵에 위치한 공백이었다. 파라오의 미라를 보존하는 이곳으로부터 왕의 영혼은 출구의 방향을 따라서 영원히 움직이지 않는 고정점인 북극성을 향해 나아가도록 고안되어 있다. 그러한 방식으로 피라미드는 의미의 공백인 죽음을 가장 안정적인 소실점인 북극성을 중심으로 억압할 수 있게 된다. 그뿐만이 아니다. 파라오의 영혼은 『사자의 서』에 그 방법과 의미가 명시된 대로 사후의 삶을 살아갈 수 있도록 계획된다.

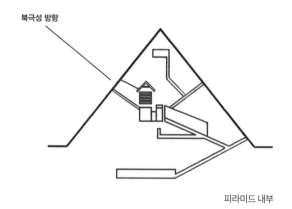

피라미드 내부

만일 인류 문명의 모든 장례 의식과 그 중심에 흔적으로 남겨진 무덤의 유적들이야말로 신경증적 공백의 전형적인 보존 장소였다고 말할 수 있다면 피라미드는 공백 중의 공백이면서 동시에 가장 철저하게 억압된 강박신경증의 문명을 상징한다고 말할 수 있다.[15] 나아가서 이집트인들이 파라오의 시신을 어떻게 미라로 처리했는지를 염두에 둔다면 그들의 죽음에 대한 부정의 관념은 거의 성도착적 구조에 접근하고 있는 것으로 이해될 수 있다. 미라는 죽음에 대한 부정일 뿐만 아니라, 시신을 일종의 페티시의 대상으로 설정한다. 시신이 보존된다면 죽음이라는 세계의 불완전성은 극복될 것이다. 마치 성도착증자가 여성의 스타킹이나 구두와 같은 사물을 통해서 어머니-타자의 거세, 즉 세계의 불완전성을 부정할 수 있게 되는 것과 마찬가지로, 그리하여 성도착의 구조 내에서 세계는 균열 없는 완전한 공간으로, 즉 유토피아로 여겨질 수 있는 것처럼 말이다.

고대 이집트 문명에 대한 이 같은 다양한 해석의 가능성들에도 불구하고 이 오래된 문명이 공백을 다루는 데 있어서 역사상 가장 정교한 기술들을 발전시켜왔다는 사실에는 의심의 여지가 없다. 때로는 공백을 강박적으로 틀어막으면서, 심지어는 시간증屍姦症necrophilia이 암시될 만큼 파라오의 시신에 대한 집착을 보이면서도, 피라미드와 미라를 중심으로 발전해왔던 이집트 문명은 공백을 다루는 가장 오래되고 또한 가장 극적인 테크닉들을 발전시켜온 것이 분명하다.

루브르 박물관이 뒤늦게 도입한 공백이 바로 이것, 가장 정교하면서도 가장 병리적이었던 피라미드의 공백이었다는 사실은 우리에게

---

15 "나는 환자들에게서 발견되는 이른바 강박적인 행동이라는 것과, 종교인들이 신심에 표정을 부여하는 수단으로서의 과민한 집착과 종교 의식이 유사한 데 충격을 받은 사람이지만 그런 사람이 나뿐만인 것은 아니다. 이런 종류의 강박적인 행위에 '의례'라는 술어가 사용되고 있다는 것이 바로 그 증거다."(지그문트 프로이트, 『종교의 기원』, 열린책들, p.21)

결코 간과할 수 없는 의미를 전해준다. 루브르는 고대 이집트 문명으로 상징되는 공백의 포획과 사냥에 관한 박물관으로, 공백의 역사를 보존하고 공개하는 박물관으로 자리매김하고 있었기 때문이다. 이제 루브르 박물관의 입구를 들어서는 관객으로서 우리는 그곳이 공백을 다루는 역사에 관한 박물관이었음을 비로소 이해할 수 있게 된다. 이제까지는 공백의 표면을 둘러싸는 테두리의 이미지들이 전부라고 생각해왔지만, 피라미드의 공백으로 만들어진 입구를 통과하면서부터 우리는 테두리 너머에, 건축물의 내부 또는 그림의 평면 내부의 텅 빈 공간으로, 은폐되었던 그곳으로 진입할 수 있게 된 것이다. 그리하여 박물관은 스스로를 공백의 유령이 출현하는 장소로 인정할 수 있게 된다. 이제 우리가 박물관의 내부를 거닐면서 보게 되는 것은 예술 작품과 유물들의 단순한 이미지가 아니라 그 너머의 공백, 인류가 그토록 억압하려 했던 공백의 유령들이기 때문이다.

미노타우로스와 다이달로스

공백을 사냥하고 포획하여 그것을 자신들이 주장하는 진리의 틀로서 사용하려는 신경증적 문명의 사례들을 근거로 해서 우리는 일견 모순된 결론에 도달할 수 있었는데, 그것은 다음과 같다. 즉, 공백이란 불안의 대상이었던 사물이 출몰하는 음울함의 습지였던 동시에 진리가 발생하는 장소이기도 했다는 것이다. 건축과 회화를 비롯한 문명의 신경증적 실천들은 자신의 욕망이 사물로 접근하는 것을 차단하기 위해 그것을 둘러싸고 있는 공백을 포획하여 안정된 테두리 속에 가두려고 했다. 그러나 이러한 공백의 포획은 다시금 문명이 그것에 사로잡히는 결과를 초래했는데, 문명은 공백의 중심에서 사물이 아닌 진리의 환영을 보기 시작했기 때문이다. 공백을 포획하여 가두기 위해 건축된 성당 궁륭의 텅 빈 천장을 바라보면서 인간은 환상 중에서 가장 최종적인 것으로서의 (신의) 진리의 환상을 본다. 그리고 이것은 프로이트적 의미에서의 승화인데, 사물이 이데아로 대체되는 과정에 다름 아니기 때문이다. 모든 사이비 지식들을, 세속적 산물들의 연쇄를, 즉 억견을 파괴한 뒤에 남겨지는 공백(무지)이 있는데, 이것의 중심에 최고선이 있다는 플라톤적 신경증의 사유가 추구하는 것이 바로 이것이다.

플라톤의 이데아는 모든 산물들이 소멸하는 신경증적 소실점이다. 그렇게 해서 문명은 어떤 것이 먼저였는지를 알 수 없게 되는 순환 과정으로 들어서게 된다. 공백을 가두려는 욕망이 먼저였는가? 아니면 공백으로부터 진리를 추출하려는 욕망이 먼저였는가? 정신분석의 임상적 관찰에 의한다면 그 순서는 명백하다. 인간의 심리는 먼저 방어한다. 쾌락원칙은 자극의 양을, 현실원칙은 자극의 의미를 통제하며 방어한다. 이 두 원칙에 근거해서 공백에 대한 방어로서 던져진 기표 연쇄의 그물이 먼저이다. 담론으로 포획된 공백으로부터 진리가, 즉 보편성(Φ)이 추출되는 것은 이후의 문제이다. 프로이트의 손자가 어머니의 부재(-φ)에 대하여 포르-다^{Fort-Da}의 기표 원형을 던져 공백(Ø)을 사로잡고 테두리 치려고 했던(⦃Ø⦄) 놀이의 실천은 진리를 겨냥하는 것은 아니었고, 단지 공백을 명명하는 방어적인 행위였다. 그러나 포르-다의 기표 연쇄는 어머니의 부재(공백)를 테두리 치는 결여의 변증법으로부터 어머니의 욕망의 진리(Φ)를 산출해낸다. 그것이 바로 팔루스이다. 이제 아이는 어머니가 부재하는 이유가 아버지와 관련된 진리에 달려 있다는 사실을 알게 되는 것이다. 사물의 유령들이 출몰하는 공백의 난립을 하나의 공백으로 총칭하고 난 뒤에, 그곳에 사물을 묶어둘 소실점을, 사물에 대한 환상이 피어오를 궁극의 결여를 찾아내는 것이다.

사물과 공백을 둘러싼 욕망의 이 같은 모순된 여정은 우리에게 고대 그리스 신화 속 인물 다이달로스를 떠올리게 한다. 다이달로스 Δαίδαλος는 그 이름의 그리스어 어원이 말해주듯, 정교하고 능란한 기술의 장인이었다. 루브르 박물관의 역사와 관련하여 우리의 관심을 끄는 것은 그가 건축의 발명자로 간주된다는 사실이며, 그가 만들어낸 최초의 건축이란 다름 아닌 라비린토스^{λαβύρινθος}, 충동의 화신 미노타우로스를 가두기 위해 고안된 미궁迷宮이었다는 사실이다. 그에 관련된 신화를 통해서 사물과 공백의 사냥에 관련된 이제까지의 이야기들을 은유해보도록 하자.

다이달로스가 미궁을 만들게 된 계기는 다음과 같았다고 전해진다. 크레타 섬에 미노스라는 왕이 있었는데, 형제들과의 왕권 다툼이 여전했다. 자신의 왕권을 확고히 하기 위해 고민하던 미노스는 왕권의 증표로 성스러운 황소를 내려주기를 포세이돈 신에게 간청한다. 마침내 간청을 받아들인 포세이돈은 하얀 황소 한 마리를 제물로 쓸 수 있도록 미노스에게 내려주었는데, 이 성스러운 하얀 짐승은 보는 사람들의 마음을 단번에 빼앗을 정도로 매혹적이었다고 한다. 미노스 왕 또한 황소의 아름다움에 매혹당한 나머지 그것을 제물로 쓰겠다는 신과의 약속을 저버린다. 화가 난 포세이돈은 미노스 왕의 아내 파시파에에게 저주를 내려 백색 황소에게 참을 수 없는 욕정을 품도록 만든다. 당연한 일이었지만, 백색의 성스러운 황소는 인간인 파시파에에게 조금의 관심도 보이지 않았다. 몸이 달아오를 대로 달아오른 왕비 파시파에는 때마침 크레타 섬으로 유배된 다이달로스를 찾아갔다. 그에게 자신의 욕정을 실현할 수 있는 방도를 묻기 위해서였다. 다이달로스는 고민 끝에 파시파에에게 나무로 된 아름다운 암소 조각상을 만들어주고, 그 안에 들어가 백색 황소와 교미하라고 알려준다. 파시파에는 다이달로스의 묘책을 따라서 암소 조각상에 들어가 마침내 백색의 성스러운 황소에 대한 자신의 주이상스를 만족시킨다. 이 사건으로 생겨난 아이가 바로 미노타우로스이다. 반인반수半人半獸의 괴물로 태어난 아이는 나이가 들수록 점점 더 통제할 수 없는 충동의 화신이 되어갔다. 괴물을 두려워한 미노스 왕은 다이달로스를 불러 대책을 추궁한다. 이에 다이달로스는 한번 들어가면 절대로 나올 수 없는 건축물인 라비린토스, 즉 미궁의 건설을 제안하고, 그 한가운데에 미노타우로스를 감금하면 모든 일이 해결될 것이라고 설득한다. 그렇게 해서 인류 최초의 미궁은 충동의 화신을 가두기 위해 건설되었다.

작자 미상, 〈다이달로스와 파시파에와 나무 황소*Daedalus, Pasiphae and Wooden cow*〉, 폼페이 유적.

여기서 우리가 주목해야 하는 것은, 충동의 괴물 미노타우로스를 가두었던 것이 단순한 감옥이 아니라 미궁이라는 사실이다. 감옥과 미로는 모두 잡아 가두고 다시는 나오지 못하도록 하는 데 그 목적이 있다. 그러나 방식 자체는 전혀 다르다. 감옥은 수인에게 자신이 감금되어 있다는 절망적인 사실을 명백히 알도록 한다. 감옥의 폐쇄성은 사로잡힌 수인을 서서히 질식시킬 뿐이다. 그러나 미로는 다르다. 모든 미궁의 특징은 출구가 있다는 사실이다. 잘 만들어진 미로의 조건은 바로 이러한 출구로 도달할 수 없는 통로의 정교함이다. 그러나 더 잘 만들어진 미로의 조건은 단순히 출구에 도달할 수 없는 불가능성만이 아니라 오히려 도달할 것만 같은 가능성의 환영이 유지되는 기술, 미혹의 정교함에 있다.

그렇게 미로에 갇힌 수인은 출구에 도달하려는 헛된 희망 속에서 끝없이 반복되는 탐색의 발걸음을 멈추지 않게 된다. 그리고 사정은 미로의 바깥에서도 마찬가지이다. 미노타우로스를 가둔 미노스 왕 역시 괴물이 미로의 모퉁이들을 돌아서 언젠가는 그 앞에 다시 나타날 수도 있다는 불안과 함께 살아가야 한다. 그것은 열려 있으나 열리지 않는 미로인 것과 마찬가지로 닫혀 있으나 닫히지 않는 감옥이기 때문이다. 어째서 다이달로스는 단순히 견고한 감옥을 만드는 대신 이와 같은 모순된 선택을 했던 것일까? 그것은 다이달로스의 교활함이 미노스 왕의 욕망을 읽어냈기 때문은 아니었을까? 모두의 마음을 사로잡고 놓아주지 않았던 백색 황소가 남긴 유일한 흔적이 미노타우로스였다는 사실을 잊지 말자. 그것은 괴물이었지만 그럼에도 가장 매혹적인 것의 흔적이었다. 따라서 미노스의 욕망은 괴물을 보지 않는 방식으로 보는 것이었고, 충동하지 않는 방식으로 충동을 유지하는 것이었다. 충동의 화신이 계속해서 뛰어다니길 원했지만 그러나 위협적이지 않은 수준에서 그러길 원했다. 이를 간파한 다이달로스는 충동의 화신이 제자리를 맴도는 반복 운동을 결코 멈추지 않으면서도 동시에 그러한 운동이 초과할 수 없는 구조물을 만들어냈던 것이다.

그런 의미에서 다이달로스는 신경증적 마음의 가장 위대한 건축가였다. 그는 욕망이 소멸하지 않으면서도 동시에 초과되지도 않는 구

랑베르 드 생 오메르Lambert de Saint-Omer, 『꽃장식 책*Libern Floridus*』의 미로 이미지.

조가 무엇이었는지 잘 알고 있었기 때문이다. 그는 욕망에 관한 한 가
장 정교한 지식을 가지고 있었던 것인데, 단 한 가지만 제외한다면 그
랬다. 미로에 갇힌 것이 단지 미노타우로스만이 아니라는 사실이다.
백색 황소를 욕망하기 시작한 이후로, 그것의 상실을 애도하기 시작
한 이후로 미노스와 파시파에, 심지어는 다이달로스 자신까지도 모
두가 욕망이라는 미로의 수인이 된다. 이들 모두는 미노타우로스라는
충동의 화신에 화답하거나 억압하기 위해 자신들의 삶을 미궁 속으로
밀어넣고 있었기 때문이다.

다이달로스와 미궁 건축의 신화는 그렇게 사물의 위협과 신경증적 방어의 모순적 관계를 정확히 묘사해주고 있다. 신화는 또한 라깡이 모든 건축물이 공백을 가두는 구조로 되어 있다고 말했던 바의 의미 역시 명백히 밝혀주는 은유가 된다. 인류는 초과하는 충동을, 즉 사물을 테두리 쳐진 공백의 형태로 억압하는 과정에서 건축의 구조를 사용해왔다. 이것은 단지 건축의 역사에 대한 정신분석적 과장이 결코 아니다. 특히 왕궁이나 종교 건축물 등 문명의 욕망이 적극적으로 표현되는 장소에서 우리는 어떻게 숭고한 공백이 예외 없이 출현하고 있는지를 정확히 확인할 수 있기 때문이다. 이것은 동서양이 예외 없이 추구하던 공백 사냥의 흔적이었다. 동양화에서 여백의 미라고 말해지는 것이 공백을 불러내는 동시에 그것을 안정적으로 화면 위에 포획하려는 시도의 우아한 기술이었다는 사실 또한 우리의 논제를 증명해주지 않는가? 그런데, 다이달로스의 미로의 신화는 건축물을 비롯한 다양한 예술의 포획에 의해 사로잡힌 공백이 역으로 우리 자신을 사로잡고 가두는 미로의 구조로 되어 있음을 알려준다. 그렇게 우리는 우리 자신이 사로잡아 가두었다고 생각했던 공백의 한가운데로 다시 던져진다.

거시적 차원에서 관찰되는 문명과 공백 그리고 주체의 이 같은 모순된 관계는 정신분석 임상의 미시적 차원에서 동일하게 반복되는 신경증자의 증상이기도 하다. 정신분석가를 찾아오는 신경증자의 마음의 구조는 다이달로스의 미로를 정확히 재현하고 있기 때문이다. 우리에게는 늑대인간이 가장 가까운 예로 환기될 수 있을 것이다. 그는

자신의 충동을 가두기 위해 늑대 꿈으로 그것을 겁주고, 강박적 종교
담론의 담장들로 미로를 만들었지만, 결국 그 자신이 그러한 미로의
한가운데에 갇히는 신세가 되지 않았던가? 자신의 사물을 가두기 위
해 만든 공백의 테두리 내부에 갇힌 늑대인간은 과거의 타자가 남긴
흔적의 미로 속을 증상과 함께 맴돌면서 그 자신을 새롭게 창안할 수
도 있을 미래로부터 스스로를 소외시키고 있었다. 그리고, 마찬가지
의 소외가 루브르 박물관의 한가운데서 일어나고 있다고 가정한다면
어떨까?

　박물관이 공백을 가두는 가장 전형적인 장소로 기능하고 있다는
사실에는 의심의 여지가 없다. 그곳은 건축의 양식으로 그렇게 하는
동시에 회화와 조각, 장식미술과 공예미술 등의 형식을 통해 사물을
사로잡은 뒤 그것을 공백의 소멸점에 위치시키는 신경증적 억압의 기
능을 수행하고 있기 때문이다. 박물관은 그와 같은 공백의 사냥이 벌
어지는 장소 그 자체인 동시에 또한 각기 다른 시대의 각기 다른 문명
이 포획한 공백의 유물들을 보존하는 죽은 사물들의 박물관, 공백의
박물관으로 기능하고 있다. 그런 의미에서 박물관은 포획된 공백들의
거대한 전시장과 같다. 관람객인 우리가 박물관에서 만나게 되는 것
은 그렇게 사로잡힌 공백들인데, 그들이 우리를 매혹하는 이유는 죽
은 사물들의 잔해 위로 피어오르는 진리의 환영 때문이다. 그곳에서
우리는 예술의 진리, 역사의 진리, 인간의 진리 등을 만난다는 환상에
사로잡힌다. 예술 작품들은 자신이 사로잡은 공백의 한가운데에 진리
의 이데아를 환유 기능의 소실점으로 제시한다. 이를 통해서 작품과

박물관이 시도하는 것은 단지 공백을 길들이는 차원이 아니다. 작품과 박물관이 궁극적으로 시도하는 것은 그곳을 찾는 관람객을 길들이는 것이다. 충동을 길들이기 위해 인간이 문명의 다양한 실천들을 창조해냈지만, 그렇게 탄생한 문명은 즉각적으로 인간 자신을 길들이기 시작했기 때문이다. 공백을 길들인다는 것은 그래서 주체를 길들인다는 말과 같은 의미이다.

결국 박물관이란 문명의 다른 많은 장소와 마찬가지로 위협적인 충동을 공백의 형태로 길들여 가두는 거대한 미로에 다름 아니었던 것이다. 사정이 그러하다면, 그곳을 방문하는 우리에게 남겨지는 선택은 두 가지이다. 길들여진 공백을 받아들이는 방식으로 우리 자신의 고유한 공백 역시 길들여지는 것을 받아들이는 수동적 선택이 그 하나이다. 또 다른 선택은 길들여짐을 거부하는 것이다. 박물관에 포획된 예술 작품을 전혀 다른 관점에서 바라보는 시선을 통해서 사로잡힌 공백을 해방시키는 길도 존재하기 때문이다. 이어지는 장을 통해서 설명되는 것은 두 번째 선택의 관점이다. 히스테리의 증상적 이미지들이 가지는 일그러지는 특성을 통해서 어떻게 공백이 자신을 포획하는 문명으로부터 빠져나가는지, 또한 그러한 빠져나감을 통해서 어떻게 인간 존재의 새로운 가능성이 출현하는지를 살펴보도록 할 것이다.

2장　히스테리의 박물관

안나 O., 공백을 보는 여자

안나 O.라는 가명으로 불렸던 이 여성은 1895년에 발표된 프로이트의 첫 번째 연구서 『히스테리 연구』에 등장하는 최초의 환자였다. 이 책의 공저자인 브로이어Josef Breuer 박사에게 치료를 받았던 그녀는 다양한 심인성 신체장애를 앓고 있었다. 안나는 한동안 눈이 보이지 않았고(시각장애), 말을 하지 못했으며(실어증), 신체가 부분적으로 마비되는 증상을 보였다. 심지어는 생각 자체가 정지해버리는 부재의 상태가 매일 같은 시각에 반복되었으며, 이따금 뱀의 환각을 보기도 했다. 그녀는 프로이트의 정신분석이 히스테리라고 분류하기 시작했던 병리적 증상들의 백화점 같았다.

브로이어는 처음에 이 환자를 카타르시스 요법으로 치료했다. 이는 당시 유행하던 최면 치료 요법으로 환자에게 최면을 걸어 억압된 무의식의 내용물에 접근하도록 만드는 치료법이다. 사람의 마음속에는 문화적이며 환경적인 요인들 때문에 억압당하는 생각들이 있는데, 이들이 문제를 일으키면 히스테리 증상, 즉 신체적 장애가 발생할 수 있다. 카타르시스 치료는 이러한 기억들이 심리적으로 다시 경험되고, 그리하여 무의식에 고립된 기표의 응어리가 풀어지도록 최면을 거는 치료법이다. 이때 최면이 필요한 이유는 우리의 의식이 억압된 생각에 접근하려 하지 않기 때문이다. 최면은 의식의 도움 없이 쉽사리 억압된 무의식의 내용물에 접근할 수 있도록 도와주는 일종의 무의식의 뒷문이라고 할 수 있다.[1] 그러나 안나는 최면 치료보다는 의식적인 상태에서 자유롭게 말을 이어나가는 치료, 그녀 스스로가 '말치료talking cure'라고 이름 붙인 방식을 선호했다. 정확히 말해서 그녀는 아버지 같았던 의사 브로이어가 자신의 말을 들어주는 것을 더 좋아했다.

이후 안나는 증세의 호전과 악화를 반복한다. 그러다가 갑작스레 브로이어에 의해서 치료가 중단되는데, 안나가 브로이어의 아이를 임신했을지도 모른다는 환상을 품기 시작했기 때문이다. 물론 실제의 임신이 아니라 상상의 임신이었지만, 점잖은 유태인 의사 브로이어에게는 감당하기 힘든 상황이었던 것 같다. 브로이어는 질투에 사로잡힌 아내와 함께 서둘러 휴가를 떠나버렸고, 안나는 혼자 남겨진다. 이후 그녀의 삶에 관해서는 비교적 상세히 알려져 있다. 그녀가 여성

---

1 브로이어는 최면 치료로서의 카타르시스 요법을 가장 먼저 발명했지만, 수년간 방치한다. 이후 프로이트가 샤르코의 수업에서 최면 요법을 배워온 이후 다시금 자극을 받아 본격적인 치료의 기술로 사용하기 시작했다. (지그문트 프로이트, 『정신분석의 탄생』, 열린책들)

베르타 파펜하임 기념 우표.

인권운동가로서 활약했기 때문이다. 그녀의 본명은 베르타 파펜하임 Bertha Pappenheim이었고, 1954년 독일 연방정부는 여권신장에 기여한 공로를 기리기 위해 그녀의 기념 우표를 발매했다. 파펜하임은 독일어권 사회운동의 최초의 창시자로 인정받고 있다.[2]

---

2 베르타 파펜하임에 관한 정신분석 치료의 기록들은 이후 논란의 중심에 서게 된다. 특히 그녀의 증세가 치료 이후에도 전혀 나아지지 않았다는 주장이 그렇다. 또한 그녀의 치료가 중단된 이유가 상상 임신 때문이 아니었으며, 오히려 브로이어의 아내의 질투 또는 자살 기도 때문이었다는 주장도 있다. 이처럼 정신분석의 기원으로서 안나 O. 사례에는 프로이트 정신분석 자체에 관련된 논란들만큼이나 많은 반론들이 제기되고 있다. 그러나 우리가 정신분석의 토대에 관련된 가장 핵심적인 논점만을 문제시한다면 사실상 달라지는 것은 없다. 정신분석 치료에서 히스테리증자는 의사와 전이적 관계에 들어가며, 이것은 환자의 의사에 대한 사랑이다. 환자는 의사를 자신이 최초로 사랑했던 타자, 즉 부모 중 한 명의 자리에 위치시킨다. 안나의 경우에 브로이어는 사랑의 대상으로서의 아버지가 된다. 이때 안나가 임신을 상상하게 되는 것은 충분히 가능한 일이다. 히스테리 환자에게 아이의 임신은 사랑의 대상으로부터 욕망의 대상을 선물 받는 것이기 때문이다. 만일 안나가 실제로 그러한 상상을 하지 않았다고 해도, 욕망의 대상을 의사로부터 부여받기를 원하는 구조에는 변함이 없다. 한편, 브로이어

히스테리의 논리학

안나 O. 사례가 특히 우리의 관심을 끄는 이유는 그녀의 시각장애가 보여주는 신경증적 특성 때문이다. 이 책의 1부를 통해서 다루었던 내용을 그녀의 시각장애에 연결해 생각해본다면, 우리는 그녀가 공백을 보았던 최초의 신경증 환자였다고 말할 수 있을지도 모른다. 그녀는 신경증자가 볼 수 있는 가장 마지막 환영을, 공백의 환영을 보고 있었다. 이것이 2장을 시작하는 우리의 논제이다. '공백을 보는 안나의 눈'. 이로부터 필자는 박물관을 떠도는 공백을 어떻게 우리 역시 볼 수 있게 될 것인지를 이야기해보려고 한다. 또한 공백을 본다는 것이 미술에서, 박물관에서, 그리고 우리의 일상에서 어떤 의미를 가질 수 있는지도 말하고 싶다.

의 문제가 치료를 중단시켰다는 주장 역시 정신분석의 논점을 전혀 부정하지 못한다. 라깡은 오히려 전이를 오직 의사 쪽에서 일어나는 것으로 파악하기 때문이다. 진정한 전이는 오직 정신분석가 자신의 전이뿐이다. 분명 브로이어는 안나가 자신을 사랑의 대상으로 설정하는 반응에 대응하는 태도를 보였을 것이다. 이때 브로이어의 대응은 방어하는 것이었으며, 이는 의사 쪽의 전형적인 전이 반응이다. 라깡은 브로이어의 치료가 실패한 이유를 바로 이러한 자신의 전이를 이해하고 그것을 감당하면서 치료를 이어나가지 못한 것에서 찾는다. 덧붙여서, 안나의 증상이 나아지지 않았다는 주장에 대해서는 다음과 같은 설명을 덧붙이는 것으로 충분하다. 신경증의 증상은 결코 사라지지 않는다. 치료를 통해서도 마찬가지다. 정신분석은 증상의 소멸이 아니라 주체가 증상과 화해하고 그것과 함께 살아갈 수 있도록 하는 것을 목표로 한다. 증상이란 주체가 주이상스를 즐기는 유일한 방식이기 때문이다. 증상의 소멸 따위를 운운하며 정신분석 치료를 주장하는 사이비 의학들은 신경증의 구조 자체에 대한 무지를 드러낼 뿐이다. 그런 의미에서 우리는 안나, 즉 베르타 파펜하임의 이후 인생을 참조하는 것으로 논박을 대신할 수밖에 없다. 그녀는 자신의 증상을 사회적 활동으로 승화하는 데 성공한 전형적 사례를 보여주고 있지 않은가? 그런 의미에서 치료의 주체는 분석가가 아니라 환자 자신일 뿐이다. 라깡의 정신분석이 환자를 '분석 주체(analysant)'라고 부르는 이유가 여기에 있다. 정신에 관한 한 누구도 환자의 주체성을 대신할 수 없기 때문이다.

정신분석에서 히스테리는 타자의 욕망을 드러내고자 하는 마음의 경향이며, 그렇게 드러난 욕망의 대상으로 자신을 제시한다. 이를 위해서는 타자가, 즉 유아기의 부모의 역할을 현재 떠맡은 타자(배우자 또는 정신분석가)가 불완전한 존재라는 사실이 증명되어야 한다. 그가 불완전하기에 히스테리증자는 그러한 불완전함을 보충해줄 수 있는 존재로 자신을 제시할 수 있다. 그럼에도 히스테리증의 주체는 타자의 욕망을 완전히 만족시켜주려고 하지 않는다. 그렇게 되면 타자는 더 이상 욕망하기를 멈출 것이기 때문이다. 간단히 말해서 히스테리의 논리학은 불완전함을, 균열을, 즉 통제되지 않는 공백을 출현시키고 그것을 유지하는 구조로 되어 있다. 대체로 여성에게서 출현하는 이 증상은 그렇게 욕망 자체를 유지하기 위해서 현재 세계의 완결성을 붕괴시킨다. 그런 의미에서 히스테리는 강박증의 논리와 아주 달라 보인다. 강박증은 혼돈과 균열을, 즉 공백의 출현을 억압하고 그것을 통제 가능한 점으로 축소하고, 그리하여 타자의 욕망 자체를 존재하지 않는 것으로 부정하는데, 히스테리는 오히려 공백의 카오스를 적극적으로 반기고 있는 듯 보이기 때문이다. 히스테리 환자의 신체를 통로로 해서 출현하는 온갖 심인성 신체장애의 증상들은 바로 그와 같은 신체의 공백, 구멍들이다. 이 증상들은 환자의 신체를 통해서 타자를 소환한다. 그리하여 마침내 환자로 하여금 내가 이렇게 아픈 이유는 바로 당신 때문이라고 말하도록 유도한다. 그녀는 "나는 당신의 욕망의 원인인 동시에 또한 결과물이다"라고 말한다. 그녀는 "나는 당신의 불완전성, 당신의 균열, 공백 그 자체이다"라고 말하고 있다.

그런 의미에서 안나의 시각장애는 두 가지 측면에서 이해될 수 있다. 먼저, 시각이라는 지각 기능의 균열이다. 우리의 신체는 다양한 기능들을 수행하면서 정상이라고 말해질 수 있는 세계에 참여한다. 이 중 어느 하나라도 장애를 일으킨다면 삶은 난관에 부딪힌 것으로 간주된다. 삶이 난관에 부딪혔을 때 우리는 타자에게 더욱 의존할 수밖에 없다. 어떤 의미에서 그것은 어린아이가 되는 것과 같다. 누군가에게 의존해야만 하는 존재. 그리하여 바로 그 누군가가 히스테리증자의 삶 앞에 소환된다. 때로는 의사이며, 때로는 연인, 배우자, 혹은 상상 속의 타자가 바로 그 누군가이다. 히스테리의 무의식은 신체 기능의 표면에 구멍을 내면서 타자를 불러내고, 그로부터 유아기에 탐닉했던 부모와의 쾌락을 반복하려 한다. 이 경우 환자는 증상으로 인해 현실을 제대로 보지 못하는 것으로 간주된다. 그녀는 현실을 '못 본다'.

그러나 안나의 경우를 파악하는 또 다른 관점이 존재할 수 있다. 그것은 안나가 무언가 아주 중요한 것을, 소위 정상이라고 말해지는 신경증적 구조의 주체들이 극단적으로 드문 순간에만 제대로 볼 수 있는 소중한 것을, 즉 진리를 보고 있다는 생각이다. 간단히 말해서, 그녀는 세계의 불가능성 자체를 보고 있다. 이것은 궤변이 아니다. 1장에서 우리는 우리의 지각이 어떻게 충동의 대상인 사물을 피해가기 위한 방식으로 인식의 체계를 구성했는지 살펴보았다. 그런 의미에서 인간의 지각은 언제나 오인의 산물이다. 혹은 바로 그러한 지각의 '조직적 오류'가 우리의 삶을 견딜 수 있게 만들어준다. 만일 우리가 사물 자체를 볼 수 있다면, 현실을, 라깡이 '실재le réel'라고 부르는 것을 직시할 수 있다면, 그것이 폭로하는 잔혹한 허무에 질식당할 것이기 때문이다. 인간의 심리는 자신의 세계를 방어하기 위해서 환상을 만들어내며, 이것은 개인에서 가족, 그리고 국가의 차원에 이르기까지 보편적인 신화의 형식을 통해 구현된다. 안나의 경우는 바로 이러한 신화의 기능이 장애를 일으킨 것이며, 그리하여 산물이 아닌 사물 그 자체를, 환상이 아닌 허무 그 자체를 보게 된 것이다. 그녀는 자신의 증상을 통해 세계의 마지막 이미지를, 진리 그 자체인 허무를 보고 있다. 그런 의미에서 그녀의 무의식의 눈은 존재 그 자체를 본다. 모든 것의 붕괴의 지점인 동시에 시작점이기도 한 그것, 엑스-니힐로의, 발생론적 진리관의 중핵인 공백을 그녀는 응시하고 있다.

애도의 문명

안나의 시각장애 증상의 의미는 애도의 차원에서 더욱 선명하게 말해질 수 있다. 그녀에게 애도의 대상은 무엇이었을까? 그녀가 근원적으로 상실했으며, 그리하여 그녀의 마음속에 강렬한 흔적을 남긴 대상은 누구였을까? 그것은 아마도 그녀의 아버지였던 것 같다. 안나의 히스테리 증상이 아버지의 발병과 사망에 즈음하여 일어났기 때문이다. 물론 이것은 추측에 불과하다. 더 이상의 자세한 분석이 진행되지 않았으므로 우리는 브로이어의 '실패한 치료의 환자'였던 안나의 무의식과 근본환상에 대한 자세한 정보에 접근할 수 없다. 그러나 안나가 보여주었던 아버지의 병실에 대한 반응 등의 한정된 정보는 그녀의 무의식에 아버지의 존재가 가진 영향력을 가늠할 수 있도록 해준다. 이 같은 관점을 유지할 때 우리는 안나의 아버지를 사물의 자리에 위치시킬 수 있을 것이다. 다시 말해서, 안나의 유아기에 구성된 무의식이 다양한 환상들을 통해 방어해야 했던 대상은 아버지에 대한 안나의 성충동이며, 이러한 방어적 환상들을 우리는 애도라고 부를 수 있다. 안나에게 아버지의 발병과 사망은 아버지에 대한 애도의 정상적 기능을 뒤흔들 만큼 강렬한 사건이었다. 그녀의 무의식의 중핵에 자리한 성충동은 상실된 것으로서 애도되어야 했음에도 불구하고 산 것도 죽은 것도 아닌 유령들처럼 안나의 신체와 정신에 출몰하기 시작했다. 안나가 이에 대해서 할 수 있는 일이란 유령에 사로잡힌 자신의 신체에 관하여 이야기를 들려주는 것뿐이었다. 그런 의미에서 안나가 원했던 말치료는 또 다른 애도의 시도이다. 만일 브로이어가 안나의 전이 사랑에 기겁하지 않고 그러한 현상을 치료의 과정 자체로 받아들이고 책임지려 했다면 안나의 증상들은 보다 안정적인 방식으로 애도될 수 있었을 것이다. 그러나 우리는 안나의 사례가 정신분석 최초의 사건이었음을 간과할 수 없다. 브로이어도 그리고 프로이트 자신도 무의식이 무엇이며 정신분석이 무엇인지 정확히 알지 못했다. 그들은 이제 시작될 새로운 문명의 문지방을 밟고 있었을 뿐이니까.

만일 안나의 히스테리 증상을 애도의 기능장애의 차원에서 접근하는 이 같은 논점이 타당한 것으로 받아들여질 수 있다면 우리는 애도를 보다 확장된 개념으로 이해할 수 있게 된다. 문명 자체가 애도의 다양한 양상들이라는 생각이 그것이다. 인간과 공동체는 자신들이 상실한 욕망의 대상들을 각자의 방식으로 애도하고 있었으며, 이러한 애도-실천의 결과물이 바로 문명의 화려한 현상들이라고 말이다. 애도는 그렇게 유아기의 존재가 상실해야만 했던 유토피아적 세계의 상상적 주이상스를 포기하는 절차들이다. 물론 이러한 절차들이 제대로 기능하기 위해서는 상징계의 법과 질서가 강제되어야 한다. 우리는 이것을 '사물'로부터 '산물'로의 리비도 이동이라고 부를 수도 있다. 동시에 이러한 과정이 문명의 토대를 이루는 구조라고 말할 수도 있으며, 그럴 경우 애도는 아주 광범위한 개념 틀로서 인간의 역사를 설명해준다. 그런 의미에서 인간은 본질적으로 슬픈 존재이다. 우리가 끊임없이 사랑할 대상을, 그리고 사랑해줄 대상을 찾아 헤매는 이유가 여기에 있다. 누군가를 사랑하고 사랑받는 것은 상실된 최초의 사랑의 기억을 애도하는 가장 직접적인 형식들이기 때문이다.

그런데, 안나의 경우 그녀의 일상적 애도의 절차들은 실제 아버지의 죽음이라는 사건 앞에서 심하게 흔들리고 부서진다. 그녀의 삶을 구성하던 다양한 애도의 절차들, 예를 들어 쉼 없이 백일몽에 빠져드는 일들이 더 이상 제대로 기능하지 않게 된다. 그리하여 안나는 상실의 자리 그 자체를 보게 되는 것이다. 그녀가 상실했던 대상이 떠난 텅 빈 자리는 공백이며, 그곳을 범람하는 것은 주이상스의 거친 소용

돌이였다. 그런 식으로 그녀는 공백 앞에 선다. 아무것도 보지 못하는 시각장애의 형식 속에서 그녀는 바로 그 '아무것the nothing'을 응시하고 있었다.

하데스의 노래

안나가 애도의 기능장애라는 난관에 부딪힌 사태를 히스테리의 본질 속에서 다시 파악해보는 것은 사건의 국면 자체를 전환시킨다. 여기서 히스테리의 본질이 의미하는 바는 그것이 단순한 기능장애가 아니라 무의식적인 쾌락의 추구라는 사실이다. 히스테리 환자는 자신의 의식이 모르는 새에, 즉 무의식의 의도 속에서 특정한 쾌락을 탐닉한다. 그러니까 안나의 무의식은 시각장애를 이용하고 있었고, 그로부터 산출되는 특정한 쾌락을 탐닉하고 있었다. 다시 말해서, 그녀는 증상을 통해 타자를 불러내려고 시도하고 있었던 것이다. 타자를 불러내기 위해서는 그의 빈자리를 드러내야 할 것이다. 그의 빈자리, 즉 아버지의 빈자리는 그것을 가리던 애도의 산물들이 제거되어야만 보일 수 있다.

안나의 무의식이 산물들을 제거하는 방식은 그들을 시각으로부터 사라지도록 만드는 것이었다. 그리하여 안나의 시각장애는 공백을 보기 위한 무의식의 전략이 된다. 좀 더 정확히 말하자면, 안나의 시각장애는 무의식 속의 증상이 공백을 소환하고, 그곳에서 상실된 타자와의 만남을 반복하기 위한 전략이었다. 궁극적인 관점에서 안나의 증상이 의도하던 바는 성공할 것이다. 브로이어 박사가 바로 그 상실된 아버지의 자리에 들어서게 되었기 때문이고, 이어서 아버지가 주지 못했던 아이를 브로이어로부터 받게 되는 임신 환상을 실현하게 될 것이기 때문이다.

안나의 증상에 대한 이러한 해석은 애도가 두 가지 서로 다른 방식으로 진행될 수 있음을 우리에게 알려준다. 첫 번째 애도는 사회적이며 보편적인 방식의 애도이다. 그리고 바로 이러한 보편적 애도가 인간의 지각과 인식의 토대를 형성한다. 그런데, 이러한 애도의 주체는 사실상 우리 자신이 아니다. 쉽게 말해서, 애도의 언어는 나 자신의 언어가 아닌 타자의 언어인 것이다. 내가 나의 상실을 말하기 위해서 타자의 언어, 보편성의 언어를 빌려와야 하기 때문이다. 그런데 이 같은 애도의 양상은 주체에게 저항과 반감을 가지게 만들 수 있다. 1장에서 살펴보았던 늑대인간의 사례에서 발견되는 반감의 흔적이 그것이다.

늑대인간은 자신의 상실에 대해서, 즉 아버지에 대한 충동의 포기를 애도하기 위해 종교적 담론을 사용했지만, 그러한 담론들을 완전히 수용하기 전에는 언제나 신에 대한 불경한 욕설을 반복하는 강박증에 시달리기도 했다(늑대인간은 한때 "신-똥", "신-돼지" 등의 불경한 단어를 반복하는 강박증세를 보였다). 이러한 증상은 타자의 언어를 빌려서 진행되는 애도에 대한 주체의 반감을 증명한다. 그리고 이러한 반감은 애도의 언어가 타자로부터, 즉 사회적 법과 질서로부터 강제되었기에 발생한다. 본질적인 의미에서 이는 거세에 대한 반감이다. 타자의 언어로 부른 애도의 노래는 주체에게 불만족을 남길 뿐이기 때문이다. 히스테리는 바로 이러한 소외된 애도를 피해 자신만의 언어로 애도하려는 증상이며, 이것을 우리는 두 번째 애도의 양상으로 간주할 수 있다. 물론 사회적 승화를 실현할 수 없다는 의미에서 애도라고 부를 수 없을지도 모른다. 그러나 히스테리의 주체는 증상을 통해 자신의 상실을 어떻게든 처리하려고 한다. 이를 우리는 증상의 작업이라고 부를 수도 있다.

증상은 상실된 자리를 상당히 직접적인 방식으로 말하려고 한다는 의미에서 반사회적 애도, 반상징적 애도를 수행한다. 마치 오라버니 폴뤼네이케스의 장례-애도를 금지하는 국가의 법에 맞서서 자신만의 애도를 실천하려 했던 안티고네의 위반에 대한 욕망처럼 애도는 법과 질서에 대항하는 관점에서 실행될 수도 있다. 이와 같은 히스테리적 애도는 사회적 관점에서는 결코 애도라고 부를 수 없겠지만, 그럼에도 상실을 노래하고, 상실의 공백을 말하려고 한다는 의미에서 애도의 기능을 하고 있다. 그런데, 히스테리의 바로 이러한 애도 작업은 보편적 질서의 내부에 균열을 만들고, 공백을 출현시킨다. 상실에 대해서 가장 솔직한 언어를 사용하는 애도이기에 삶을 위한 노래가 아닌 죽음의 노래, 죽음을 죽음으로 해석하는 노래, 위로가 아닌 절망의 노래이며, 그로부터 고통과 쾌락을 뒤섞는 하데스[3]의 노래이다.

히스테리적 이미지, 뒤틀리는 신체

이제까지의 논의는 히스테리의 증상이 임상적 차원을 넘어서 문명의
모든 영역으로 확대 해석될 수 있음을 암시하고 있었다. 예를 들면,
루브르 박물관을 채우는 다양한 예술 작품들 역시 히스테리적 속성을
갖는다고 말할 수 있는데, 특히 매너리즘기의 회화들이 그러하다.

루브르 박물관의 이탈리아 회화관에 전시된 로소 피오렌티노의
〈피에타〉의 이미지들의 특징은 불안정성이다. 고통으로 뒤틀린 예수
의 육체와 그를 둘러싼 인물들이 만들어내는 혼란의 정서는 르네상스
의 고전주의적 안정성을 완전히 무시하고 있다. 도무지 어디에 예수
가 매달렸던 십자가가 있으며, 그리하여 어디로부터 어디로 내려지고
있는지 그림은 설명을 생략하고 있다. 그 대신 화면을 가득 채운 뒤틀
린 이미지들의 생생한 디테일이 관람자의 시선을 사로잡을 뿐이다.

---

3 '하데스'는 소포클레스의 비극 「안티고네」에 등장하는 용어로, 지하 신들의 세계를 의미한
다. 안티고네는 폴뤼네이케스를 매장하려는 자신의 요구가 위법이라고 비난하는 크레온에 맞
서면서, 인간들의 법보다 신들의 법이 더 상위에 있다고 말한다. 폴뤼네이케스를 매장하는 것
은 신들의 의지인 반면 매장을 금지하는 크레온의 법은 한낱 인간들의 질서에 불과하니 그것
을 위반하는 것은 문제가 되지 않는다고 주장한다. 여기서 주장되는 신들의 세계가 곧 하데스
이다.

그림은 어디론가 영원히 멈추지 않는 흐름 속으로 떠내려가는 절망한 영혼들을 묘사하는 듯 보인다. 16세기 초, 당시의 로마 교회가 비판하던 이미지가 바로 이런 류의 매너리즘 회화들이었다.[4] 르네상스의 고전적 경향은 명백한 질서에 이미지들을 사로잡으려 했고, 특히 원근법을 엄격히 지키면서 공백을 소실점으로 축소시키는 효과를 강조했다. 로마 교회의 신학자들이 선호했던 것이 바로 그러한 강박증적 경향의 그림들이었다. 반면 피오렌티노와 같은 매너리스트들의 작품은 현실을 왜곡하였고, 성경의 이미지를 자의적으로 해석하려는 듯 보였다. 그러나 매너리즘 화가들의 더욱 본질적인 특징은 의미의 다른 해석에 있기보다는 공간을 다른 방식으로 표현하는 데 있었다. 더 정확히 말해서, 그들이 묘사하는 이미지들은 공백의 표면을 떠다니는 느낌, 부유하는 정서가 강했다. 그리하여 공백은 중심을 갖는 안정적인 형상이 아니라 꿈틀대며 떠다니는 느낌을 준다. 그들은 공백을 억압하여 가두는 대신 고삐를 풀어 움직이게 만든다. 마치 히스테리 환자가 자신의 증상을 출현시켜 세계의 일관성을 흔들어놓듯이, 매너리즘

---

4 16세기 이탈리아 볼로냐의 주교였으며 「성화와 세속화에 관하여」를 썼던 가브리엘 팔레오티(Gabriel Paleotti)는 회화 예술이 문맹자들에게 성경을 교육하는 기능에 충실해야 한다고 생각했다. 그에 따르면 그림이란 읽혀지는 것이고, 이를 위해서 자연주의를 고수해야 한다. 다시 말해서, 그림의 이미지들이 언어적 질서에 의해 통제되어야 한다는 것이다. 우리가 앞서 살펴보았던 강박증적 회화의 이미지들이 그의 생각에 부합한다. 따라서 그는 원근법을 엄격히 지키는 예술들, 성경의 텍스트를 충실히 따르는 회화를 좋은 예술로 보았고, 매너리즘 회화들을 비판했다. 팔과 다리가 뒤틀리고 늘어나는 등 과장된 형식과 공간감의 비정상적 불안정은 성경을 왜곡하는 것으로 간주했다. 팔레오티의 이러한 관점에서도 우리는 공백을 정확하고 안정적인 언어, 즉 강박적인 언어의 질서로 테두리 치려는 시도를 발견한다. 매너리즘 회화는 그런 의미에서 히스테리적 표현, 즉 공백을 출현시키는 불안한 미술이었다.

로소 피오렌티노Rosso Fiorentino, 〈피에타*Pietà*〉(1530), 루브르 박물관 소장.

회화는 종교개혁 시기의 경직된 기독교 세계관을, 따라서 강박증적이었던 그것을 흔들고 위협한다. 그런 의미에서 미켈란젤로의 작품들은 어떻게 한 시대의 예술 경향이 강박증에서 히스테리증 사이를 오갈 수 있는지를 보여주는 전형이다. 초기의 엄격한 규범화는 미켈란젤로를 강박증적 고전주의의 르네상스를 대표하는 예술가로 인정받도록 만들었다. 그러나 후기의 작품들은 그가 남성적이며 강박증적인 질서를 포기하고 있음을 보여준다. 그의 작품은 일그러진 신체들로, 경련하는 존재들로, 통제되지 않고 떠도는 공백으로 특징지어지게 된다.

루브르 박물관 1층에 전시된 미켈란젤로의 〈죽어가는 노예〉는 그의 젊은 시절의 예술 경향과는 전혀 다른 면모를 보여주고 있다. 젊은 시절의 르네상스 예술가가 추구하던 이미지의 엄격한 형식주의는 비형식으로, 혹은 형식의 와해로 변화하고 있다. 과거의 그가 만든 인물들은 각각의 제스처를 통해 확실한 목적과 의미를 전달하고 있었지만, 이제 작품 속 신체의 움직임은 의미의 전개를 표현하는 것이 아니라 오히려 의미의 정지를, 세계의 완성이 아닌 몰락을 표현한다. 이는 마치 히스테리 환자가 발작 속에서 기절하는 순간과 같다. 환자는 의식의 소멸을 통해 스스로가 하나의 공백이 된다. 만일 안나가 기절을 통해서, 또는 사유의 부재를 통해서 삶의 텅 빈 공간을 만들어내고 있었다면, 미켈란젤로 역시 로고스의 정지를, 이성의 미끄러짐을 조형적 형상을 통해 출현시키고 있다. 그의 작품 속에서 우리는 조화와 균형이 빈혈 속으로, 현기증 속으로 소멸하는 것을 본다.

루브르 박물관에 전시된 그의 또 다른 노예상 〈반항하는 노예〉 역

미켈란젤로, 〈죽어가는 노예 *L'esclave mourant*〉(1513~1516), 루브르 박물관 소장.(왼쪽)
미켈란젤로, 〈반항하는 노예 *L'esclave rebel*〉(1513), 루브르 박물관 소장.(오른쪽)

시 동일한 정서를 보여준다. 엉거주춤한 자세로 포즈를 잡은 이 전신 인물상은 앉으려는 것인지 서려는 것인지, 아니면 어디론가 떠나려는 것인지 혹은 머물려는 것인지 알 수 없다. 미완성처럼 보이는 이러한 표현들은 히스테리 환자의 진술들과 닮았다. 시작도 끝도 없는 이야기들, 목적과 방향을 가늠하기 어려운 신세 한탄은 대체로 강박증적인 경향의 정신과 의사들을 한없이 지루하고 불안하게 만들지 않는가? 당시 로마 교회 역시 미켈란젤로의 이러한 표현들을 고운 시선으로 보지 않았다. 강박증적이며 바로 그런 의미에서 협소한 담론의 질서를 강조했던 당시의 교회는 이미지의 일그러짐과 그로부터 야기되는 의미의 모호함을 참을 수 없어 했다. 교회의 이러한 거부가 없었다면 미켈란젤로의 히스테리적 이미지들은 보다 멀리, 상징적 의미가 남김없이 붕괴되는 지점까지 추구되었을지도 모른다.

그런데 미켈란젤로와 같은 매너리즘 화가들은 어째서 교회의 명백한 고전주의적 관점에 도전하려 했던 것일까? 이에 대한 대답 역시 히스테리의 특성으로부터 찾을 수 있다. 이미 언급했던 것처럼 히스테리는 자신의 증상이나 발작을 통해 욕망하는 타자, 부모의 이마고인 그것을 불러내려고 시도한다. 그렇게 불려 나온 타자의 욕망의 대상으로 자신의 존재를 제시하는 쾌락을 탐닉하려 한다.[5] 이를 위해 히스테리증자는 타자를 불완전한 존재로 유지할 수 있어야 한다. 만일

---

5 라깡은 히스테리의 대타자 소환에 대해서 이렇게 말하고 있다. "[히스테리 환자에게서는] 아주 우연적인 변명거리라 할지라도 [부모의] 이마고를 [불러내고] 현재화하는 공격성을 부추기기에 충분하다. [⋯] 은폐된 이마고는 환자의 아버지였다."(Jacques Lacan, *Écrits*, Paris, Le Seuil, 1966, p.108)

타자가 완전한 존재라면 더 이상 아무것도 욕망하지 않을 것이기 때문이다. 그런데 여기서의 완전-불완전성이란 지식의 문제와 관련된다. 히스테리 환자에게 타자의 불완전성이란 그의 지식의 불완전성을 의미하기 때문이다. 그런 의미에서 히스테리 증상의 미스터리함은 타자의 지식을 불완전하게 만드는 주요한 도구이다. 흔히 히스테리 환자가 자신의 증상을 파악하려는 분석가의 진단을 피해 가기 위해 더욱 모호한 증상들을 매번의 분석 섹션에 가져오는 이유가 여기에 있다. 그러한 방식으로 히스테리 환자로서의 그녀는 분석가로 대표되는 현행 지식의 공간에서 스스로 구멍이 되려고 한다. 그녀는 자신의 신체를 일그러뜨리면서 타자의 지식을 좌절시키는 일종의 블랙홀과 같은 역할을 떠맡는다. 한편 지식의 일관성과 완결성이 좌절된 분석가는 환자에게 더욱 매혹적인 타자가 된다. 그는 욕망하는 타자이며, 이 모든 욕망의 흐름을 환자에게 집중시키고 있기 때문이다. 그렇게 해서 히스테리증자는 상징계-지식의 매개가 약화된 상태에서, 즉 거세의 힘이 약화된 상태에서 타자와의 직접적인 만남을 연출할 수 있게 된다.

미켈란젤로를 비롯한 매너리스트들이 이미지의 균열을, 공백을 연출했던 목적 역시 동일하다. 그들 또한 타자와의 직접적인 만남을 연출하기 위해 이미지들을 히스테리화 하고 있었기 때문이다. 특히 미켈란젤로에게 타자는 기독교의 신이었고, 신과의 만남에 개입하여 직접적인 조우를 방해하는 세력은 로마 교회의 지식으로 대표되는 당대의 에피스테메, 즉 인식장場이었다. 수학과 원근법 그리고 세속적인 리얼리티를 강조하는 르네상스 고전기의 회화 기법은 화가를 신의 존재로부터 오히려 소외시킨다는 인상을 받았기 때문이다. 이미지들을 일그러뜨리고 부유하는 공백을 출현시키면서 화가가 얻을 수 있는 것은 중간자의 매개 없는 신과의 조우이며, 여기서 출현하는 신은 화가 자신을 보다 직접적으로 욕망하는 신이다. 왜냐하면, 매개 없이 출현하는 신은 이성의 언어로 사로잡히지 않는 신이며 따라서 무엇을 욕망하는지 교회가 결정할 수 없는, 그래서 더욱 직접적인 조우가 가능한 신이기 때문이다. 신-타자는 세속의 언어로 자신을 설명하지 않는, 또는 설명할 수 없는 신이며, 오직 "나는 나다"[6]라는 동어반복으로서만 스스로를 묘사하는 신이다. 이러한 신의 모습은 언어를 초월한다는 의미에서 절대적 형상을 보여주는 동시에 또한 인간을 욕망의 대상으로 삼는다는 의미에서 인간 주체의 참여 없이는 불완전한 면모를 보여준다. 신의 이러한 이중성은 히스테리적 주체에게 가장 매혹적인 타자의 자리를 차지한다.

인간과 욕망하는 신의 이 같은 직접적인 조우를 로마 교회는 무슨

---

6 라캉은 신이 자신을 표현하는 성경 속 유일한 명제인 "나는 나다"(영어로는 "I am that I am", 불어로는 "Je suis ce que je suis")를 대타자의 대타자가 자신을 표현할 수 있는 유일한 기표, 즉 동어반복으로서의 주인기표로 해석한다. 바로 이것이 성경의 필자들이 신이라는 대상을 큰사물의 위상으로 위치시키는 방식이다. 이에 대해서 라캉은 다음과 같이 강조한다. "그리스 번역인 '있는 것으로서' 또는 '나의 있음의 그것'이라는 의미 속에서 텍스트를 파악하지 않는 것이 적절하다. 영어 번역인 '나는 나인 그것(I am that I am)'이 가장 근접한 번역이다." 여기서 라캉의 의도는 신 또는 큰사물이 존재론의 형이상학적 질서 속에, 즉 코스모스적 질서 속에 포착되는 것이 아닌, 그보다 한 발 더 깊이 들어가는 전존재론 또는 비존재의 형식을 갖는다는 사실을 강조하려는 것이다. 모든 존재론은 바로 이러한 비존재의 봉합, 전존재론적 사건 이후의 일들이기 때문이다. (Jacques Lacan, *Le Séminaire VII*, Paris, Le Seuil, 1986, p. 98)

수를 써서라도 막으려 했다. 만일 인간과 신이 직접 만나게 된다면 중
계자로서의 교회의 권위, 즉 종교적 지식의 담지자로서의 권위는 무
너질 것이기 때문이다. 아이러니하게도 교회는 이성-로고스와 신의
질서를 유사한 것으로 간주하는 이교적 사유였던 그리스 고전주의 철
학을 받아들임으로써 지식의 보증자로서의 자신들의 권위를 인정받
으려 하고 있었다. 수천 년에 걸쳐 서구 교회의 권력은 인간의 히스테
리적 실천들을 통제하는 '욕망의 관리자'[7] 역할을 도맡아 해오고 있었
던 것이다. 미켈란젤로의 후기 작품들이 자신들을 히스테리화 하면서
거부했던 것은 바로 이러한 관리와 통제였음이 명백해 보인다. 그런
의미에서 그의 후기 작업은 히스테리화 된 이미지가 어떻게 진리에
접근하는지를 보여주는 전형이다. 여기서 진리라고 말해지는 것은 일
종의 절차인데, 현존 지식의 몰락을 스스로 체현하는 이미지가 도래
할 무한성에 자신을 개방하는 욕망의 절차를 말한다.

---

7 "언젠가부터 우리는 관리들이 성자들이었다는 것을 알게 되었습니다. 그런데 이러한 사
실들을 뒤집어 볼 수는 없을까요? 그래서 성자들이 곧 관리들이었다고, 욕망에의 접근에 대
한 [그것을 관리하는] 관리들이었다고 말할 수 있지 않을까요?"(Jacques Lacan, *Le Séminaire
VII*, Paris, Le Seuil, 1986, p.304)

낭만주의의 병리적 회화들

미켈란젤로의 작품뿐만이 아니다. 히스테리적 이미지들의 출몰은 박물관의 고유한 특성 중의 하나이다. 또 다른 예를 들자면 낭만주의 미술이 있다. 루브르 박물관의 드농관에 전시된 들라크루아나 제리코 등 프랑스 낭만주의 계열 화가들의 그림은 분명 히스테리적 특성을 보이고 있다. 드농관 벽면의 또 다른 절반을 채우고 있는 프랑스 신고전주의 미술들은 강박증적 특성을 보이고 있으므로, 이 두 경향의 그림들은 마치 신경증의 서로 다른 면모를 과시하고 있는 듯하다.

예를 들어, 들라크루아의 〈사르다나팔 왕의 죽음〉과 같은 그림의 낭만주의 화풍은 이웃하여 걸려 있는 앵그르의 〈발팽송의 목욕하는 여인〉의 강박증적 특성에 대립하여 히스테리적 속성을 보여준다. 들라크루아의 작품들에서 이미지들은 엄격한 질서에 종속되기보다는 일탈하고 부유하는 방식으로 제시되고 있기 때문이다. 낭만주의의 이념 자체가 현재의 세계 질서를 거부하는 반항의 정서를 보여주었던 사실 역시 이 화풍의 히스테리적 특성을 암시한다. 만일 신고전주의 회화의 화면이 그 위에서 세계의 질서가 집약적으로 재현되는 장소를 제공하고 있다면 그 반대편에 낭만주의의 논리가 있다. 낭만주의 회화의 화면은 세계의 일관성이 정지되는 예외적 공간의 역할을 하기 때문이다. 이는 마치 히스테리증자가 갑작스런 감정의 폭발이나 오열 등을 통해서 정체성의 붕괴를 공연하는 장면과 유사하다. 이때 한 인간존재를 유지하던 방어적 관점들은 여지없이 무너지고, 주체는 스스

외젠 들라크루아Eugene Delacroix, 〈사르다나팔 왕의 죽음*La Mort de Sardanapale*〉(1827), 루브르 박물관 소장.

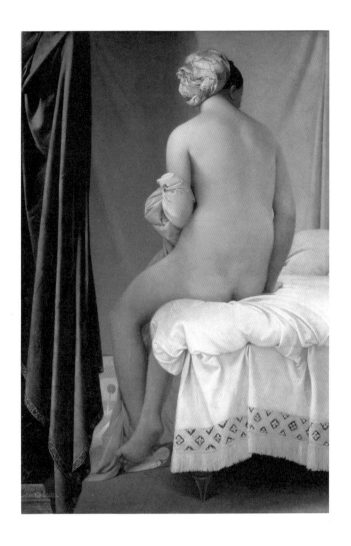

앵그르Jean-Auguste Dominique Ingres, 〈발팽송의 목욕하는 여인 *La Baigneuse Valpinçon*〉
(1808), 루브르 박물관 소장.

로를 마치 세계의 공백인 것처럼 제시한다. 히스테리증 환자는 이러
한 순간을 통해 타자의 욕망을 불러내는데, 그것은 정확히 히스테리
성 울음 발작[8]이 부모라는 타자의 소환을 목적으로 하는 것과 동일한
목표를 갖는다.

　마찬가지로, 낭만주의의 무질서에 대한 동경과 추구는 알려진 모
든 법과 질서에 대한 반감의 표현인 동시에, 도래할 미지의 진리, 타
자의 욕망에 대한 맹목적 집착이다. 낭만주의 문명의 특성이 흔히 이
교의 신으로 묘사되는 미지의 절대자를 타자로서 소환한다는 의미에
서 히스테리증자가 타자의 모호한 욕망을 불러내려는 시도와 동일한
구조를 갖기 때문이다. 그렇다면 들라크루아, 제리코 등 루브르의 프
랑스 회화관을 채우고 있는 낭만주의 그림들은 병리적인 작품들일
까? 다시 말해서, 그들이 히스테리적 신경증의 구조를 갖고 있다고
했을 때 주체가 감당해낼 수 없을 만큼 치명적인 공백을 출현시키며
사물을 불러내고 있는 것일까? 이에 대한 대답은 관점의 차이에 따라
달라질 수 있다.

　19세기에 낭만주의 회화가 출현하는 것을 목도한 당시의 신고전주
의자들에게 이들의 작품은 병적인 세계의 균열을 드러내는 것처럼 보
였다. 낭만주의라는 전 유럽적 경향은 병적인 세계관을 묘사하고 불
안과 혼돈의 유령들을 출현시키는 것으로 간주되었다. 그러나 오늘의

8　"히스테리의 사례에서 문제가 되는 것은 울음 발작에 관한 것입니다. [울음 발작에서] 무
엇보다 잊혀지지 않는 것이며 원초적이라고 말할 수 있는 그러한 타자와 충돌한 것처럼 보
이는 것은 모두 철저히 계산되고 조율된 것입니다. [⋯]"(Jacques Lacan, *Le Séminaire VII*,
Paris, Le Seuil, 1986, p.66)

시각에서 그들을 바라본다면 낭만주의는 여전히 상징계적 질서와 조화를 유지하는 것처럼 보인다. 들라크루아의 회화는 유동적일 뿐 혼돈을, 치명적 공백을, 그리하여 사물의 출현을 묘사하는 듯 보이지는 않는다. 특히 프랑스 낭만주의 회화의 경우에는 여전히 질서에 사로잡힌 이미지들의 나열이 관찰된다.

만일 우리가 루브르에 걸린 수많은 히스테리적 경향의 그림들 중에서 진정으로 병리적인 작품을 찾아 골라내야 한다면 그것은 오히려 루브르의 구석진 전시관에 걸려 있는 뜻밖의 그림 한 점이다. 루브르 드농관의 한구석에 영국과 미국 화가들의 작품을 전시해놓은 장소가 있는데, 그곳에서 우리는 아주 이상한 그림 한 점을 발견하게 된다. 그것은 루브르뿐만 아니라 프랑스 내에서 오직 단 한 점만을 발견할 수 있는 영국의 낭만주의 화가 윌리엄 터너의 풍경화 〈강과 그 뒤 만의 풍경〉이다.

이 그림은 풍경화라고는 하지만 화면으로부터 감상자가 발견할 수 있는 이미지는 거의 없다. 하늘과 땅의 구분 정도가 전부일 뿐이다. 여기에는 어떤 질서도, 상징적 의미도 부재하는 듯 보인다. 터너의 이 그림은 루브르의 다른 어떤 회화 작품들과도 비교될 수 없는 텅 빈 공백을 그 자체로 체현하고 있는 것이다. 그런 의미에서 병적인 히스테리 회화의 궁극적인 모습은 텅 빈 스크린이다. 터너의 그림에서 발견되는 것이 바로 이렇게 자신을 텅 빈 동시에 수수께끼로 가득찬 물음표의 이미지로 만드는 작업이다. 이는 히스테리 환자가 분석가 앞에서 그의 욕망을 끌어내기 위해 매번 수수께끼와 같은 자신의 증상을

윌리엄 터너William Turner, 〈강과 그 뒤 만의 풍경Landscape with a River and a Bay in the Background〉(1835-1840), 루브르 박물관 소장.

발명해내려는 무의식의 의지와 유사하다. 환자는 분석가의 지식이 자신의 증상을 이해하기에는 언제나 조금 모자라다는 사실을 증명하기 위해 증상을 악화시키는 경향이 있다. 그녀는 자신을 점점 더 알 수 없는 미지의 존재로 만들면서 타자를 당황케 만들려고 노력하는 것이다. 터너의 이 작품 역시 감상자의 시선으로부터 의미를 물러나게 만들기 위해 이미지들을 화면의 모호함 속으로 던져 넣고 있다. 그러나 히스테리적 회화는 결코 모노크롬 회화의 단계로까지는 나아가지 않을 것이다. 자신의 존재를 텅 빈 스크린으로 만들려고는 하지만, 그러한 스크린의 공백이 최소한의 의미를 유지하도록 하기 위해 단서를 남겨놓는 것이다. 왜냐하면, 만일 히스테리증자의 존재가 정말로 아무 의미도 담지 않은 무의미의 공백으로 출현할 경우 타자는 그녀로부터 자신의 관심을 철회할 것이기 때문이다. 마찬가지로 관객 역시 그림으로부터 시선을 떼고 말 것이다. 낭만주의가, 또는 히스테리가 견딜 수 없어 하는 것이 또한 이러한 단절이다. 히스테리의 구조는 타자의 욕망을 먹고살 수밖에 없으므로, 자신을 수수께끼이기는 해도 그 의미가 알려질 가능성을 남겨두는 적당한 미스터리의 수준을 유지한다.

　마찬가지 이유에서 터너의 그림은 모네와 같이 빛을 그렸던 인상주의 화가의 작품들과 구별된다. 흔히 이야기되는 둘 사이의 유사성은 단지 표면적인 이미지에 한정되어야 한다. 왜냐하면 터너는 빛을 그린 것이 아니라 빛 너머의 타자를, 그에게는 초자연적인 힘인 동시에 신 그 자체였던 타자를 그렸던 것이기 때문이다. 반면에 모네의 그

클로드 모네Claude Monet, 〈런던의 국회의사당, 석양*Le Parlement de Londres, Soleil Couchant*〉
(1903), 워싱턴 국립미술관 소장.

림은 문자 그대로 빛을, 물질로서의 빛의 이미지를 그린 것이다. 인상주의 화가들의 이미지는 그런 의미에서 빛의 현상 너머의 그 무엇도 암시하고 있지 않다. 그들은 빛의 사실주의자들이었고, 새로운 광학 기술의 도움으로 자신들의 객관성을 완성하고 있었다. 인상주의는 그렇게 해서 실증과학의 시대에나 가능할 수 있는 타자 없는 예술의 전형을 보여주고 있다. 따라서 터너와 인상주의자들 사이에는 이미지의 구조적 차원에서 그 어떤 유사성도 존재하지 않는다.

터너 작품들의 이 같은 히스테리적 특성은 현재의 정상적 이미지 질서를 병들게 만든다는 의미에서 결정적으로 병리적이라고 할 수 있다. 나아가서 19세기 낭만주의가 자발적으로 병적인 세계를 숭배했던 사실로부터 우리는 히스테리의 병리적 특성이라고 하는 현상에 대해 새로운 접근을 시도할 수 있게 된다. 18세기 말과 19세기 초까지 이어지던 신고전주의의 강박적인 문명에 대항하여 출현해 이후 한 세기를 풍미한 낭만주의 문명은 히스테리적 구조가 어떻게 문명의 내부에서 작동하고 있으며, 또한 문명의 강박적인 구조와 충돌하는지를 보여준다. 의심의 여지 없이 낭만주의는 시대의 병이었으며, 나아가서 시대를 병들게 하겠다는 의지를 보여주기까지 했다. 퇴폐와 퇴락을 찬양하는 이 기이한 사조는 서구 문명이 한 번도 경험해보지 못했던 병적인 것의 아름다움을 문명의 전면에 내세웠다. 그리하여 낭만주의 증상들이 초래하는 시대적 변화는 낡은 시대의 몰락이었다. 낭만주의는 계몽주의와 신고전주의의 강박증이 결코 이루지 못했던 새로운 시대의 창조를 실현하고 있었던 것인데, 그것은 바로 20세기의 무신론 시

대, 반신학적 인문학의 시대이자 진리 부재의 새로운 문명, 즉 공백의
시대이다.

홀바인과 아르침볼도의 왜상 게임

루브르의 전시관들을 떠도는 히스테리적인 이미지들, 병적인 유령 이
미지들의 리스트는 끝이 없다. 이들은 세계-이미지의 온전함 또는 완
결성을 위협하는 일그러짐 속에서, 때로는 눈속임 속에서 전체로서의
일관성이 얼마나 허망한 것인지를 증언하고 있다. 그중에서도 서구
바로크 문명이 '왜상歪像anamorphosis'이라고 불렀던 '눈속임trompe-l'oeil'
회화, 라깡이 『세미나 7』에서 언급했던 이 특수한 회화 양식은 히스테
리와 강박증의 증상이 뫼비우스의 띠처럼 서로 얽혀 있는 이미지 구
조를 가장 잘 보여준다.

왜상이라는 한자어 번역이 설명해주고 있듯이, 그것은 형상을 왜
곡시키는 이미지-게임을 말한다. 예를 들면 다음 페이지의 그림과 같
이 일그러진 형상이 그것이다. 이 그림은 17세기에 도메니코 피올라
가 그린 왜상 작품이다. 이미지 자체로만 본다면 그림 속에서 우리가
알아볼 수 있는 형상은 없다. 그림은 히스테리 발작 순간의 신체 경련
또는 현기증이 찾아왔을 때의 세계 이미지처럼 보인다. 그러나 작품
을 촬영한 이미지를 조금 더 신중하게 관찰한다면 중앙에 금속 원형

도메니코 피올라Domenico Piola, 〈루벤스의 〈십자가를 세움〉을 본뜬 왜상*Anamorphose d'après 〈L'Érection de la Croix〉 de Rubens*〉(1627-1703), 루앙 미술관 소장.

막대가 놓여져 있으며 그 표면에 무언가 가시적인 반영 이미지가 비친다는 사실을 알게 된다. 금속 봉의 표면에 가까이 다가갈 수 있다면 우리는 그곳에서 십자가에 매달린 예수의 형상을 알아볼 수 있다. 이것이 바로크 시대의 전형적인 왜상-이미지, 즉 눈속임 회화 게임의 기본적 구조이다. 그냥 봐서는 알아볼 수 없는 이미지가 특정 조건 속에서 비로소 관찰 가능해지는 것이다. 만일 왜상 이미지의 일그러짐이 히스테리 환자의 발작에 비유될 수 있다면, 그 중심에 봉을 세워 이미지의 발작을 진정시키는 행위, 그리하여 통일된 이미지를 출현시키는

행위는 환자의 발작을 진단하고 그녀의 파편적 환상들을 일관된 의학
의 언어로 해석하려는 의사의 행위와 닮았다. 이는 히스테리의 공백
을 다시 억압하여 안정시키려는 남성적 강박증의 폭력을 의미할 수도
있다. 이 모든 가정들은 금속 봉 자체가 불러일으키는 남근적 이미지
속에서 '실재를 상징화하는 팔루스의 질서'를 암시한다.

다음 페이지의 그림은 우리의 가정이 결코 우연이 아니었음을 보
여준다. 이 그림은 피올라의 왜상 작품이 금속 봉의 반영으로 보여주
려고 했던 이미지이다. 피올라는 루벤스의 이 작품을 모델로 해서 자
신의 왜상 게임 이미지를 제작했던 것인데, 작품명에 주목해보자. 예
수를 십자가에 못 박아 매달고 있는 상황을 묘사한 이 그림의 제목은
'십자가를 세움'이다. 여기서 '세움' 또는 '건립'이라고 해석될 수 있는
'l'érection'이라는 단어는 또한 '발기'의 의미를 갖고 있기도 하다. 따
라서 왜상 이미지의 히스테리적 혼돈은 남근적 질서의 발기에 의해서
만 온전한 이미지를 부여받게 된다고 해석될 수 있다. 그런 의미에서
히스테리는 상징계의 팔루스적 질서로부터 이탈된, 그리하여 다시 사
로잡혀야만 제대로 된 자아의 이미지를 부여받을 수 있는 왜상 그 자
체로 해석될 수 있다. 이 같은 해석을 따를 때 우리는 피올라의 왜상
이미지 작품을 남성적 법과 질서, 즉 팔루스의 발기에 의해서 치료되
기를 기다리는 히스테리적 카오스의 이미지로 간주할 수 있다. 고통
으로 뒤틀리고 일그러지는 예수의 신체 이미지는 그 자체로 히스테리
적 불안과 혼돈을 상징하지만, 그것은 십자가라는 일자의 법에 의해
서, 즉 상징계의 '발기'에 의해서 그 보편적 의미를 보장받게 될 것이

페테르 파울 루벤스Peter Paul Rubens, 〈십자가를 세움 L'Érection de la Croix〉(1610–1611), 앤트워프 성모마리아 대성당 소장.

다. 마치 예수의 존재가 기원후 1세기의 팔레스타인을 지배하던 구약의 질서의 관점에서는 그저 혼돈과 일그러짐의 형상 그 자체였던 것처럼 말이다. 예수의 히스테리적 존재는 스스로를 붕괴시키면서 타자를, 신을 불러내는 불안의 이미지였으며 이에 화답하여 출현하게 되는 것은 보다 보편적 신앙을 가능하게 만들었던 신, 즉 신약의 신이었다. 그리하여 십자가에 매달려 죽는 예수의 이미지는 히스테리에서 강박증으로 이행하는 이미지, 구약의 몰락과 신약의 새로운 교회로의 이행을 상징한다.

피올라의 왜상 게임이 남성적 법과 질서의 우위를 암시하는 이미지로의 이행, 혼돈의 이미지에서 질서의 이미지로의 이행을 보여준다면 그와는 정반대의 관점에서 그려지는 왜상 작품도 존재한다. 라깡이 『세미나 11』에서 분석하여 더욱 유명해진 한스 홀바인의 〈대사들〉이라는 작품이 그것이다. 이 그림에서 우리는 르네상스의 고전주의적 법과 이성의 질서가 부질없는 환상에 불과할지도 모른다는 암시를 발견하게 된다.

1533년에 그려진 이 그림의 표면적 이미지들은 르네상스 당시의 실증과학과 인문과학의 다양한 성과들을 보여주고 있다. 지구본과 천체 관측기 그리고 악기와 펜과 노트 등은 서구 문명의 상징계적 질서가 완벽한 지식에 도달할 수 있다는 자신감을 보여주는 듯하다. 철저히 수학적인 원근법의 구도 속에서 그려진 이미지들은 사물들의 의미를 통해서뿐만이 아니라 공간적 안정감을 통해서도 자신이 둘러싼 공백을 완벽하게 통제하는 듯 보이는데, 화면 중앙 하단에 알 수 없는

한스 홀바인Hans Holbein, 〈대사들*Ambassadors*〉(1533), 런던 국립미술관 소장.

형상으로 떠 있는 커다란 얼룩을 제외한다면 그렇다. 작품의 전체적인 안정감을 심각하게 훼손하고 있는 이 기이한 얼룩은 그림의 관람자가 중앙에 위치해 있는 한 결코 그 의미를 알아볼 수 없는 이미지이다. 다시 말해서 그림의 원근법적 구조가 마련해놓은 주체-관찰자의 위치를 고수하는 한 얼룩은 단지 얼룩으로, 그리하여 전체적인 조화를 위협하기는 하지만 또한 아무 의미도 없어 보인다는 점에서는 단지 부차적이며 제거 가능한 균열로 보일 뿐이다. 그러나 관람자가 그

림이 전시된 방을 빠져나가려고 하는 순간 비로소 진실이 밝혀질 수 있다. 방을 나가려는 순간, 조금 전의 얼룩이 남긴 한 점의 의혹 때문에 발걸음을 멈추고 다시 한 번 그림을 보기 위해 고개를 돌려 비스듬한 시선을 그림에 던진다면, 모든 것이 달라질 것이기 때문이다. 우연적인 동시에 찰나인 그 순간 얼룩은 비로소 자신의 정체를 드러낸다. 얼룩의 정체는 해골, 즉 죽음이었다. 원근법의 질서가 미처 고려하지 못했던 극단적으로 비스듬한 각도, 우리가 흔히 사각死角이라고 부르는 시선의 일탈 지점에서만 관찰 가능한 이미지다. 따라서 이 이미지는 주체의 관찰이 실패하는 지점에서 출현하는 사건적인 이미지, 관람자를 포함하는 고전주의적 공간의 안정성이 균열을 일으키는 순간의 이미지이다.

정신분석은 자아의 일관된 통일성을 위협하면서 출현하는 것을 증상이라고 부르는데, 홀바인의 이 그림에서 표현된 해골 이미지는 증상에 대한 가장 선명한 상징이라고 할 수 있다. 만일 원근법적 회화의 안정된 질서가 공백의 출현을 억압하는 가장 안정적인 이미지들의 질서라고 할 수 있다면, 해골 이미지는 그러한 질서가 발을 헛딛는 순간을, 공백의 실존을 상징하기 때문이다.

앞서 언급한 피올라의 왜상 게임이 질서와 일관성의 강조를 통해 히스테리적 이미지를 제거해야 할 카오스로 규정하고 있다면 홀바인의 〈대사들〉은 그러한 제거가 결코 성공할 수 없음을 암시하고 있다. 증상은 결코 완전히 억압될 수 없으며, 억압된 증상의 회귀는 필연적이기 때문이다. 해골 이미지로 표현된 그림의 얼룩은 그러한 방식으로 세계의 내부를 떠다니는 질서의 죽음을, 즉 공백을 암시하고 있다. 좀 더 일상적인 방식으로 설명하자면, 결국 이 그림은 우리의 안정되고 일관된 생각 속에서는 결코 만날 수 없는 진리의 순간을 말하고 있다. 세계의 겉모습이 보여주는 견고한 질서는 그 너머를 떠다니는 불안한 공백을 억압하고 은폐하려는 가장 기만적인 속임수이다. 그러나 속임수는 오래가지 않을 것이다. 그것은 스스로의 균열 속에서, 흔들림 속에서 공백의 유령을 출현시킨다. 물론 이러한 공백의 출현과 마주하는 순간의 주체는 그 역시 흔들림 속에 있다. 다시 말해서, 우리는 언제나 흔들림 속에서 세계의 균열과 만난다. 우리는 시선의 질서가 발을 헛딛는 시관적 장場의 사각 속에서 갑작스레 공백과 만난다. 그리고 이것이 진리의 순간인 이유는 오직 균열을 통해서만 주어진 고정관념의 지배에서 벗어나 세계를 새롭게 응시할 수 있는 가능성을 획득할 것이기 때문이다. 바로 그런 의미에서 〈대사들〉의 표면을 떠다니는 해골-죽음의 이미지는 현재를 지배하는 지식의 죽음을 의미하며, 새로운 세계로 나아가는 일종의 구멍, 통로로 해석되어야 한다.

이제까지 언급했던 왜상 작품 두 점은 루브르의 소장품은 아니다. 그러나 루브르에도 유사한 왜상 그림이 있다. 16세기에 그려진 주세페 아르침볼도의 〈가을〉이라는 그림이다. 이 작품이 여타 왜상 그림과 구별되는 것은 일그러짐의 효과를 강조하면서 이미지 게임을 수행하는 것이 아니라는 데에 있다. 아르침볼도의 이 그림은 왜상을 '분열'의 차원에서 묘사하고 있다. 그림은 사람의 옆얼굴처럼 보이기도 하고 사과, 감자, 버섯, 호박, 포도 등의 가을 작물들처럼 보이기도 한다. 그림은 그렇게 보는 사람의 관점에 따라서 한 인간의 통일된 모습처럼 보이기도 하고 다양한 사물들의 파편처럼 보이기도 한다. 하지만 정확히 말하자면 둘 모두이다. 마치 한 인간의 심리가 의식의 통일성 아래 하나의 인격으로 출현하는가 하면 자신도 모르는 무의식의 분열 속에서 비일관적이며 혼돈한 모습을 드러내는 것처럼 말이다.

이 작품은 인간 형상을 과일-채소의 우스꽝스런 조합으로 구성해내면서 인간을 통일된 주체성으로 상정하려는 르네상스의 고전주의적 세계관을 조롱하는 듯 보인다. 그림의 관람자가 화면으로부터 한 남자의 이미지를 찾아내어 유지하려고 해도 과일들의 형상이 그러한 이미지의 일관성을 위협하면서 분열을 조장하기 때문이다. 만일 강박증자라면 이 같은 분열을 무시하고 일관된 이미지의 통일성을 고집하기 위해 사람 실루엣의 외곽선을 덧그려려 할 수 있다. 반면 히스테리증자는 전체를 보는 대신 과일과 채소들을 탐닉할 것이다. 그러한 탐닉이 그녀에게 고통으로 느껴진다 해도 그것이 무의식의 쾌락을 보장하는 한 그녀는 과일의 달콤함을 포기하지 않을 것이다. 만일 사정이 그러하다면 '누가 더 정확한 이미지를 보고 있는 것일까'라는 질문을 던져볼 수 있다. 답을 하자면, 히스테리증자가 더 정확히 본다. 왜냐하면, 그림에서 실제로 존재하는 유일한 것은 과일과 채소뿐이기 때문이다. 마치 고전주의자들이 분열된 인간의 욕망을 은폐하면서 완결된 인격으로서의 인간 주체를 가정했던 것처럼, 그림 속의 사람 이미지는 분열된 충동들을 은폐하는 강박증적 환영에 불과하다. 그런 의미에서 과일을 탐닉하는 히스테리적 주체의 관점은 진리에 한 발짝 더 다가선 위치에 있다. 그녀는 진리 그 자체는 아닐지라도, 진리에 가장 가까운 곳에서 자라난 과일들을 먹고 있는 셈이다. 히스테리성 거식증에서 그것은 구강충동의 대상으로서의 공백이며, 히스테리성 시각장애에서는 시관충동의 대상으로서의 응시이다. 호원충동에서는 목소리이며, 항문충동에서는 똥이다. 히스테리증자의 무의식은 그런 식으로 진리에서 가장 가까운 영토에서 자라나는 쾌락의 열매들을 탐닉한다.

그러나 그녀들은 "스스로가 하는 일을 알지 못한다". 안나 O.는 자신이 보고 있었던 것이 진리의 피부였던 것을 알지 못했고, 자신이 실어증을 통해서 발음하고 있었던 침묵이 공백의 언어, 진리의 언어였던 것을 이해하지 못했다. 그녀는 또한 자신의 팔과 다리를 마비시켰던 증상이 공백의 감촉인 것을 알지 못했다. 이러한 '알지 못함'은 히

주세페 아르침볼도Giuseppe Archimboldo, 〈가을*Autunno*〉(1573), 루브르 박물관 소장.

스테리 증상이 전략으로 채택할 수 있는 마지막 방어의 수단이다. 만일 그녀들이 자신들의 증상과 성충동이 연결되어 있다는 사실을 알게 된다면 초자아의 잔혹한 공격에 노출될 것이기 때문이다.

오귀스틴의 뒤틀리는 신체

안나 O., 즉 베르타 파펜하임이 프로이트의 정신분석 탄생에 기여했던 첫 번째 히스테리 환자였다면, 이에 앞서 정신의학계를 흥분의 도가니로 빠뜨렸던 환자는 오귀스틴Louise Augustine Gleizes이라는 여자 히스테리 환자이다. 그녀는 파리의 국립의료원 살페트리에르 정신병원의 책임자였던 장 마르탱 샤르코Jean Martin Charcot의 환자였다. 샤르코 박사는 19세기 프랑스 정신의학의 선구자로 히스테리 증상들이 최면술에 의해서 다시 경험될 수 있다는 사실을 처음으로 밝혀냈는데, 특히 최면술을 사용해 환자의 증상을 대중 앞에서 시연하는 것으로 유명했다. 샤르코 박사의 시연에는 당시 프랑스의 의사들뿐만이 아니라 문필가와 인문학자 그리고 정치인까지 모여들었다. 이들 대부분은 공화주의자들이었는데, 정치적으로 진보 그룹에 속했던 파리의 지식인들이 보고자 했던 것은 인간의 정신과 영혼에 대한 종교적 오해와 미신의 타파였다. 이들은 왕정시대의 가톨릭 교회가 히스테리를 비롯한 정신장애의 현상들을 마녀사냥하던 무지몽매의 시대가 정신의학

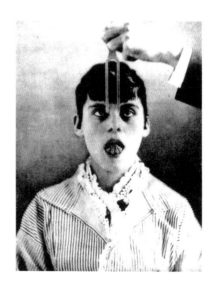

히스테리 환자 오귀스틴에게 최면술이 시행되는 장면.

의 힘에 의해서 계몽되는 것을 눈앞에서 체험하고자 했던 것이다. 로마 가톨릭 교회의 권력으로부터 공화국을 독립시키려는 관점에서 정신의학의 발전은 종교의 소멸을 의미하기도 했기 때문이다.

오귀스틴이라는 15세의 소녀는 특히 샤르코 박사가 선호하던 최면술 시연 환자였다. 왼쪽 눈꺼풀이 닫혀 열리지 않거나 팔과 손이 뒤틀린 채로 마비되고 때로는 간질과 유사한 발작을 일으키던 전환성 히스테리의 소녀는 최면술에 특히 민감하게 반응했다. 샤르코는 중요한 인사들이 참여하는 시연이 있을 때마다 소녀를 강의실에 세웠고, 최면술에 걸리자마자 소녀는 바닥에 쓰러져 발작했다. 특히 소녀의 발작은 오르가슴을 체험하는 듯한 모습을 보여주었기 때문에, 히스테리의 원인이 성적인 것에 있는 것은 아닌지 의심하게 해주었다. 당시 젊은 의학도였던 프로이트 역시 이 강의를 들었고, 그녀의 발작 원인이 성적인 트라우마의 기억에 근거한다는 확신을 갖게 된다. 그러나 샤르코는 끝내 프로이트와 같은 결론에 이르지는 않았다. 샤르코는 여전히 히스테리 증상의 원인이 신체적인 것은 아닌지 질문하고 있었기 때문이다. 그런 이유 때문이었는지 샤르코는 오귀스틴의 신체를 연구하고 관찰하는 데 거의 모든 치료의 역량을 집중하고 있었다. 샤르코가 매혹당한 것은 오귀스틴의 뒤틀리는 신체 이미지였다. 그에게 있어서 소녀는 분명 과거 정신의학의 오류를 드러내고 새로운 의학이 탄생하도록 만드는 균열과 같은 존재였지만, 그럼에도 샤르코는 그러한 균열의 공백이 말하고자 하는 목소리에 귀 기울이지는 못하고 있었던 것이다. 오히려 그녀의 목소리에 귀 기울이고 그것을 세세히 기록했던 사람은 샤르코의 치료를 보조했던 또 다른 의사 부른느빌 Désiré-Magloire Bourneville 박사였다.

그는 오귀스틴이 들려주는 말들을 아주 상세히 기록했고, 그것을 책으로 남긴다. 그의 기록에 의하면, 이 불행한 소녀는 아주 어린 나이에 고아원에 맡겨져 10세 때 처음 성추행을, 13세 때 강간을 당한다. 이후 그녀는 생리를 하지 않았으며 성에 대한 극심한 심리적 억압 상태에서 성장했다. 마비와 발작이 심해져 15세 때 살페트리에르 병원에 입원한 이후 그녀는 샤르코 박사의 '의학적 뮤즈'로서 특별한 삶을 살게 되었고, 박사가 원하면 언제든 최면에 걸려 그가 원하는 일그러진 신체의 이미지를 재현해주었다. 엄밀한 의미에서 오귀스틴의 이러한 최면술 시연은 샤르코 박사의 욕망의 대상으로 자신을 제시하고

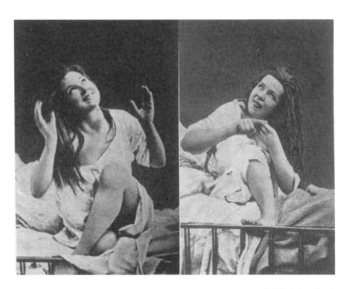

최면 상태에서 촬영된 오귀스틴.

주이상스를 체험하는 은밀한 절차와도 같았다. 심지어 마비 증상이 소멸하여 완치된 1877년 이후로도 그녀는 16개월 동안 병원에 머물면서 최면술의 시연을 계속한다. 병원은 이러한 히스테리 재현 노동의 대가로 한 달에 15프랑을 그녀에게 지불했다. 그러던 어느 날 오귀스틴은 홀연히 병원에서 도망치듯 사라졌고, 파리 어딘가에서 새로운 삶을 시작했다고 한다. 그러나 이후의 삶에 대해서는 알려진 바가 없다. 심지어 사망 날짜조차 알려지지 않았다. 19세기 중반 프랑스 정신의학계를 그 토대부터 변화시켰던 히스테리의 공백은 그렇게 자신의 소멸을 완성하고 있었던 것인데, 어떤 의미에서는 그녀야말로 프로이트의 정신분석이 가능하도록 만들었던 최초의 히스테리 환자라고 할 수도 있다. 자신의 히스테리 발작을 통해 그녀는 한 시대에게 말을 하고 있었고, 그에 응답한 유일한 사람이 프로이트였기 때문이다.

　파리에서 돌아온 프로이트는 히스테리 환자에게 과거의 성적인 외상-기억이 증상의 원인이 된다는 생각을 하기 시작했다. 나아가서 그는 환자의 기억이, 즉 담화가 증상의 원인인 만큼 환자들의 말에 귀 기울여야 한다는 생각을 치료에 도입한다. 히스테리 환자들은 흔히 말의 혼돈과 무질서 속에서 방황하고 있었지만 오히려 그러한 일그러진 문장들이 무의식의 진리에 도달하는 왕도일 수 있다는 생각을 하기 시작했던 것이다. 지금으로서는 일견 당연한 듯 보이는 프로이트의 관점이 당시로서는 획기적인 발상이었음은 짚고 넘어가야 한다. 정신질환을 앓고 있는 환자의 말에 귀를 기울이다니, 당시로서는 당치도 않은 행동이었다. 후에 프로이트의 전기를 썼던 영국의 정신분석가 어니스트 존스Alfred Ernest Jones 역시 프로이트에 관한 가장 인상적인 기억으로 환자의 말에 귀 기울이는 그의 모습을 꼽는다. 프로이트는 일그러진 그림처럼 알아들을 수 없는 그녀들의 말을 자신의 지식과 기준으로 억압하고 재단하려는 당시 의학계의 강박증에 반기를 들었던 최초의 의사였다. 달리 표현하면, 히스테리라고 하는 공백의 출현을 텅 빈 결여가 아닌 진리의 침묵으로 간주했던 최초의 의사였다.

　바로 그와 같은 관점에서 우리는 안나 O. 혹은 베르타 파펜하임이 보았던 공백의 의미가 프로이트의 저술 속에서 어떻게 다루어지고 있는지에 대해 이야기할 수 있을 것이다. 우리는 2장을 시작하면서 그녀가 신경증자가 볼 수 있는 가장 진실한 이미지를 보고 있었다고 가정

했다. 물론 그녀는 자신이 그와 같은 상태에 있음을 알지 못했다. 왜
냐하면, 그녀에게 자신이 무엇을 보고 있는지 알게 해주는 지식이란
세계-타자의 지식이기 때문이다. 고정관념이라고도 불릴 수 있는 이
러한 지식의 관점에서 그녀의 시선은 병적이며 왜곡된 것일 뿐이다.
그녀의 눈빛은 마치 왜상을 바라보는 듯 갈 곳 잃은 멍한 시선을 던지
고 있을 뿐이니까 말이다. 그러나 정신분석은 전통 의학의 관점을 뒤
집으면서 안나에게, 나아가서 오귀스틴에게도 새로운 지위를 부여한
다. 그녀들의 증상은 결코 정상성의 균열 또는 제거되어야 할 병원균
이 아니다. 왜냐하면, 우리의 정상적 세계를 구성하는 토대 자체가 환
영에 근거해 있기 때문이다. 우리의 지식과 세계의 보편성을 구성하
는 욕망의 토대에는 우리의 심리가 결코 받아들일 수 없는 위협인 성
충동이 자리 잡고 있는데, 우리 자신의 자아와 세계의 이미지는 바로
이것을 억압하기 위해 구축된 거대한 환상에 다름 아니다. 따라서 히
스테리 증상은 바로 이러한 환상의 기능이 정지하는 균열의 순간이
다. 안나와 오귀스틴의 신체의 일그러진 이미지는 현재의 세계가 주
장하는 환영적 리얼리티의 정당성을 비켜가도록 만들고, 도래할 내일
의 지식으로 나아가는 일종의 통로였던 것이다.

　프로이트는 바로 그러한 히스테리 증상의 구멍을 통해 20세기의
새로운 인간과 세계상을 발명해내기에 이른다. 19세기 중반 오스트
리아 빈의 부르주아 가정에서 태어난 프로이트에게 히스테리가 미친
영향은 이루 말할 수 없다. 그는 인간의 삶에 대한 의지와 과학의 객
관성, 종교의 신성과 이성의 투명성이 모두 근친상간적 성충동에 기

원을 둔다는 사실을 밝힘으로써 그 자신이 속해 있던 세계의 이데올로기 자체를 몰락으로 이끌지 않았던가? 종교와 과학의 강박증적 속성을 밝혀냄으로써 그 자신이 속해 있던 근대 정신의학 자체의 몰락을 초래하지 않았던가? 이 모든 일들은 그가 여성 히스테리 환자들을 만나지 않았다면 불가능했을 사건들이다. 만일 그랬다면 프로이트는 기껏해야 샤르코의 후계자 정도로 자신의 삶을 마감했을지도 모른다. 달리 말해서, 그 역시 근대 정신의학의 균열을 봉합하는 수준에서 멈춰 섰을지도 모른다는 말이다. 만일 오귀스틴이 자신의 신체를 뒤틀어 증상을 출현시키지 않았다면, 만일 안나가 시각장애 속에서 공백을 보지 않았다면, 세기의 균열은 틈을 벌리지 않았을 것이다. 그리하여 공백이 출현하지 않았다면 제아무리 프로이트라 해도 시대의 에피스테메가 강제하는 지식의 권력으로부터 빠져나가지 못했을 것이다. 프로이트가 했던 일이란 바로 그렇게 출현한 균열과 공백의 목소리를 듣는 것이었다. 자신의 언어로 공백을 메꾸려 하지 않았던 것이며, 그리하여 균열 자체가, 무의식 자체가 말하도록 하는 것이었다.

필자가 안나의 시각장애로부터 진리를 보는 응시라는 명제를 도출했던 근거가 바로 여기에 있다. 그녀는 모든 것이 환상인 세계의 이미지를 관통하여 가장 진실한 이미지인 공백을, 텅 빈 허무를 보았고, 그로부터 새로운 세계가 가능할 수도 있을 창조적 진리의 시선을 프로이트에게 넘겨주고 있었다. 만일 이것이 프로이트가 히스테리 환자로부터 만나게 된 진리 사건의 절차였다고 한다면, 우리는 루브르 박물관의 어둠 속으로부터 동일한 절차를 반복할 수 있다.

히스테리의 담화에서 분석가의 담화로

박물관이 억압하는 공간이며, 더 구체적으로는 제국주의적 강박증이 지배하는 장소라는 사실을 간과하지는 말자. 이곳은 19세기의 정신 병동만큼이나 광기와 히스테리의 사건적 가치를 억압하고 그들의 진실을 제거하려는 장치들로 가득하다. 19세기의 자본주의적 제국주의의 중심지였던 프랑스는 이집트를 비롯한 동방의 유적들을 다양한 방식으로 약탈하고, 유물들을 가져와 자신들만의 분류 체계 속으로 편입시켰다. 박물관의 억압하는 기능은 유물들을 분류하고 이름 붙이는 세밀하고 강박증적인 작업을 통해서 공백이, 히스테리적 증상이 출현하는 것을 통제하고 있다. 반면 유물들과 예술 작품들은 스스로를 히스테리화 하면서 자신들에 관한 이름과 지식을 산출해주기를 요구하고 있다. 박물관에 들어선 관람객으로서 우리는 히스테리와 강박증의 이 같은 양면적 긴장 사이에 위치하게 되는 것이 사실이다. 이 모든 현상들을 보다 정교하게 설명하기 위해 라깡의 네 가지 담화 중 세 개를 사용해보자.

히스테리의 담화

먼저 히스테리의 담화가 있다. 박물관의 유물들은 스스로를 라깡이 히스테리의 담화라고 부르는 구조 속에 위치시키는데, 다음의 수식이 그것을 표현한다.

$$\frac{\cancel{S} \rightarrow S_1}{a \quad S_2}$$

좌측 상단은 최초 행위자의 자리이다. 그곳에서 발화하는 빗금 친 또는 분열의 선 아래 위치한 주체sujet, 즉 $\cancel{S}$는 '말을 하게 됨으로써' 분열된 주체이다. 작품의 관점에서 설명하자면, 언어에 의해 자신의 존재를 규정당한 예술 작품의 숙명을 의미한다. 이것은 '언어가 사물을 살해한다'는 현대 철학의 잘 알려진 주체 이론으로 이해될 수 있을 것이다. 언어의 세계로 발을 들여놓은 인간 혹은 작품은 자신의 존재를 명명에 의해 주어진 '이름'과 동일시하게 되지만, 그러나 동일시에 의해 규정된 이름의 의미는 오직 상징계의 언어적 체계 내에서 다른 기표들과의 차이에 의해서만 규정될 수 있다. 그리하여 주체는 언어 체계에 의한 억압을 받아들여야 한다. 이것이 언어에 의한 존재의 거세이며, 이 과정에서 주체는 공집합과 같은 것, 즉 셈해지긴 했으나 텅 비어 있는 속성의 집합이 된다. 주체는 바로 이러한 자신의 결여를 보상하기 위해 주이상스를 열망하게 되는데, $\cancel{S}$ 아래에 숨겨진 대상 a가 바로 그것이다. 그러나 히스테리 증상 속에서 주이상스로서의 대상 a는 오히려 주체의 분열을 더욱 가속화한다. 히스테리증자로서의 주체는 무의식의 쾌락인 대상 a를 탐닉하는 동시에 그것을 또한 고통으로 인식하기 때문이다. 그런 의미에서 대상 a는 테두리 쳐지고 억압되었던 공백의 가장자리가 일그러지면서 출현한 억압의 실패를 상징한다. 여기서 대상 a는 히스테리적 욕망의 원인인 동시에 또한 그러한 욕망이 좌초하는 붕괴의 지점이기도 하다. 바로 그러한 관점에서 $\$/a$는 자신의 증상 때문에 분열된 존재, 즉 히스테리 환자의 수식인 것이다.

한편 히스테리 환자의 말은 S_1을 향한다(수식에서 화살표($\rightarrow$)는 담화, 즉 말을 하는 방향을 의미한다). 이때 S_1은 히스테리 환자가 자신의 증상을 설명해줄 것을 요청하는 의사나 또는 그에 준하는 아버지와 같은 존재, 나아가서 한 시대의 지배적 이데올로기의 권력이다. 히스테리 환자는 지식을 소유하고 있다고 가정되는 이와 같은 타자에게 자신의 증상을 설명하라고 요구한다. 오른편 아래의 S_2는 지식을 의미하는데, 히스테리 환자의 요구에 대한 응답으로 의사가 산출해내는 지식이다. 여기서 수식의 오른편에 위치한 S_1/S_2 전체를 '지식'의 수식으로 볼 수도 있다. 원래 이것은 S_2/S_1의 형태로 존재한다. 여기서 S_2는 보편적이며 일관된 지식을 의미하는 기표이다. 반면 S_1은 지식이 맨 처음 출현할 때의 단일한 이름 또는 폭력적 기표를 의미한다. 모든 지식은 그것이 최초로 출현하는 순간에는 기존 지식에 대해서 비일관적으로 보인다. 왜냐하면 새로운 지식이란 현재 존재하는 지식의 언어로는 설명할 수 없기에 새로운 것이며, 새로움이 하나의 지식으로 자리 잡기 위해서 현존 지식은 전복되어야만 한다. 새로운 지식은 기존 지식의 일관성 내부에서는 이질적이며 불합리하며 모순된 것, 증상적인 것이다. 따라서 새로운 지식의 출현은 언제나 현존 지식의 관점에서는 일종의 폭력과 같이 경험된다. 새로운 지식의 첫 번째 형상은 그래서 S_1, 즉 단일한 기표 또는 라깡의 표현을 따르면 '단항기표signifiant unaire'이다. 이로부터 새로운 지식이 시작되고, 그것이 보편적 합리성으로 받아들여지는 과정을 S_2로 표기한다. 그리하여 지식은 자신의 비일관적 출발점을 진리로 간직한 일관적 지식의 체계로 정립되며, 그것을 S_2/S_1로 표시한다. 그러나 이러한 표기는 지식이 행위자 또는 말하는 자의 위치, 즉 수식의 왼쪽에 있을 때에 한정된다.

히스테리의 담화 수식에서 지식은 오른쪽에, 즉 발신자가 아닌 수신자의 위치, 요구받는 자의 자리에 있으며, 이러한 지식에게 말을 거는 자는 히스테리증자이다. 따라서 지식은 자신의 백과사전적 지식의 일관성으로 발화자의 말하고자 하는 욕망을 불러일으키는 것이 아니라 권위, 일종의 폭력인 그것을 통해 히스테리증자의 욕망을 유도해내고 있다. 바로 그런 이유 때문에 수신자의 위치에 S_1이 있으며, 그것이 산출해내는 산물의 자리에 지식(S_2)이 있다.

이것을 임상적인 차원에서 정리하면 다음과 같다. 즉, 히스테리증자는 자신의 존재를 수수께끼와 같은 것, 지식의 공백(a)으로 제시하면서 타자에게, 권력을 쥔 것처럼 보이는 자(S_1)에게 그러한 공백을 지식(S_2)으로 채워줄 것을, 더 정확히 말해서 지식으로 테두리 쳐줄 것을 요청하는 것이다. 이것은 고대의 유물이 고고학자와 박물관에게 자신의 존재의 비밀을 지식을 통해 가늠해주기를 요구하는 차원으로 적용 가능하다. 박물관의 유물들은 마치 히스테리증자가 자신의 증상적 신체를 분석가에게 내보이며 설명을 요구하듯 박물관의 권위-지식을 향해 자신을 '전시'한다.

대학 담화 또는 박물관 담화

만일 예술품과 유물들의 관점이 히스테리적 위치에 있다면, 박물관은 그러한 히스테리적 요구에 답하는 강박증의 장소와 같다. 이곳이 강박증적인 이유는 히스테리적 요청에 대해 그 어떤 모호함도, 그 어떤 균열이나 공백과 같은 불완전한 대답도 용납하지 않는 반응을 보이기 때문이다. 유물과 예술 작품들의 히스테리적 담화에 응답하는 박물관의 강박증은 라깡이 대학 담화라고 불렀던 백과사전적 지식의 공식으로 설명될 수 있다.

$$\frac{S_2}{S_1} \rightarrow \frac{a}{\text{\textbackslash}S}$$

이미 설명된 것처럼 S_2는 지식을 의미하며, a는 증상 즉 공백이나 균열처럼 출현하는 히스테리의 증상-원인이다. 대학 담화는 기존의 지식, 우리가 고정관념이라고 부를 수 있는 언어를 통해 증상을, 균열을, 체계를 위협하는 모호함들을 포획한다. 1장에서 언급한 것처럼 사물의 자리인 공백을 테두리 치는 고딕과 르네상스 건축의 수학적 질서가 바로 대학 담화의 구조 속에 있다. 여기서 초과하는 주이상스의 자리인 사물은 지식에 의해 안정적인 증상인 a, 즉 욕망의 대상으로 전환된다. 이러한 사례를 따라서 우리는 S_2가 일관된 언어의 테두리이며, a는 그 중심에 사로잡힌 공백이라고 말할 수 있다. 그렇게 사로잡히는 공백(a) 아래로, 결과로서 출현하는 것이 곧 소외된 주체(S)이다. 여기서 고정관념(S_2/S_1)에 지배되는 주체는 자신의 존재를 타자의 언어(S_2)가 반복되는 소외(S)의 장으로만 인식하게 된다.

한편, 발화자인 S_2 아래에 S_1이 위치하는 이유는 앞서 설명된 것처럼 지식의 본질과 관련된다. 지식은 자신의 비일관적 지점(S_1)을 간직하고 있으며, 바로 이것을 은폐하기 위해 일관성(S_2)에 집착한다. 그런 의미에서 지식은 그 시작과 끝의 양쪽 모두에 비일관성인 S_1을 소유한다. 시작점에서의 S_1은 기존 지식의 체계를 전복하는 혁명적 폭력으로서의 S_1이다. 그러나 한번 정립된 S_2의 체계는 일관성과 전체 개념의 불가능성이라는 또 다른 S_1을 간직할 수밖에 없다.[9] 이것을 이해하기 위해서 하이젠베르크의 불확정성의 원리를 참조할 수도 있지만, 보다 간단하게는 중학 수학에서 다루는 체르멜로 프랭켈 공리에서 집합의 자기 귀속을 금지하는 공리적 폭력을 참조하는 것으로 충분하다. 모든 수학적 지식의 토대가 되는 집합론에서 하나의 집합이 스스로를 원소로 가질 수 없다는 사실은 지식이 가진 존재론적 모순을 증명한다. $a \in a$는 불가능하다. 왜냐하면 이것은 '자기 자신을 원소로 갖지 않는 집합'이라는 하나의 '전적으로 가능한' 집합을 불가능하게 만들기 때문이다.[10] 이와 같은 논리가 복잡하게 느껴진다면, 단지 하나의 지식이 출현하는 순간의 새로움이 가진 전복적 폭력의 성격과, 그것이 지배적 패러다임으로 자리 잡은 이후 자기모순을 은폐하

---

9   이에 대한 또 다른 표현이 바로 빗금친 타자의 수식, 즉 $\not{A}$이며, 이는 상징계의 균열을 의미한다.

10   이에 대한 보다 친절한 설명은 러셀의 역리를 설명한 다수의 수학 이야기 참조. 보다 깊이 있는 이해를 원한다면 바디우의 『존재와 사건』의 초반부 설명 참조.

려는 양상을 보이는 것을 이해하는 것으로 충분하다.

그리고, 같은 이야기를 역시 박물관에 관해서도 할 수 있다. 박물관은 자신이 욕망의 대상으로 삼아 약탈해온 모든 유물들, 즉 a들에 대해 그 어떤 무질서도 허용하지 않는다. 박물관은 자신만의 견고한 지식, 즉 S_2를 통해 유물들을 명명하고, 그 결과로 지식의 독재, 강박증의 감옥을 완성한다. 그와 같은 과정 속에서 과거의 유물과 예술 작품은 그야말로 과거의 흔적으로서, 그리하여 현재의 지식에 지배되는 유한한 대상으로 한정된다. 박물관은 자신의 지적-강박증을 통해 내부의 유물들을 이미 알려진 뻔한 대상으로 한정하기 때문이며, 이것이 바로 소외(S)의 고고학적 의미이다. 이때 담화의 진리의 자리에 S_1, 즉 주인기표가 있음의 의미는 다음과 같다. 박물관을 지배하는 강박적 지식인 S_2는 자신의 일관성과 합리성의 완벽함을 주장하지만, 그러나 그것이 감추고 있는 것은 오히려 권력의 비일관성이라는 비밀이다. 강박증 또는 대학 담론은 지식(S_2)의 일관성이 결코 가능할 수 없는 막다른 지점을 은폐하는 권력(S_1)에 다름아니다. 서구 이성중심주의와 백인-남성 우월주의(S_1)의 폭력에 근거한 그 어떤 합리적 지식 체계(S_2)도 온전한 통일성을 획득할 수 없다. 물론 박물관을 찾는 관람자들의 대다수는 바로 이 권력(S_1)에 매혹당한 히스테리적 주체들인 것 역시 사실이다. 그곳에 무엇이 전시되어 있는지 알기도 전에 우리는 이미 박물관의 권위에 무릎 꿇는다. 위대한 예술품이기에 그곳에 전시된 것이 아니라, 그 반대인 것을, 즉 그곳에 전시됨으로써 위대한 사물이 된다는 모순적 진리를 우리는 무의식적으로 외면한다. 바로 그런 이유로 박물관 담화인 대학 담화는 강박증적 담화이며, 공백의 창조적 가능성을 억압하는 보수주의의 담화이다.

분석가의 담화

　유물과 예술 작품을 히스테리의 담화로, 그리고 박물관의 강박증적 관점을 대학 담화로 설명하는 두 지점은 상보적이다. 유물과 예술 작품들은 자신들의 증상적 출현을 통해 박물관의 강박증으로부터 설명되기를 바라는 듯 보이며, 박물관 역시 그들의 요청이 자신의 지식의 한계 내부에서 완결되는 것을 강박적으로 추구하기 때문이다. 그런 의미에서 박물관의 강박증은 유물과 예술 작품의 히스테리가 가진 무한성을, 끝없는 요구를 유한성 내부로 가둔다. 이와 같은 유한성의 절차를 오히려 무한성으로 돌리고 창조의 영역을 개방하는 담화가 바로 분석가의 담화인데, 아래와 같다.

$$\frac{a}{S_2} \rightarrow \frac{\cancel{S}}{S_1}$$

　라깡학파의 정신분석가는 자신을 지식의 담지자가 아니라, 오히려 미스터리한 존재(a)로 출현시킴으로써 환자($\cancel{S}$)에게 자신만의 새로운 기표(S_1)를 찾아내는 동시에 발명해낼 것을 제안한다. 여기서 산물의 자리에 표기된 S_1은 지식의 은폐된 권력인 동시에 새로운 지식의 혁명적 폭력을 모두 상징하기 때문이다. 분석가는 히스테리증자($\cancel{S}$)의 욕망이 지식에 의해 사로잡히거나 테두리 쳐지는 것을 거부한다. 이를 위해서 분석가는 공백(a)을 억압하는 대신 스스로 그것이 된다(텅 빈 스크린). 그리하여 억압으로부터 풀려나온 공백을 따라서 히스테리증자는 자신의 자아를 구성하게 된 다양한 지식들(S_2)이 근거하고 있는 최초의 폭력적 기표(S_1)를 찾아내는 여정, 자신의 삶을 설명하는 다양한 지식들(S_2)이 사실상 환상에 불과하며, 이와 같은 논리적 환상들이 억압하고 피해가려 했던 근본적 환상의 영역이 존재한다는 것을 알아내는 여정을 시작한다. 이때 히스테리 증상이 야기하는 고통은 그녀의 삶을 구성하는 모든 지식(S_2)이 그것의 시작점에 위치한 S_1의 폭력에 대해 잘못된 배치로 방어하고 있었기 때문이라는 사실을 주목해야할 것이다. 따라서 분석 과정은 환자가 자신의 S_1에 도달하여 그것을 기존의 S_2가 아닌 새로운 조합의 S_2로, 즉 삶에 대한 새로운 지식을 배치해내는 것을 돕는다. 그리하여 S_1은 현재의 삶이 출현하게 만들었던 폭력인 동시에 새로운 삶이 가능해질 수도 있는 혁명적 개방성의 기표가 된다.

정신분석의 이러한 과정은 어떻게 박물관의 예술 작품들이 신 또는 지식의 권력에 의존하지 않고도 새로움을 사유하는 통로로 기능할 수 있는지를 또한 설명해줄 수 있다. 분명 유물과 예술 작품은 히스테리적 공백으로서 기능하고는 있지만, 관람자들을 새로움으로 이끌기에는 여전히 타자에 종속되어 있다. 안나와 오귀스틴은 분명 자신을 하나의 균열로서, 공백으로서 출현시키고는 있었지만 이들의 히스테리적 사건을 새로움의 사유로 연결하기 위해서는 분석가의 담론이 보여주는 절차들이 매개되어야 한다. 그것은 바로 새로운 기표 S_1의 산출이며, 그를 위해서는 현존 지식(S_2)이 의도적으로 배제되어야 한다. 이를 위해서 분석가는 자신을 욕망의 모호한 대상으로 제시하는데, 박물관에서 우리는 바로 예술 작품을 그러한 방식으로 전환시킬 수 있어야 하며, 그러기 위해서는 나름의 개입이 필요하다. 필자는 이를 '작품의 히스테리화'라고 부르려고 한다.

작품의 히스테리화

먼저 히스테리적 작품을 알아보는 것이 중요하다. 나아가서, 모든 작품이 가진 히스테리적 측면을 강조하고, 작품 자체를 히스테리화 할 필요가 있다. 다시 말해서 작품을 한 시대의 균열처럼 파악해보자는 것, 작품이 만들어낸 미세한 균열들, 공백의 출현들에 주목해보자는 것이다. 또는 작품이 만들어낸 미술적 성과로서 그것을 관찰하는 것이 아니라 작품이 벌려놓은 미술사의 균열의 관점에서 그것을 파악해보자는 것이다. 이것이 작품을 히스테리화 한다는 의미이다. 이는 작품을 현존 문명의 실착점으로, 균열점으로, 발을 헛딛는 말실수의 지점으로 파악하는 것이다. 이 같은 관점에서는 역사적 유물 또한 예외일 수 없다. 유물이란 현재의 관점에서 발굴된 과거사의 흔적이다. 만일 발굴된 유물이 히스테리화 될 수 있다면, 그것은 단지 과거사의 흔적이 아니라 현존 역사의 지배적 패러다임을 몰락시킬 수 있는 변화의 시작점으로 기능하게 된다. 그것은 단지 현재의 지식에 자신의 존재를 덧붙이는 방식으로 현존 지식 체계의 정당성을 재확인하는 것이 아니라 인류가 스스로의 문명을 새롭게 바라볼 수 있도록 하는 근본적 변화의 계기가 되어야 한다는 것이다.

만일 작품이 그런 식으로 히스테리화 될 수 있다면 어떻게 될까? 그렇다면 작품은 히스테리화 된 정신분석 상담실의 신경증자가 거치는 행보를 따르게 될 것이다. 그녀는 자신의 증상과 마주하고 그것의 진정한 원인을 찾아나서려 할 것이며, 이러한 찾아나섬은 과거의 것을 되찾는 고고학이 아니라 미래의 것을 되찾는 창조의 작업이 될 것이다. 분석가에 의해 유도된 히스테리증자는 주어진 지식으로부터 답을 찾으려는 시도를 포기할 것이기 때문이다.

앞서 설명한 것처럼 라깡학파의 정신분석가는 지식의 담지자로서의 정신과 의사 놀이를 거부한다. 그 대신 히스테리증자가 증상의 목소리에 귀 기울이도록 유도한다. 그녀는 자신이 출현시킨 공백을 통해서 또 다른 신, 또 다른 아버지, 또 다른 타자를 불러내는 것이 아니라 공백 자체를 현실로 인정해야 하기 때문이다. 라깡주의 정신분석가의 거의 모든 테크닉은 바로 이것이 가능하도록 만드는 데 집중되어 있다고 해도 과언이 아니다. 정신분석가는 자신이 환자의 또 다른 신이 되지 않도록 하기 위해서 스스로를 소멸시키는 기술, '하얀 마술'을 사용한다. 정신분석가는 자신의 자아를 죽이고, 바로 그러한 죽은 형상을 통해 텅 빈 백지와 같은 것이 된다. 이렇게 '텅 빈 스크린'이 되는 행위는 히스테리증자에 의해 벌려진 시대의 공백을 유지하는 기술이다. 그렇게 벌려지고 유지되는 공백의 연안가에서 환자가 발견하게 되는 것은 자신을 사로잡고 놓아주지 않았던 '세계관 Weltanschauung'[11]의 정체이다. 비로소 분석의 주체가 된 환자는 그러한 세계관의 폭력이 시작되도록 만들었던 하나의 단어 또는 기표, 즉 S_1을 마음의 바닥에서 찾아낼 것이기 때문이다. 우리 삶의 모든 심리적 신기루들은 바로 이것의 자리를 은폐하거나 에둘러 말하기 위해서 구축된 거대한 환영-구조물에 다름 아니었다. 히스테리증자는 환영을 횡단하는 방식으로 공백의 가장자리에 도달하게 되었으므로, 그녀는 바로 그 공백의 가장자리로부터 엑스-니힐로의, 무로부터의 창조로서 자신의 삶을 새롭게 횡단해 나갈 자신만의 기표들을, 단어들을, 문장들을 그리하여 삶의 소설들을 써나가게 될 것이다. 그리고 마찬가지의 일들이 작품 앞에서도 벌어져야 한다.

박물관의, 특히 루브르와 같은 거대한 타자에 의해 지배되는 문명의 신전으로부터 우리는 그것의 환영을 물리치고 횡단하는 방법을 찾아내야 한다. 그러기 위해서는 그림이나 조각품이 무엇을 완성하기 위해서 만들어졌는지가 아니라 무엇을 거부하기 위해서 제작되었는지의 관점에서, 무엇을 건설하기 위해서 만들어졌는지가 아니라 무엇을 몰락시키기 위해서 출현했는지가 파악되어야 한다. 그들이 스스로를 어떻게 히스테리화 하고 있었는가에 시선이 집중되어야만 한다.

---

11 세계관은 주체를 한정하는 지식의 협소한 틀이다. (Jacques Lacan, *Le Séminaire XI*, Paris, Le Seuil, 1973. 참조)

마치 오귀스틴과 안나의 히스테리가 출현시킨 공백을 현재의 지식으로 메꾸어버리려고 했던 당대의 정신과 의사들에 맞서 오히려 그녀들의 공백을 유지하고 그곳으로부터 들려오는 목소리에 귀 기울이려 했으며, 바로 그러한 목소리를 그녀 자신들에게 되돌려주고, 그로부터 새로운 삶과 문명의 이야기들이 써질 수 있도록 했던 프로이트와 라깡의 작업이 그러했던 것처럼 말이다. 아래의 수식은 한 시대의 균열로서 파악된 작품이 주체에게 새로운 지식의 산출을 가능하게 만드는 것을 설명하기 위해 필자가 라깡의 분석가의 담화 공식을 변형한 것이다.

$$\frac{a}{S_1} \rightarrow \frac{\cancel{S}}{S_2}$$

라깡의 분석가의 담화 수식과 비교해서 바뀐 부분은 양쪽 하단 부분이다. 왼쪽 아래, 즉 진리의 자리에 있어야 할 S_2가 오른쪽 아래, 즉 히스테리화된 주체의 밑에 위치하고 있다. 이것은 주체가 공백으로 출현한 작품 a와의 만남을 통해 '도래할 지식'에 접근하게 되었음을 의미한다. 따라서 지식(S_2) 자체의 속성이 바뀌었다. S_2는 더 이상 정신분석의 지식이 아니라 도래할 지식이며, 그것은 도래할 미술사의 지식, 도래할 한 개인의 자아에 관한 새로운 지식, 도래할 정치적 공간의 혁명적 지식, 도래할 과학의 새로운 패러다임 등을 의미할 수 있다. 반면 작품의 자리인 a 아래에 새로이 위치하게 된 S_1은 작품이 주체에게 강제하는 폭력의 기표이다. 이것은 새로움의 사건적 기표인 동시에 주체에게 그것에 충실할 것을 요구하는 사건의 이름이다. 혹은, 주체를 매혹하는 부조리한 기표이기도 하다. 그것은 현재의 수준에서는 새로움이며, 오직 새로울 뿐이므로 부조리 또는 불합리하다. 주체는 바로 그러한 S_1을 현재 세계의 지식 내부에서 일관된 무엇으로 증명(촉성)할 것을 요청받고 있다. 이 경우 주체는 자신을 채우고 있는 현재의 지식을 비워내지 않고서는 S_1을 진리의 기표로 받아들일 수 없을 것이다. 오른쪽의 주체의 자리가 ꞩ인 이유가 여기에 있다. 여기서 주체 S에 가해진 빗금은 소외가 아니라 오히려 자발적 소멸의 표지이다. 이것을 순서대로 정리하면 다음과 같다. 즉, 작품의 진리(S_1)에 의해 벌어진 공백(a)을 마주한 주체(S)는 자신을 공백과 동일시하고, 그리하여 스스로를 소멸(ꞩ)시킴으로써 도래할 새로운 지식(S_2)을 산출하게 된다.

이제 우리는 루브르의 모든 예술 작품들이 자신들의 존재를 인정받기 위해 타자를, 시대의 권력과 지식을 불러내고 그것에 호소하면서 스스로 만들어낸 증상적 공백을 다시 폐쇄한다는 사실을 이해하게 되었다. 박물관을 걸고 있을 우리가 그들에게 화답하는 가장 창조적인 방법은 그들이 열어젖힌 공백이 쉽사리 닫히지 않도록 하는 것이다. 그리하여 박물관이 공백을 포획하고 길들이는 강박증의 동물원이 되지 않도록 하는 것이며, 가능하다면 공백의 유령이 떠도는 히스테리의 정글이 되도록 하는 것이다. 왜냐하면, 떠도는 공백의 유령이란 현재 세계의 재난인 동시에 도래할 세계의 시작점이기 때문이다. 만일 병리적 히스테리의 증상이 타자를 불러내기 위해 공백을 미끼로 사용하고 있었다면 우리는 바로 그러한 미끼를 통해 타자가 아닌 새로운 지식의 창안에 도달하려는 것이다. 바로 이것이 안나의 시각장애를 진리를 보는 눈으로 재해석하는 정신분석이 우리에게 알려준 하얀 마술의 테크닉이다. 이 미묘하면서도 역설적인 마술은 박물관의 두터운 벽과 지붕들을 순식간에 무너뜨리고 그곳을 균열들이 교차하는 문명의 증상적 공간으로 탈바꿈시킨다.

3장 멜랑꼴리의 박물관

문명의 우울

고독은 따로 떨어져 혼자가 되는 상태이며, 그 속에서 우리가 만나게
되는 것은 세상의 속견에 의존하지 않는 자신의 진실한 모습이다. 흔
히 이것을 성찰이라고 부른다. 타자의 영향력으로부터 벗어나 나 자
신의 존재에 관한 진리와 마주하는 것. 여기서 '타자Autre'는 그저 단
순한 물리적 존재로서의 타인이라기보다는 우리 자신을 태어나게 하
고, 사유하게 하고, 현재와 같은 모습으로 존재하게 만들었던 권력으
로서의 타자 혹은 고정관념으로서의 타자를 말한다.

만일 진리가 그와 같은 속견과 고정관념으로부터 자유로운 어떤
것을 의미한다면, 고독은 진리에 접근하는 유일한 방법처럼 보인다.
그런 한편 고독은 또한 진리의 병이다. 왜냐하면, 고독은 참을 수 없
는 고통의 감정 속에서만 체험되는 어떤 상태이기 때문이다. 때로는
자발적으로, 때로는 타의에 의해서 사회적인 동시에 심리적인 고립의

심연에 던져지는 주체는 타자와의 단절이라는 극단적 불안의 상태를 견뎌야 한다. 고독은 또한 세계와 단절됨으로써 야기되는 우울의 정동을 수반한다. 이는 욕망의 흐름이 소진되는 순간의 감정이며, 최악의 경우 삶에 대한 마지막 애착마저도 포기하도록 만드는 위험한 정동이다. 그런 의미에서 불안과 우울은 진리를 맛본 주체가 지불해야 하는 일종의 대가이다. 타자와의 관계 속에서 형성된 모든 환상이 제거된 세계의 본모습을 알게 된 주체는 그렇게 치명적 우울 또는 멜랑꼴리의 검은 늪 속으로 가라앉는다.

그런데, 고독의 심연 속으로 하강하는 마음의 침잠은 놀랍게도 아주 오래된 기억의 유령을 불러낸다. 그것은 우리가 상실한 최초의 대상에 대한 기억이며, 우리의 자아가 여전히 풀지 못한 유년기의 수수께끼에 대한 기억이다. 고독의 우물 저 밑바닥에서 마주친 이 거대한 기억의 괴물 앞에서 자아는 힘없이 무너진다. 기이하게도 우리를 좌절하게 만드는 삶의 현재성은 고독 속에서 삶의 기원적 사건에 대한 기억을 예외 없이 소환하는 것이다. 현재의 고독으로부터 기억 속의 아득한 장소로의 추락은 현기증 나는 속도로 현재의 모든 것을 몰락시킨다. 우리의 마음은 바로 이것 앞에서 아이처럼 불안해하고, 당황한다. 우리가 상실해야 했던 최초의 그것, 바로 어머니라는 타자와 연결되어 있던 충동의 기억들이 고독 속에 유폐된 자아를 병에 걸린 나약한 짐승처럼 무너뜨린다. 어째서일까? 고독과 우울은 어째서 우리의 삶을 현재성의 선명함으로부터 유년기의 상실이라는 모호함으로 그토록 쉽사리 추락하게 만드는 것일까? 그것은 아마도 삶이라는 다소 화려했던 신화가 유년기의 상처를 은폐하기 위해 조작된 환영들에 불과했기 때문은 아닐까? 현재의 나를 구성했던 견고한 이미지들 뒤에는 누구도 강요하지 않았던, 그럼에도 치명적이었던 상실을 슬퍼하는 한 아이의 초라한 모습이 숨겨져 있었기 때문은 아닐까?

애도의 과정이란 이와 같은 기원적 대상의 상실을 다른 것에 대한 상실로 대체하는 행위이며 우리의 자아란 바로 이러한 애도 과정의 결과물에 불과하다는 정신분석의 가설을 받아들인다면, 현재의 고독이 어째서 우리를 기억의 유령과 그토록 쉽사리 마주치도록 만드는지 이해할 수 있다. 결국 고독이란, 그 속에서의 우울이란, 현재의 자아를 몰락시키는 병이며 그 밑바닥에 존재하는 텅 빈 상실의 자리를 드러내는 일종의 개인적 재난이다. 고독과 우울이라는 암초에 좌초한 삶의 여객선은 그곳에서 침몰하든지 아니면 서둘러 헤엄쳐 나와야 하는 선택의 기로에 놓인다. 만일 이 모든 진실에도 불구하고 다시 삶을 시작하려 한다면, 다시 애도해야 한다. 배를 침몰시켰던 사이렌의 죽음의 노래에 맞서는 삶의 노래를, 애도의 노래를 부르기 시작해야 한다. 그렇게 해서 우리의 인생은 다시 시작되거나 멈출 것이고, 상실은 잊히거나 우리를 삼킬 것이다. 그리고 이런 두 가지 경우의 수가 삶의 다양성 속에서 무한한 조합의 양상들로 펼쳐질 것이다.

그럼에도 변하지 않는 하나의 사실은 고독 속에서, 우울의 정신병리적 나락 속에서, 우리가 마주했던 것이 진리였다는 사실이다. 진리가 존재하지 않는다는 진리, 모든 것은 환영이었다는 마지막 진리가 그곳에 있다. 유년기의 상실의 기억은 바로 이러한 진리의 가장자리에 달라붙은 마지막 환상이다. 왜냐하면, 사실을 말하자면, 우리는 그 무엇도 상실한 적이 없기 때문이다. 그리하여 진리는 우리의 마음속 깊은 곳에 간직했던 상실의 기억조차 상실케 한다. 어머니에 관한 유토피아적 기억조차도 조작된 신기루에 불과했다는 이 마지막 진실은 우울의 정동이 우리를 데려가는 최후의 종착역, 텅 빈 허무의 장소이다. 개인의 삶은, 그리고 문명은 바로 이러한 마음의 재난에 떠밀려가지 않기 위한 성벽들을 쌓아왔다. 삶이 그토록 기만적이었던 이유가 여기에 있다. 오직 거짓만이 우리를 치명적 진리로부터 구할 수 있기 때문이다.

이 모든 가설들로부터 우리는 우울이 가장 진실한 정동이라는 결론에 도달한다. 물론 프로이트는 불안만이 진실하다고 말했지만 그러나 우울 역시, 혹은 우울만이 진실하다. 불안조차 사라진 최후의 장소에서 우리가 경험하는 마지막 감정은 그 어떤 감정도 남지 않게 된 감정, 텅 빈 정동인 우울이기 때문이다. 따라서 바로 이 우울의 정동을 다루는 다양한 문명의 기술들은 진리와 인간의 관계를 암시한다. 또는, 우울의 정동으로 인해 파멸해가는 정신병의 증상들은 진리의 무게를 견디지 못해 침몰하는 삶의 국면들을 드러내준다. 이제부터 우리가 함께 탐사할 영역이 바로 그와 같은 우울의 현상과 병리학의 협곡들이다. 물론 이번에도 우리는 루브르 박물관을 떠나지 않을 것이다. 그곳의 예술 작품들에 시선을 머물게 하는 것만으로도, 박물관의 난간에 잠시 몸을 기대는 것만으로도 이미 우리는 문명의 우울이라는 정신병리적 현상의 가장 깊은 심연에 도달할 수 있을 것이기 때문이다.

애도의 미술, 로코코

18세기 초중반의 유럽, 특히 프랑스를 중심으로 유행했던 로코코 미술은 '애도 미술'의 전형을 보여준다. 흔히 귀족들의 얕은 감상주의 취미로 평가절하되곤 하는 이 미술의 경향은 그리 간단하지 않은 역사적 의미를 담고 있다. 로코코는 한 번도 상실된 적이 없는 대상에 대한 상실의 애도라는 모순된 현상이 본격적으로 출현한 최초의 문화이기 때문이다. 만일 우리가 실제로 무언가를 상실했으며 문화가 그러한 상실을 애도하는 양상을 보여주었다면, 이는 상실된 것에 대한 구체적 애도의 절차를 통해 극복될 것이다. 그러나 어떤 문화가 한 번도 상실된 적이 없는 어떤 모호한 대상을 애도하기 시작했다면, 바로 그와 같은 현상의 한가운데에 정신병리적 원인이 있는 것은 아닌지 의심해봐야 한다. 또는 어떤 애도가 그 대상을 모호하게 만들면서 애도 자체에 집중하기 시작한다면, 우리는 그러한 애도를 병리적인 것으로 생각해볼 수 있다.

비극 「안티고네」에서 소포클레스는 죽은 오라버니 폴뤼네이케스를 애도하는 안티고네의 입을 빌려 다음과 같이 말하고 있다. 만일 남편을 잃은 여인이 슬퍼하고 있다면, 그녀의 슬픔은 애도 속에서 극복될 것이며, 또 다른 남편을 얻어 그 사랑의 과정 속에서 잊힐 것이다. 만일 아이를 잃은 여인이 슬퍼한다면, 이 역시 남편으로부터 또 다른 아이를 얻어 애도되며 극복될 것이다. 그러나 자신의 오라버니를 잃은 여인 안티고네의 슬픔은 그 무엇으로도 애도될 수 없는 가장 심오

한 우울증의 단계에 있다. 아버지, 어머니를 이미 잃은 안티고네에게는 또 다른 오라버니란 불가능한 희망이기 때문이다. 그러나 이것은 안티고네 자신의 서툰 변명에 불과하다. 안티고네에게 오라버니 폴뤼네이케스의 상실이 그 무엇으로도 애도될 수 없는 보다 근본적인 이유는 애도의 대상인 폴뤼네이케스의 정체성과 관련됐기 때문이다.

폴뤼네이케스는 안티고네의 아버지인 동시에 오라버니인(어머니의 아들인 이유로) 오이디푸스의 아들이며, 바로 그러한 이유로 오이디푸스의 동생이기도 한 그는 안티고네에게 역시 오라버니인 동시에 작은 '아버지'이다. 또한 폴뤼네이케스는 안티고네의 어머니인 동시에 언니인 이오카스테의 아들이자 바로 그러한 이유로 이오카스테의 동생이므로 안티고네에게는 오라버니인 동시에 삼촌이다. 오이디푸스 가문의 근친상간적 사건은 충동의 세계를 억압하고 은폐하던 문명의 토대를, 클로드 레비-스트로스가 친족 체계라고 부르던 그것을 붕괴시켰다. 그리하여 안티고네가 상실한 폴뤼네이케스는 그 어떤 지상의 언어로도 애도될 수 없는 가장 모호한 대상이 된다. 테베 왕국의 황무지에 버려져 썩어가고 있는 폴뤼네이케스의 시체는 안티고네에게 설명할 수 없는 욕망의 대상이며, 그런 이유로 포기될 수도 없는 충동의 대상이다. 안티고네가 그를 상실한 슬픔을 그 어떤 지상의 언어로도 애도할 수 없었던 이유가 바로 여기에 있으며, 그럼에도 슬퍼하기를 멈추지 않는다면 그녀를 둘러싼 세계는 붕괴의 위험을 피해갈 수 없을 것이다. 실제로 비극 속의 테베 왕국이 맞이하게 되는 운명이 바로 그것이다. 세계의 몰락, 그리하여 도래하는 텅 빈 허무, 우울증의 세계.

바토의 그림 〈시테르 섬으로의 순례〉에 등장하는 멜랑꼴리의 정서
역시 대상의 정체성이 명확하지 않다는 의미에서 안티고네의 애도와
유사한 증상을 보여준다. 바토의 이 그림은 다음과 같은 에피소드들
을 담고 있다. 파리의 귀족들이 지난여름 더위를 피해 떠났던 짧은 여
행의 기억들, 혹은 파리 인근의 별장에서 보냈던 지난해 피서지의 짧
은 추억들. 로코코 문화를 대표하는 프랑스의 이 화가는 귀족적 멜랑
꼴리의 가벼운 정서들이 끝없이 반복되는 그림들을 그린다. 원경으로
처리된 추억의 이미지들은 그리 멀지도, 그리 가깝지도 않은 대상의
상실을 묘사하고 있는데, 과연 이것을 상실이라고 부를 수 있을지 의
문이 들 정도로 감정의 사치를, 즉 노스탈지의 사치를 드러낼 뿐이다.
그럼에도 바토의 그림들은 상실과 애도의 정서를 고집한다. 마치 아
무 이유도 없이 고독 속에 자신을 가두며, 무엇을 상실했는지 말할 수
없음에도 상실의 슬픔에 깊은 우울증세를 보이는 멜랑꼴리 환자들처
럼 바토의 그림은 대상 없는 상실의 슬픔에의 매혹을 묘사하는 가장
전형적인 이미지라고 할 수 있다. 그리하여 우리는 바토의 그림들을
다음의 정신분석적 언어로 설명할 수 있게 된다.

애도의 대상이 불명확한 이러한 그림들이 드러내는 것은 역설적이
게도 상실의 (대상이 아닌) 정동 그 자체이며, 이는 모든 종류의 우울
증세가 보이는 기원적 상실에 대한 가장 순수한 묘사이다. 바토를 비
롯한 로코코 시대의 핵심적 정서였던 달콤한 우울은 그 자신의 매혹
을 유지하기 위해 상실의 대상을 축소하려다 마침내는 무엇을 상실
했는지도 알 수 없게 만들어버리는 대상의 소멸을 초래했다. 그런 식

으로 현실적 대상을 상실해버리자 우울의 정동만 남게 되었는데, 바로 이것이 우리를 우울증의 가장 본질적인 장소로 데려간다. 그곳은 상실의 대상조차 상실된 텅 빈 허무의 장소이다. 이곳으로부터 주체를 구하는 유일한 방법은 자신이 무엇을 상실했는지 그 대상을 창안해내는 길뿐이며, 이후 19세기에 등장하는 낭만주의는 바로 이것, 상실의 대상을 아주 먼 외부의, 이국의 유토피아적 가상 속에서 찾아냄으로써 우울의 파국을 피해 간다. 혹은, 인류 문명 전체가 바로 이러한 우울증의 위협과 그에 대한 화답으로서의 대상 창조 과정이 반복되는 여정에 불과하다고 말할 수도 있다. 인간은 자신의 근원적 상실을 애도하기 위해 그 모든 문화적 대상들의 다양성들을 생산해왔던 것이라고 말이다.

바로 그런 의미에서 애도란 자신의 가상적 대상을 창조해냄으로써 상실의 근원적 심연을 피해 가는 문명의 과정이었다고 말할 수 있다. 그런데, 어떤 주체들에게 애도란 불가능한 것이다. 그들에게는 애도를 작동시킬 상징계의 안정적인 언어 장치가 존재하지 않는다. 그들은 애도의 노래를 부를 수 있는 음성을 가지지 못했기 때문에 애도하는 대신 파괴하고, 노래하는 대신 자살한다. 이들을 라깡학파의 정신분석은 멜랑꼴리 환자라고 부른다. 이 병이 보여주는 증상과 구조에 대한 탐사는 우리에게 인간의 심리와 문명이 감추고 있는 진리에 대한 가장 비극적인 관계의 측면을 드러내어 보여줄 것이다.

앙트완 바토Antoine Watteau, 〈시테르 섬으로의 순례*Pèlerinage à l'île de Cythère*〉(1717), 루브르 박물관 소장.

L., 부를 수 없는 애도의 노래

정신병의 일종인 멜랑꼴리는 환자의 독특한 세계관으로 특징지어진다. 현대 의학에서는 '주요 우울증major depressive disorder'이라는 병명으로 분류되는[1] 이 병의 환자들은 세계를 극단적으로 유한한 공간으로 인식한다. 여기서 유한하다는 표현은, 더 이상의 새로움이 존재할 수 없는, 은유가 불가능한, 이미 결정 난 장소로 세계를 인식한다는 것을 의미한다. 멜랑꼴리 환자에게 자신이 속한 세계는 참혹할 정도로 비루하며, 조금의 아름다움이나 살 만한 가치도 존재하지 않는 지옥보다 못한 곳에 불과하다. 차라리 지옥이었다면 죄의 사함이라는 가치 있는 가정이 전제될 수도 있다. 그러나 멜랑꼴리 환자에게는 그러한 갱생의 가능성조차 남아 있지 않다. 나아가서, 극단적으로 우울한 성향의 이러한 사람들에게 무엇보다 참을 수 없는 것은 바로 자기 자신의 존재의 비루함이다. 그들에게 자신의 자아는 쓰레기만도 못한 것, 부정적 가치의 집적소와 같다.

---

1 한국 정신의학계가 정신병 진단 기준으로 사용하는 미국의 DSM(정신질환 진단 및 통계 편람)은 증상별 진단에 의존하며, 생물학적 원인에 집중하여 병의 원인을 파악한다. 그러나 실제 정신장애의 대부분은 뇌의 기능장애가 아니라 유아기에 형성된 심리적 구조의 장애로부터 오는 것이다. 미국 정신의학계가 이렇게 명백한 현실을 축소하려는 의도의 배후에는 DSM의 연구뿐만 아니라 의료 현장 전체를 지배하는 제약산업과 의료자본주의의 권력이 있다. 정신장애의 원인으로 생물학적 요인을 가정할 경우 약물의 대량 생산과 판매는 그 타당성을 인정받기 쉽다. 반면 심리 구조적 원인이 가정될 경우 약물이 아닌 의사와의 면담 중심의 심리치료가 강조될 것이다. 제약 산업이 원하고, 또한 병원자본이 원하는 것이 약물 위주의 치료일 수밖에 없는 이유가 여기에 있다. 나아가서 빠른 치료와 효과를 기대하는 환자의 심리를 이용하는 의료 마케팅 역시 상황을 악화시키고 있는 실정이다.

프로이트-라깡학파의 정신분석이 '정신병-멜랑꼴리'라고 명백히
규정하는 이 병은 단순한 우울의 상태, 근대 정신의학이 '디프레션
Depression'이라는 용어로 규정하는 일시적 증상과는 구별되어야 한다.
왜냐하면, 우울한 상태라는 것은 그 증상 자체가 독립적으로 존재하
는 것이 아니라 다른 원인들, 예를 들자면 환경적 요인이나 아니면 환
자의 마음속 욕망의 흐름들이 야기하는 원인에 대한 부차적 결과로서
출현하기 때문이다. 반면, 멜랑꼴리의 치명적 우울 증상은 정신병적
구조와 원인을 갖는다. 프로이트-라깡 학파는 이것을 부성기능의 장
애를 통해 설명한다. 간단히 말해서, 환자가 멜랑꼴리라는 극단적 우
울의 심리적 구조를 가지게 되는 이유는 유아기에 말을 배우는 과정
에서 환자의 정신에 개입해 들어오는 언어적 법-규범의 수용 여부에
달려 있다는 것이다. 보다 쉬운 이해를 위해서 분석 사례 하나를 소개
한다.

L.이라는 가명의 여인이 처음 응급실에 실려온 것은 자살 기도 때
문이었다.[2] 첫 번째 결혼 생활이 이혼으로 끝나던 해에 처음으로 시작
된 자살 기도는 이후 멈추지 않고 계속되었다. 달려오는 차에 투신하
거나, 아스피린제 과다 복용 또는 유리 조각을 삼키는 등의 행위가 반
복되었다. 이 같은 자살 기도는 멜랑꼴리의 전형적인 자기 파괴 행위
이다. 환자는 단지 우울한 기분에 빠지는 것만이 아니라 끝없는 자기
비하와 비난의 감정 속에서 자신과 자신을 둘러싼 삶 전체를 참을 수

---

2 Vanneufville Monique, «Un cas de mélancolie grave "Elle ne 'savait' pas me voir"», *Savoirs et Clinique, no 5*, ERES, 2004, pp.91-96 참조.

없는 것으로 느끼기 때문이다.

자살 시도 이후 시작된 L.의 심리치료를 통해서 최초의 우울증 발작이 첫 번째 출산 직후였다는 사실이 밝혀진다. 5개월간의 지속적 우울장애 상태였다. 그녀는 자신의 아이를 사랑했지만, 아이를 돌보기에는 자신이 너무도 무기력하고 그럴 만한 자격이 없다고 생각했다. 이때 찾아온 우울증은 이후 점점 더 심각한 자기 비난의 형태를 띠기 시작했다. 그러다가 자살이라는 극단적 행위가 실행되는 순간에는 생각 자체가 멈추는 듯한 증세를 보였다. 어떤 생각이나 의지를 통해 자살을 시도했다기보다는 의식 작용의 정지 속에서 충동에 떠밀려 극단적 선택을 하는 듯 보였기 때문이다. 이런 종류의 자살 행위는 일반적인 신경증자들이 보이는 자살과는 전혀 다른 성격을 띤다. 신경증에서의 자살은 타자에 대한 일종의 메시지 형태를 취하기 때문이다. 자신의 삶을 끝장내는 극단적 행위는 그들에게 또 다른 의미를 생산하고 전달하기 위한 절망적 시도이다. 달리 말해서, 일반적인 경우의 자살은 삶을 부정하기 위한 것이 아니라 오히려 삶을 긍정할 수 없는 특수한 현실에 대한 거부의 메시지 형식을 취한다. 그러나 멜랑꼴리는 다르다. 멜랑꼴리에서의 자살은 타자에 대한 어떠한 소통도 전제되지 않는다. 삶에 대한 어떠한 의미 부여도, 심지어 부정적인 의미의 부여조차 소멸된 멜랑꼴리의 세계관은 자신의 세계를 끝장내는 것 이외의 다른 어떤 것에도 관심이 없다.

L. 역시 마찬가지였다. 그녀는 자신을 둘러싼 삶의 그 어떤 요소에 대해서도 욕망하는 마음을 가질 수 없었다. 욕망이 고갈된, 혹은 애초

에 존재조차 하지 않았던 그녀의 마음이 삶을 견딜 수 없어 하는 것은 당연한 듯 보인다. 그녀는 일상의 작은 흔들림에도 세계 전체를 몰락으로 이끄는 절망감을 맛보았으며, 그럴 때마다 극단적 선택의 유혹에 노출되곤 했다. 무엇이 그녀의 마음을 이토록 비극적으로 만들었던 것일까? 질문에 답을 찾기 위해서는 우리가 2장에서 다루었던 '애도'의 기능을 떠올려보는 것이 도움이 된다. 멜랑꼴리의 비극은 그녀의 성장기에 시작된 것이기 때문이다.

그녀는 자신의 상실을 애도하기 위한 방법을 배울 수 없었던 유년기를 보냈다. L.의 양친 모두 심각한 알코올중독이었다. 술이 취하면 싸움이 시작되었고, 장녀였던 L.은 어린 동생들을 부모의 폭력으로부터 보호할 수 있었던 유일한 존재였다. 부친은 모친에 대해서 폭력적이었으나 장녀인 L.에 대해서는 비교적 다정했다. 아버지는 글과 셈을 몰랐던 모친을 대신해서 편지를 쓰거나 세금을 납부하는 등의 잡무를 처리했던 L.을 치켜세우며 모친의 무지를 모욕하곤 했다. 이런저런 일들이 모친의 질투를 자극했고, 술에 취한 모친은 L.과 아버지 사이의 근친상간을 의심하는 막말을 서슴지 않았다.

L.의 유소년기는 이런 식의 혼돈과 폭력이 지배했고, 그녀의 증언에 의하면 이해할 수 없는 일들로 가득했다고 한다. 이를 다른 방식으로 표현하자면, 그녀는 자신의 충동과 욕망의 흐름을 억압하고 그러한 억압의 결과인 상실을 애도할 방법을 배울 수 없었다. 자신의 신체를 엄습하는 충동의 거친 파도를 사회적으로 용납될 수 있는 아름다운 이야기들로 번역하는 방법을 배우지 못했던 것이다. 다른 모든 소

녀들이 그러듯 사랑의 환상 속에서 욕망의 그림을 아름답게 채색하는 법을 누구도 가르쳐주지 않았던 것이다. 그녀의 아버지나 어머니 누구도 보편적이며 상식적인 방식으로 욕망의 환상을 전개시켜나갈 수 있는 담론을 제시하거나 보여주지 않았다. 그렇게 해서 그녀는 애도의 노래를 부를 수 없었고, 애도 없이 출현하는 충동의 신체는 그녀에게 역겨운 것으로, 거부되어야 하며 파괴되어야 하는 흉물로 간주될 뿐이었다.

그녀가 유일하게 욕망을 투여할 수 있었던 대상은 아기들이었는데, 이는 동생들이 태어날 때마다 경험했던 간헐적 사랑의 에피소드들 때문이었다. 그러나 이런 순간에도 욕망의 담론은 완전한 것이 될 수 없었다. 동생들이 태어나는 이유를, 태어난 후에는 존재해야 하는 이유를, 그리하여 사랑받아야만 하는 이유를 누구도 말해주지 않았기 때문이다. 그녀 자신이 임신하여 출산한 아이들에 대해서 욕망의 투자를 지속할 수 없었던 이유가 여기에 있다. 그녀는 어떻게 욕망을 지속시킬 수 있는지 배운 적이 없었으며, 유년기의 이러한 심리적 결함은 이후의 삶을 치명적으로 결정짓고 말았다.

멜랑꼴리 환자가 생각의 느린 전개 또는 전혀 전개되지 않는 의식의 정지 증상을 보이는 것 역시 같은 이유 때문이다. 이들은 자신을 둘러싼 가족의 현실을 일관된 신화 속에서 설명 받지 못했다. 여기서 신화라고 표현되는 것은 소위 정상이라고 간주되는 일반적인 신경증자들이 자신의 삶과 세계를 하나의 이야기로 구성해내는 형식 자체이다. 어린아이에게 자신과 동생들이 태어나는 과정과 이유는 언제나 신화적인 방식으로, 따라서 은유적인 방식으로 설명된다. 탄생의 생물학적 현실은 양친의 '사랑'이라는 추상적 용어로 은유된다. 아이가 태어나는 것은 '엄마 아빠가 사랑했기 때문'이다. 보다 디테일한 설명을 아이가 요구한다면 어른들의 은유는 더욱 추상적인 방식을 취할 뿐이다. 예를 들어 '다리 밑에서 주워 왔다', 혹은 '황새가 물어 왔다'는 정도로 이야기는 더욱더 신화화된다. 최대한의 리얼리티를 가진 설명이라고 해 봐야 '엄마 배꼽에서 태어났다'는 설명 정도이다. 아이를 둘러싼 세계를 흐르는 담론은 이처럼 언제나 직접적인 현실을 우회하는 방식을 취한다. 이것은 현실 자체가 가진 극도의 비루함을 피해 가려는 신경증자들의 은유 기술에 다름 아니다. 바로 이와 같은 방식으로 어린아이는 인간의 현실이 지닌 날것으로서의 리얼리티를 피해 간다.

정신분석은 이러한 신화화를 욕망의 기술이라고 부른다. 현실의 황무지에 드리워진 환상의 스크린은 비루한 삶을 살 만한 것으로, 욕망할 만한 것으로 뒤바꾸어주는 하얀 거짓말 혹은 하얀 마술이기 때문이다. 그리고 이 모든 마술의 테크닉은 부모 또는 부모의 역할을 하는 어른들의 말로부터 아이에게 전수된다. 이러한 전수에는 당근과 채찍이라는 틀이 전제되는데, 당근이란 욕망의 실현에 대한 약속이다. 지금 충동하는 대상을 포기하고 그리하여 쾌락의 실현을 포기할지라도 그것이 미래에 다른 방식으로 실현될 것이라는 욕망의 약속이 당근이다. 반면 채찍은 거세 위협이며 초자아의 명령이라는 형식을 취한다. 어른들의 말 속에서 암시되는 권위적 타자의 이미지는 아이들이 자신들의 충동을 포기하지 않으려는 저항을 비난하고 무화시킨다. 이 모든 과정이 멜랑꼴리 환자 L.의 유년기에 결여되어 있었다. 라깡은 이것을 '부성적 태만carence paternelle'이라고 부른다. 유아에게 법과 상식이 은유의 방식으로 자리 잡는 데 아버지의 역할[3]이 중요한데, 만일 이러한 부성적 기능이 태만했을 경우 정신병의 구조가 자리 잡게 되기 때문이다.

신화의 기능, 하얀 마술

그런 의미에서 신화의 기능은 정신의 안정을 위한 열쇠와 같다. 오랜 진화의 결과로 비대해진 인간의 뇌가 생산해내는 복잡한 정동들과 환상들을 일관된 말의 흐름 속으로 가두고 통제해줄 수 있는 틀이 바로 신화이기 때문이다. 세로토닌과 노르아드레날린, 도파민 등의 신경 전달물질로 가득 찬 뇌의 물리적 현실을 컴퓨터의 하드웨어에 비유

---

3   여기서 말하는 '아버지'가 실제의 아버지일 필요는 없다. 홀어머니 밑에서 자란 아이일지라도 어머니의 말 속에서 부성적 기능을 발견할 수 있기 때문이다. 어머니가 아이에게 일대일의 전적인 사랑의 관계로만 접근해서는 안 되는 이유가 또한 여기에 있다. 어머니는 아이에게 마치 제3자로서 법을 강제하는 사람이 존재하는 것처럼 말을 함으로써 아이에 대한 사랑의 관계 속에 부성적 법의 기능을 개입시킬 수 있다. 예를 들면, "엄마는 너에게 그것을 해주고 싶긴 하지만, 만일 그렇게 한다면 사람들이 뭐라고 생각하겠니?"라는 류의 담화 속에서 어머니와 아이의 사랑이 사회적 법과 상식의 권위에 종속됨이 표현될 수 있다. 그런 의미에서 부성적 기능은 실제의 존재가 아닌 말 속에 자리하는 어떤 것이다.

한다면 이들이 안정적으로 작동할 수 있도록 하는 것은 소프트웨어에 해당하는 추상적 구조이다. 그런데, 컴퓨터가 문제를 일으켰을 때 99퍼센트의 원인은 반도체나 전기 전달체의 물리적 기능 장애가 아니라 바이러스나 소프트웨어 자체의 언어적 장애라는 사실은 정신병의 발병 원인에 언어적이며 추상적인 습득 과정이 중요한 역할을 한다는 사실을 비유적으로 논증하는 근거가 된다.

그렇다면 정신의 신화 기능이라고 말해지는 것의 언어적 구조는 어떤 모습일까? 이에 대한 대답은 생각보다 어렵지 않은 도식 하나로 간단히 설명된다. $S_1 \rightarrow S_2$, 즉 하나의 기표(S_1)가 다른 하나의 기표(S_2)에 의해 대체되는 구조가 그것이다. 이것을 우리는 은유의 기본적 구조라고 부를 수도 있다. 보다 쉬운 설명을 덧붙인다면, 신화는 하나의 현실을 다른 하나의 현실로 은유하는 구조라는 것이다. 예를 들어 A라는 사람이 있다고 하자. 만일 그 사람이 나에게 중요한 인물이며, 언제나 도움을 줄 수 있는 위치에 끌어 있다면 나는 그를 A라고 부르는 대신 '아버지' 혹은 '아버지 같은 사람'이라고 부를 수 있다. 만일 그가 나에게 해를 끼치는 일만 일삼는 자라면 그를 A라고 부르는 대신 '배은망덕한 놈' 또는 '악마'라고 부를 수조차 있다.

은유는 반대의 경우에도 성립된다. 타인이 나에 대해서 아버지나 악마라는 은유를 쓸 수 있으며, 그러한 은유에 대해 나는 또 다른 은유로 응수할 수 있다. 예를 들어, 타인이 나에게 '악마'라는 은유를 던진다면, 그에 대해서 나는 또 다른 은유로 나를 보호한다. '너에게는 악마처럼 보일 수 있어도 나의 가족에게 나는 천사와 같다'라는 말로 나는 나에게 던져진 은유를 다시 피해 간다. 인간 언어의 본질적 기능은 바로 이러한 은유의 끝없는 순환이다. 이러한 은유의 반복들은 결국 작은 신화들을 만들어낸다. 예를 들어 어린아이는 자신의 아버지에 대해서 작지만 거대한 하나의 신화를 만들어내는데, 그것은 아버지가 무엇이든 척척 해결해주는 슈퍼맨과 같다는 신화이다. 여기서 아빠라는 기표는 슈퍼맨이라는 기표로 다시 은유되고 있다. 이 같은 아이의 최초 신화의 구조 속에서 우리가 주목해야 하는 것은, 아빠라는 단어가 최초로 생성되는 시기에는 긍정적 기표가 아니었다는 사실이다. 아빠는 오히려 아이와 어머니의 관계를 방해하는 침입자를 가리키는 기표였다. 그런데 이와 같은 최초의 부정적 기표를 긍정적인 '아버지'의 기표로 은유하도록 강제하는 것이 바로 상징계의 법이며 '부성적 은유métaphore paternelle'이다. 따라서 은유를 통한 신화 형성의 최초 단계에서 이 모든 하얀 마술의 기능이 시작되도록 만드는 중요한 사건은 아버지-상징계-법의 위협이며 강제라고 할 수 있다. 프로이트-라깡의 이론은 이것을 거세 위협이라고 부른다. 아이가 자신의 충동의 대상 또는 어머니를 지금 당장 소유하는 것을 금지하는 위협이 바로 거세인 만큼 아이가 빼앗긴 것은 충동의 대상-어머니-사물이다. 신화의 기능은 바로 이러한 상실의 부정적 사건을 긍정적 사건의 가능성으로 대체한다. 신화는 상실된 대상을 미래에 다시 되찾을 수 있을 것이라는 희망을 갖게 해주는 일종의 애도 장치인 것이다.[4]

---

4 충동과 욕망 그리고 사물과 대상, 신화의 관계에 대해서는 라깡의 다음 설명 참조. "[충동이라는 독일어에 대한] 영어 번역은 'drive'입니다. 이 유출(dérive)이라는 용어는 쾌락원칙

이제 상실의 대상인 '어머니'라는 기표는 그것을 대체할 수 있는 다른 기표에 의해 은유될 것이다. 예를 들어, '엄마같이 다정한 여자' 또는 '엄마와 눈빛이 비슷한 여자' 등의 기표가 아이의 욕망의 신화 속으로 찾아와 아이가 상실한 욕망의 대상을 신화화한다. 그런 방식으로 아이는 자신이 상실한 성적 대상을 현실의 또 다른 대상으로 대체하여 만족을 추구하는 신화를 건설해나가는데, 바로 이것이 욕망하는 기술에 다름 아니다.

그런데 멜랑꼴리의 정신병 구조 속에는 최초의 거세가 안정적인 방식으로 자리 잡지 못한다. L.의 사례에서 보았던 것처럼 유아기의 L.에게 보호자들은 은유의 기능이 시작될 수 있는 좌표를 구성해주지 못했기 때문이다. L.의 삶이 신화 속에서 전개되어나갈 수 있도록 해주는 은유의 기능이 때로는 멈추었고, 그리하여 한 발짝도 앞으로 나아가지 못하는 우울증 발작의 상황이 발생하곤 했던 것이다. 이 같은 L.의 멜랑꼴리 정신병 구조를 설명하기 위해 도식을 사용해보자.

의 모든 행위들에 의해 동기화됩니다. 그리고 이것은 대상관계라는 개념 속에서 분절되는 신화적 지점으로 우리를 향하게 하는 것입니다."(Jacques Lacan, *Le Séminaire VII*, Paris, Le Seuil, 1986, p.109). 풀어 말하면, 충동은 욕망의 대상이라는 신화적 장치를 향해서 스스로의 파괴적 속성을 쾌락원칙의 안정적 속성으로 변환시킨다는 것이다.

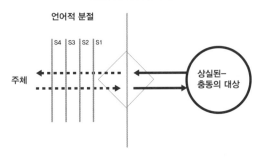

정상적 은유 기능의 신화 구조

　위 도식은 은유와 환유의 기능이 정상적으로 작동하여 안정된 신화를 구성해내는 정신의 구조이다. 여기서 오른편에 위치한 충동의 대상은 유아기의 주체가 쾌락을 탐닉할 수 있었던 대상-타자의 자리이다. 중앙에 마름모꼴로 분할된 세로 직선은 거세의 계기이다. 아이는 어른들의 말을 통해 자신의 충동의 대상-타자를 포기할 것을 암시받는다. 이때 아이는 거세를 받아들이고 충동의 대상에 투자하던 리비도의 방향을 틀어 언어적인 방식으로 분절하는 은유의 구조 속으로 들어간다. 인간 정신의 모든 환상들은 바로 이런 언어적 분절 장치 속에서 일관된 신화를 생산하는 통제 속으로 들어가게 된다. 그리하여 주체는 언어적으로 욕망하며 언어적으로 환상을 추구하는 추상적 존재가 되는데, 앞서 설명한 것처럼 바로 이러한 정신의 추상적 성격이 인간을 충동으로부터 보호해주는 역할을 떠맡는다. 그런데 멜랑꼴리 정신병에서는 언어적 분절의 기능이 제대로 자리 잡지 못한다.

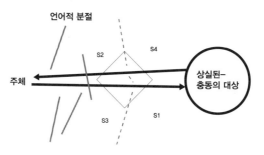

멜랑꼴리 정신병의 구조

멜랑꼴리의 도식에서는 주체와 충동의 대상-타자의 자리 사이에 언어적 완충장치가 붕괴되어 있는 것이 보인다. 언어적 분절의 반복이 안정적으로 수행되지 못하는 상황에서 주체는 자신의 충동의 자리를 언어의 매개 없이 마주 보게 된다. 이때 충동은 신화적이며 환상적인 필터 없이 출현한다. 역겹거나 추악한 충동 본연의 모습이 드러날 수밖에 없다. 주체는 바로 이러한 충동의 형상을 자신의 신체 속에서 발견하고 경악한다. 멜랑꼴리적 주체가 자신의 자아와 그것을 둘러싼 세계를 참을 수 없는 역겨움의 장소로 여기는 이유가 여기에 있다. 주체는 존재의 가장 밑바닥의 모습, 가장 현실적인 모습이기도 한 욕망의 민낯을 보고 말았던 것이다.

프로이트적 승화

멜랑꼴리 환자들은 환상의 외투를 두르지 않은 맨몸뚱이로 실재의 참혹을 견디는 고행자들이다. 이들에게 인생이란 희망과 기대의 방향을 따라 전개되는 시간적 흐름이 아니다. 오히려 절망 속에 정지된 시간들, 말의 진공 속에서 끝없이 추락하는 운동들, 잔혹한 초자아의 유령들이 배회하는 저주받은 영토이다. 더 이상 환상이 작동하지 않는 이들의 삶에서는 역설적이게도 진리를 보는 눈이 저주받은 선물처럼 주어진다. 환상이 사라진 세계에서 진리란 진리의 부재 그 자체이기 때문이다. 멜랑꼴리의 세계 속에서는 무엇도 영원하지 않으며, 모든 기쁨과 쾌락은 조잡한 기만이 만들어낸 신기루이며, 곧 다가올 더 큰 실망과 좌절을 은폐하기 위한 눈가림에 불과하다. 멜랑꼴리 환자들은 그 어떤 논증도 없이, 추론도 없이, 심지어는 경험도 거치지 않고 이같은 치명적 진리에 이미 도달해버렸다.[5] 그리하여 이들에게 남겨진 유일한 출구는 죽음처럼 보이며, 세계는 그 어떤 상상력도 허용되지 않는, 시작부터 비극적 결말이 예고된 한 편의 부조리극처럼 보인다. 멜랑꼴리 환자들의 자살이 그럴듯한 원인을 갖지 않는 것처럼 보이는 이유가 여기에 있다. 이들의 자살은 동기조차 만들 수 없는 텅 빈 의

---

5 프로이트는 말한다. "아주 격양된 자기 비난 속에서 멜랑꼴리 환자가 스스로를 편협하고 이기적이고 부도덕하고 독립심이 없는 사람으로 묘사하고, 또 오로지 자신의 약점을 숨기는 데만 급급한 사람으로 스스로를 표현할 때 어쩌면 그는 진정한 자기 이해에 가장 가까이 다가가 있는지도 모른다. 다만 우리가 궁금해하는 것은 왜 사람은 병에 걸리고 난 뒤에야 그런 진실에 다가갈 수 있느냐 하는 것이다."(Sigmund Freud, «Trauer und Melancholie», 1917)

미의 진공상태에 의한 질식사의 형식을 취하기 때문이다.[6] 이들에게
는 삶의 처절한 이미지를 대체할 다른 어떤 이미지의 소환도 불가능
한 것처럼 보이는데, 이것을 우리는 승화의 불가능성이라고 부를 수
도 있다.

　프로이트에게 승화란 욕망의 원초적 형태라고 할 수 있는 충동의
파괴적 에너지를 길들여 사회적으로 수용될 수 있는 형식을 갖도록
하는 것이다. 그런 의미에서 승화는 애도의 사회적이며 공적인 형태
이기도 하다. 만일 애도가 상실된 욕망의 대상이 말해지도록 하는 과
정이며, 이를 통해서 대상을 다른 기표들로 대체하는 일련의 과정이
라면, 승화는 그러한 대체의 가장 문화적인 형식인 셈이다. 라깡은 프
로이트적 승화에 대해 "사물의 영역을 쾌락원칙에 의해 식민화하는
것"이라고 말한다. 승화란 단지 충동의 영역(사물)이 사회적으로 유용
한 것으로 전환되는 것만을 의미하는 것이 아니라 또한 충동과 관련
한 긴장이 완화되는 장소로의 진입을 의미하며, 그렇게 해서 성충동

6　자살이 공식적인 정신의학 연구 모임에서 최초로 다루어진 것은 1910년 4월 빈에서 열린
정신분석협회에서였다. 여기서 스텐겔과 아들러는 열등감이나 복수심, 반사회적 공격성 또는
자위행위에 수반되는 죄의식 등과 관련시켜 자살의 동기를 해석하려고 했다. 그러나 이 모임
을 주최했던 프로이트는 보다 신중한 태도를 보였고, 자기 파괴의 행위가 어떻게 생명을 보존
하려는 쾌락원칙을 일탈할 수 있는지에 대한 문제가 해소되기를 기다린다. 자살의 문제는 결
국 이후 라깡의 이론에서 보다 정교하게 설명되었다. 정신분석의 작업들과 결과물들은 우리
에게 신경증자와 정신병자의 구조적 차이를 이해할 수 있게 해주었으며, 따라서 신경증에서
의 자살과 정신병으로서 멜랑꼴리의 자살이 근본적으로 다른 구조와 원인에 속한다는 사실이
밝혀졌다. 멜랑꼴리에 대한 프로이트의 이론적 전개 과정과 라깡으로 이어지는 연구에 대해
서는 맹정현의 『멜랑꼴리의 검은 마술』(2015, 책담) 참조.

의 거친 영토가 사회적으로 길들여지는 것을 의미한다.[7]

예를 들면, 사드 후작의 문학 작품이 그렇다. 성충동의 한계 없는 초과와 위반의 흐름들을 실재의 현실에서가 아니라 문학이라는 추상적인 동시에 공적인 공간에서 실현하는 것은 프로이트가 말하는 승화의 전형을 보여주기 때문이다.[8] 승화는 그렇게 상실된 원초적 충동의 대상이 다시 말해질 수 있도록 하는 애도의 형식인 동시에, 그러한 말해짐이 예술적 특성들을 갖추도록 함으로써 상실된 것을 향해 덧없이 흘러들던 리비도의 투자가 창조적인 가치를 발휘할 수 있도록 유도하는 과정 전체를 말한다. 더 흔한 예를 들자면, 폭력적인 충동 조절장애를 겪는 한 청년이 복싱이나 이종격투기 선수가 되어 자신의 공격적 성향을 사회적 성공과 인정의 에너지로 전환하는 경우를 들 수 있다. 또는 관음증과 같은 성도착적 충동을 영화나 회화 장르의 시선 게임 속에서 해소하는 예술가의 사례를 들 수도 있다. 승화의 이 모든 유형들에서 공통적으로 발견되는 것은 충동에 대한 미학적 언어화이다. 여기서 미학이 가리키는 것은 충동을 상징화하는 언어의 예술적

---

7 "승화와 관련해서, 그 대상은 상상계적이며 아주 특별하게는 문화적인 작업과 분리 불가의 관계를 맺는다. 이것은 단지 한 집단이 그 대상을 유용한 것으로 간주하는 것만을 의미하는 것이 아니다. 어떤 의미에서 승화는 공동체가 긴장을 완화하는 영역을 추구하는 것을 의미하며, 이를 통해서 사물에 덫을 놓고, 상상적 형식화를 통해 사물의 장을 식민화한다는 것을 의미한다."(Jacques Lacan, *Le Séminaire VII*, Paris, Le Seuil, 1986, pp. 118-119)

8 사드 후작은 자신이 발표했던 일련의 엽기적 엽색 행각의 문학작품들로 인해 인생의 후반기 대부분을 감옥에서 보낸다. 우리가 간과하지 말아야 하는 것은 그의 실재 인생과 문학 속의 엽색 행각을 구분해야 한다는 사실이다. 그의 실재 인생은 당시의 프랑스 귀족사회가 보여주었던 성생활의 개방성을 초과하지 않았다. 한편, 사드의 승화에 대해 라깡이 분석한 보다 정교한 내용은 이 장의 후반부에서 자세히 다루어질 것이다.

차원이 강조되었음을 의미한다. 충동에 대한 문학적, 영화적, 회화적 상징화뿐만 아니라 다양한 스포츠 속에서의 승화 역시 미학적 상징화를 토대로 한다. 스포츠 역시 상징적 룰과 기술적 언어에 의해 분절되는 신체 에너지의 통제에 그 성공의 여부가 달려 있기 때문이다. 아름답게, 혹은 감탄할 정도로 정교하게 분절된 충동의 에너지는 보편적으로 감상 가능한 욕망의 신기루를 만들어내고, 이에 대한 보상으로 충동의 주체는 사회적 존경의 주체로 거듭나며, 공동체 내에서 자신의 확고한 좌표를 획득하게 된다.[9]

그런 의미에서 승화는 멜랑꼴리의 치료가 나아가야 할 방향을 제시한다. 정신병으로서의 멜랑꼴리가 상징계의 기능장애 속에서 삶을 긍정할 만한 신화의 생산에 실패하는 증상이라면 그러한 실패의 반복이 멈추도록 하는 것이 치료의 일차적 목적이기 때문이다. 물론 멜랑꼴리는 정신병적 구조를 가졌기 때문에 완치될 수 없다.[10] 달리 말해

[9] 라깡은 1960년 1월 20일의 세미나에서 엘라 샤르프(Ella Sharpe)의 예술 승화 이론을 비판한다. 엘라 샤르프는 시각, 청각 예술을 비롯한 춤과 운동에 이르기까지의 실천들이 클라인적 충동-어머니-사물의 공격성에 대한 승화를 가능하게 만들어준다고 주장한다. 쉽게 말해서, 예술의 실천이 심리적 문제를 해결해줄 것이라는 말이다. 이에 대해 라깡은 예술적 가치 실현의 상대성을 강조한다. 예술적 승화가 도달하는 가치란 시대적 배경에 의해 언제나 다른 것이 될 수 있기 때문이다. 라깡은 피카소가 그리는 예술의 승화는 벨라스케스의 그것과 결코 동일할 수 없다고 말한다. 동일한 방식으로 그려지더라도 벨라스케스 시대에는 승화로 느껴질 수 있는 것이 피카소의 시대에는 결코 그럴 수 없다면, 예술 실천의 승화란 그 자체 내부에 독립적 기능을 가진 것이 아니라, 단지 사회적 인정의 두 번째 단계에서만 가능한 것이 된다. 이제 펼쳐질 우리의 논의에도 역시 동일한 비판이 제기될 수 있을 것이다. 이에 대해 필자는 상기의 멜랑꼴리 치료에서 강조되는 승화가 결코 예술의 실천에 있지 않다는 사실을 강조한다. 예술 치료는 단지 환자의 마음에 욕망의 바람이 불어오도록 하는 단초의 역할 이상을 하지 못한다.

[10] 라깡학파의 정신분석에서 '완치'라는 개념은 문제적이다. 인간 정신의 존재 자체가 이미 증상적인 것이기 때문이다. 정신병, 성도착, 신경증의 세 구조 모두에서 인간 심리는 증상처

서, 멜랑꼴리 환자는 신경증자가 될 수 없다. 정신병과 신경증 사이에는 환원 불가능한 구조적 차이가 존재하기 때문이다. 따라서 멜랑꼴리의 치료는 의사나 상담가와의 평생에 걸친 지속적 치료 속에서 관리되어야 하는 '불편함'이 전제된다. 이러한 전제가 수용되고 지켜진다면, 멜랑꼴리는 다른 모든 정신병과 마찬가지로 일정 수준의 안정화가 가능한 정신장애이며, 그런 의미에서 치료가 포기되어서는 안 되는 병이다. 이와 같은 사실들을 전제로 하면 멜랑꼴리의 비극적 세계관이 극복될 수 있는 승화의 과정이 구체적으로 무엇인지 질문해볼 수 있을 텐데, 답을 찾기 위해 필자는 다시 한 번 루브르 박물관을 방문해볼 것을 제안한다.

제리코와 〈메두사의 뗏목〉

18세기 후반과 19세기 초중반의 프랑스 회화들이 전시된 드농관을 다시 찾아보자. 그곳에는 프랑스 낭만주의 회화의 자랑거리인 테오도르 제리코의 〈메두사의 뗏목〉이 전시되어 있다. 이 그림은 잘 알려진 대

럼 출현된 것이며, 따라서 증상 자체의 제거를 완치라고 가정할 경우, 완치는 주체성 자체의 소멸을 의미하게 된다. 주체성이 소멸된 상태는 결국 사유의 완전한 소외를 의미한다. 따라서 라깡 정신분석은 완치의 개념을 주체가 증상과 조화를 이루며 살아갈 수 있는 수준으로 정의하며, 이는 증상 제거가 아니다. 바로 이와 같은 관점은 다른 모든 정신의학의 경향들이 받아들일 수 없어 하는 문제적 지점이기도 하다.

테오도르 제리코Theodore Gericault, 〈메두사의 뗏목 *Le Radeau de la Méduse*〉(1818~1819),
루브르 박물관 소장.

로 당시 프랑스 사회를 뒤흔들었던 메두사 범선 침몰 사건을 다룬 작품이다. 메두사호라는 거대 범선이 침몰하여 백여 명의 사상자를 내는 과정에서 함장을 비롯한 항해 책임자들은 승객의 대부분을 구성하고 있었던 하급 선원들의 생명을 구하는 대신 자신들의 목숨을 부지하는 데 바빴다. 이후 프랑스는 책임자들에 대한 증오와 비난 그리고 사상자들에 대한 애도의 사회적 파장 속에서 격렬하게 동요한다. 이 사건에서 영감을 얻은 제리코는 고대의 신화적 소재를 다루는 당시 회화의 전통으로부터 과감히 벗어나 시사적인 주제를 다루는 파격을 보여주었는데, 그보다 우리의 흥미를 끄는 것은 그림의 구성이다. 제리코는 멜랑꼴리의 파괴적 충동으로부터 승화가 가능할 수 있는 과정과 단계들을 정확하게 보여주고 있기 때문이다. 그림을 보면서 설명을 이어나가도록 하자.

그림은 메두사호가 좌초한 이후 탈출을 시도하던 생존자들이 임시 뗏목을 만들고 표류하며 구조를 기다리던 최후의 장면을 재현하고 있다. 제리코는 이 그림을 그리기 위해서 메두사호의 실제 생존자 두 명을 인터뷰하며, 조난의 상황을 정확히 재현하기 위해 상당한 노력을 기울인다. 배가 좌초한 당시에 뗏목을 붙잡고 표류하던 최초의 인원은 147명이었고 이들 중 15명만이 구조되었다. 증언에 의하면 뗏목에 남아 있던 식량 중에는 포도주가 상당량 있었는데, 이를 마시고 취한 선원들이 서로를 살해하거나 부상당한 자들을 바다에 내던지는 폭력과 광기의 시간이 16일간 이어졌고, 그 와중에 동료의 시체를 식인하는 사태까지 벌어진다. 제리코에게 이 모든 사건의 정황들은 극한 상

〈메두사의 뗏목〉 세부.

황에서의 생존의 처절함이라는 낭만주의적 드라마의 전형이자, 나아가서 인간의 존엄성에 대한 환상의 베일이 남김없이 벗겨진 허무주의적 현실을 폭로하는 사건처럼 보였다.

처절했던 순간들을 이미지로 재현하기 위해서 제리코는 단계적인 방식으로 사건에 접근하고 있다. 먼저 그림의 가장 아랫부분에 주목해보자. 뗏목과 바다의 경계에 걸쳐 있는 네 구의 시체가 눈에 들어온다. 제리코는 이들 시체의 피부색과 경직된 근육의 특성을 관찰하기 위해 시체 안치소를 드나들며 습작을 했다고 한다.

그렇게 해서 그려진 그림의 이미지 중에서 가장 처절한 부분은 왼쪽 두 구의 시체와 아버지의 이미지이다. 가장 왼쪽에 하반신이 없는

알브레히트 뒤러Albrecht Dürer, 〈멜랑꼴리아*Melancolia*〉(1514), 안할티셰 화랑 소장.

시체의 이미지는 인육을 먹었던 당시의 광기를 숨김없이 표현하고 있다. 술기운과 공포가 뒤섞인 광기 속에서 생존자들은 도덕적 한계를 넘어서고 있었다. 반면 오른쪽에 그려진 아들의 시체와 이를 내려다보는 듯한 혹은 무엇도 바라보지 않는 듯한 아버지의 이미지는 인간에 대한 환상이 남김없이 파괴된 후의 세계를 바라보는 한 남자의 시선, 정확히 멜랑꼴리의 응시를 표현한다. 그런 의미에서, 작품의 왼쪽 하단부를 구성하는 피라미드 구도는 절망과 환멸의 멜랑꼴리적 삼각형이라고 부를 수 있으며, 그 꼭짓점(아버지의 응시)에 위치한 멜랑꼴리적 주체의 환멸은 세계 허무의 정점이라고 할 수 있다.

    제리코가 멜랑꼴리의 허무주의적 시선을 표현하기 위해 뒤러의 수백 년 전 판화 이미지를 참고했음은 쉽사리 짐작된다. '멜랑꼴리아'라고 이름 붙여진 뒤러의 이 작품 역시 세계의 진리를 알아챈 존재의 고독을 표현하고 있기 때문이다. 물론 세계의 진리가 무엇이었느냐의 여부에 따라서 고독의 유형이 달라지는 것은 사실이다. 만일 고전주의자로서의 고독이었다면, 그 자신만이 영원하며 초월적인 진리를 알고 있고, 그럼으로써 고독은 일종의 특권이 될 수 있다. 그러나 정신병리학적 차원에서의 멜랑꼴리는 허무주의적 진리의 발견자일 뿐이다. 이 순간의 고독은 결국 자살 직전의 고독이며, 살아가야 할 이유를 더 이상 발견할 수 없다는 절대절명의 허무적 진리와 직면한 자의 고독이다. 아마도 이것은 19세기 낭만주의가 깨닫게 된 진리의 민낯에 대한 최초의 고백적 이미지일지도 모른다.

한편, 그림을 준비하던 초기의 제리코는 보다 절망적이었던 같다. 그가 이 작품을 위해 준비했던 습작들에는 오직 멜랑꼴리적 허무주의의 이미지만 존재하기 때문이다. 다음 페이지의 그림 역시 루브르 박물관에 소장된 제리코의 습작화인데, 여기서 발견되는 것은 오직 폭력과 죽음의 파괴적 이미지들뿐이다. 여기에는 어떠한 승화의 가능성도 존재하지 않는다. 만일 이것이 전부였다면 제리코의 작품은 멜랑꼴리적 세계관만을 표현하는 19세기의 가장 어두운 그림이 되었을지도 모른다. 그러나 화가는 비극적 이미지 위에 승화의 단계를 도입함으로써 나름의 희망을 표현하려고 시도한다. 그것이 바로 〈메두사의 뗏목〉 상단의 또 다른 두 개의 피라미드 구도이다.

작품의 왼쪽으로부터 오른쪽으로 단계적으로 피라미드 구도가 전

테오도르 제리코, 〈메두사호에서의 식인*Cannibalisme sur le radeau de la Méduse*〉(1818-1819), 루브르 박물관 소장.

개되고 있는 것이 보인다. 최초의 피라미드는 절망과 멜랑꼴리의 내용을 표현한다. 그다음 위쪽의 피라미드는 광풍에 위태로운 돛대 아래 몸부림치는 인간 군상들에게서 삶의 충동과 죽음 충동이 교차되는 것을 묘사한다. 그러나 이것은 아직 승화가 아니다. 삶은 여전히 휘몰아치는 충동의 폭력에 내맡겨져 있기 때문이다. 진정한 승화가 비로소 실현되는 것은 마지막 오른쪽 피라미드의 꼭짓점에서이다.

보다 선명한 이해를 위해서는 각 피라미드의 꼭짓점들이 무엇을 드러내고 있는지에 주목해야 한다. 최초 피라미드의 꼭짓점은 절망한 노인의 얼굴을 드러낸다. 그다음 피라미드의 꼭짓점은 뗏목을 흔들어 파멸로 몰아가거나 혹은 구원의 장소로 데려갈 바람이며, 그것에 찢

〈메두사의 뗏목〉에 나타나는 세 개의 피라미드 구조.

겨질 듯 펄럭이는 돛이다. 그 아래 인간들은 좌절과 희망이 오가는 혼돈 속에서 요동친다. 마지막으로 가장 오른쪽 피라미드의 꼭짓점은 당시에는 노예로 취급받던 흑인과 그의 손에서 구조 요청을 위해 나부끼는 흰 천 조각이다. 이것은 희망의 표현인 동시에 또한 가장 정교한 프로이트적 승화의 표현이기도 하다.

　세 개의 꼭짓점들에 포착된 이미지들이 순차적으로 표현하는 것은 정확히 다음과 같다. 1. 멜랑꼴리의 단계로부터 2. 욕망이 부활하고, 그렇게 되살아난 욕망의 불꽃이 3. 추상적 기표에로 개방되는 과정. 이러한 이미지 전개는 어떻게 욕망할 것이 아무것도 남아 있지 않은 삶의 비참한 황무지로부터 동요가 일어나고, 그러한 마음의 흔들림의 불씨를 추상적 가치의 차원으로 연결시킬 수 있는지를 암시하고 있지 않은가? 놀랍게도 당시 26세에 불과했으며, 이제 막 화단에 등단한 젊은 화가 제리코는 이미 멜랑꼴리와 우울증의 병리적 단계와 극복의 가능성에 대한 수준 높은 통찰에 도달하고 있었던 것이다.

잘 알려진 대로 제리코는 심각한 우울증 발작 증세를 앓고 있었다. 회화는 그런 그에게 일종의 치료 역할을 해주고 있었으며, 〈메두사의 뗏목〉은 바로 그러한 승화의 치료적 기능을 암시하는 흔적을 보여주고 있다.[11] 작품의 이 같은 흔적들을 참고하면서 멜랑꼴리 치료에 대한 해석을 펼쳐보면 다음과 같다. 즉, 멜랑꼴리의 구조에서 필요한 것은 신화이며, 이 하얀 마술의 불꽃이 꺼지지 않도록 보존하는 것이 환자와 치료자의 공동 목표가 된다. 물론 환자는 자신의 상징계 시스템을 통해 안정적인 신화를 만들어낼 수 없는 난관에 처해 있을 것이다. 그 또는 그녀에게 세계는 환상의 베일이 만들어질 수 없는 무기력의 황무지이기 때문이다. 그런 의미에서 분석가는 환자의 황무지에 신화의 바람을 불어넣어야 한다. 분석가의 몇 마디 말 속에서, 또는 분석가가 환자의 말로부터 끌어내어 강조하거나 의미 부여한 문장들을 통해서 따스한 욕망의 바람이 일어날 수 있도록 유도해야 한다. 이러한 실천 속에서 극단적으로 조심해야 하는 것은 환자가 신경증자가 아닌 정신병자라는 사실을 유념하는 것이다. 따라서 환자가 자신만의 신

---

11 제리코가 주기적인 우울증 발작을 앓고 있었으며, 그를 치료한 의사가 조르제 박사였다는 사실은 잘 알려져 있다. 특히 제리코가 그린 〈광인〉 연작은 치료를 위해 조르제 박사에 의해 제안되어 작업된 작품들이다. 미술 작업을 통한 승화적 치료의 가능성은 이미 그 당시에도 고려되고 있었던 것이다.

화와 망상을 만들어내는 과정에서 그 내용이 부정적이며 공격적인 방향으로 흘러가지 않도록 통제하는 것이 아주 중요해진다. 바로 이러한 통제가 〈메두사의 뗏목〉의 마지막 피라미드 꼭짓점 이미지의 교훈이다. 제리코는 식인조차 허용된 삶의 참혹한 무의미와 폭력으로부터 마지막 희망의 깃발을 들어올리는 존재를 흑인으로 그려 넣었다. 이것은 당시의 세계를 지배하던 인종차별을 비롯한 모든 종류의 죽음 충동에 대해서 가장 보편적인 가치인 평등의 이미지로 대답하는 관점을 보여주고 있다. 이는 멜랑꼴리의 허무라고 하는 텅 빈 '공백의 기표'로부터 평등이라고 하는 또 다른 '텅 빈 기표'로 화답하는 승화의 방식이다.

여기서 우리는 멜랑꼴리의 치료가 단지 또 하나의 신화를 만들어내면서 욕망을 되살리는 과정만으로는 불충분하다는 사실을 알게 된다. 중요한 것은 그렇게 되살려진 욕망이 흔들리지 않도록 고정점을 설정해줄 수 있어야 한다는 사실이다. 그와 같은 고정점의 역할은 오직 추상적 기표들만이 수행할 수 있는데, 여기서 기표의 추상성이란 개방성을 의미한다. 사랑, 평등, 박애, 우정, 모정, 부정 등의 단어들이 바로 그와 같은 추상적 기표들이다. 이들은 인간이 발명해낸 개념들 중에서 흔들리지 않는 보편성을 획득한 것들이며, 멜랑꼴리의 욕망의 불꽃이 위태롭게 흔들릴 때마다 환자에게 다시금 욕망의 방향성을 제시하도록 허용하는 개방성을 가진 기표들이다.[12] 또한 기표의 이

---

12 상징계의 안정적인 기능을 위해 여기서 제시된 고정점의 개념은 후기 라깡이 제임스 조이스의 『율리시즈』를 분석하면서 언급했던 '증환(sinthome)'의 기능과 비교될 수 있다. 만일 정

와 같은 보편적 선善의 기능은 멜랑꼴리 환자를 위협하는 초자아의 포악함을 중화하는 데에도 결정적인 역할을 해줄 것이다.

일반적으로 멜랑꼴리 환자들은 삶의 토양을 비옥하게 해줄 환상과 신화의 결핍을 겪는 동시에 환자의 자아를 비난하고 파괴하려는 강력한 초자아를 가진 주체이다. 여기서 환자를 비난하는 초자아가 강력해진 이유는 환자의 충동이 신화에 의해 각색되고 은폐되는 기능이 무화되어 있기 때문이다. 환자의 숨겨지지 않는 충동은 역설적이게도 환자 자신의 초자아를 분노케 하는 원인이 된다. 만일 환자가 이러한 초자아의 공격에 자기 비난의 형식으로 반응하며 자기 파괴를 시도하려 한다면, 보편적 선의 기표들은 바로 이러한 초자아의 분노를 중화하는 역할을 수행할 수 있다. 분노하는 신에 대해서 인류가 할 수 있었던 가장 효과적인 방어는 신에게 말하도록 하는 것, 즉 십계명을 창조해내도록 하는 것이지 않았는가? 인간의 욕망을 무작정 비난하는 신이 아니라 언어적인 방식으로 보편적 선의 방향성을 제시하는 신의 존재는 인류가 감당할 수 있는 신이다.[13] 모든 종교가 초자아를

신병이 상징계와 상상계와 실재의 연결 불가능성으로부터 발생한다면, 정신병적 주체 자신에 의해서 발명된 고정점으로서의 증상인 증환은 폐제된 아버지의 이름을 대신하는 사후적 작업의 결과물이다. 멜랑꼴리의 치료에서도 바로 이러한 새로운 이름, '증환'과 이로부터 시작되는 새로운 글쓰기의 시도가 참조될 수 있다.

13 『에크리』의 「사드와 함께 칸트」에서 라깡은 아브라함의 하느님, 즉 비이성적, 비언어적 신의 공포에 대응하는 칸트의 '순수이성적' 반응을 언급한다. 초자아의 폭력적 명령에 대항하는 자아의 최종적 방어 수단은 언어적 합리성인데, 라깡은 바로 이것의 나약함을 칸트의 경우를 사례로 설명하고 있다. 그럼에도 초자아의 폭력에 대응하는 유일한 수단은 보편적 기표 연쇄의 개방성뿐이라는 사실에는 변함이 없을 것 같다.

이미지화하면서 출현하고 있었다면, 보편화를 추구하는 종교의 성공의 열쇠는 바로 말씀의 보편적 가치에 달려 있다. 구약이 신약으로 도약하기 위해서 필요했던 '사랑의 담론'이 바로 그 전형적인 사례이다. 만일 멜랑꼴리의 병리학에서 가장 파괴적인 기능을 하는 것이 환자의 초자아의 폭력이었다면, 이것을 중화하는 유일한 방법은 그러한 폭력을 보편적 선의 기표로 개방하여 충동이 아닌 욕망의 질서 속에서 말해지고 사유될 수 있도록 하는 것이다. 바로 그와 같은 차원에서 프로이트가 종교의 기원을 강박증으로 설명하는 것은 또 다른 타당성을 획득한다. 불안의 대상인 초자아에 대해서 강박증자들은 사유와 언어의 방어막을 통해 그 폭력을 비켜가려고 시도한다는 의미에서 종교는 초자아를 언어적으로 포획하려는 강박증적 시도이다.

물론 멜랑꼴리 환자 스스로는 포악한 초자아에 대해서 강박증적 언어의 승화를 수행할 수 없거나, 아주 드물게만 그렇게 한다. 왜냐하면, 다시 한 번 강조하건대, 환자의 상징계는 불완전하기 때문이다. 그렇다면, 환자에게 필요한 것은 바로 이러한 승화를 도와줄 수 있는 조력자 또는 비서이며, 의사가 해야 하는 역할이 바로 이것이다. 그렇다고 해서 의사가 사제나 윤리 선생과 같은 역할을 해야 한다는 말은 아니다. 오히려 의사는 자신이 또 다른 초자아의 형상이 되는 것을 막아야 한다. 의사는 메두사의 뗏목의 두 번째 삼각형의 역할 정도를 할 수 있으면 된다. 환자의 마음에 바람을 일으키는 역할, 그러한 바람이 보편적 선의 방향으로 흐를 수 있도록 하는 돛의 역할 말이다. 그런 의미에서 멜랑꼴리의 치료에는 단지 '언어 치료'만이 유일한 선택은 아닌 것 같다. 환자에게 욕망의 바람이 일어날 수 있다면 그것은 그림 치료, 음악 치료, 문학 치료 등의 형식을 취할 수 있다. 물론, 이 모든 치료의 과정에서 언어의 역할이 근본적 토대가 되어야 한다는 라깡주 의적 원칙이 지켜지는 한에서 그렇다.

이제까지 살펴본 멜랑꼴리의 특성과 그 치료로서의 승화[14]에 관한 분석들은 우리에게 하나의 명백한 교훈을 남겨주는데, 그것은 세계와 우리 자신의 자아가 신화적 기능의 산물이었다는 사실이며, 만일 그 와 같은 신기루에 의해 보호받지 못한다면 붕괴되어버릴 너무도 나약 한 모래성에 불과하다는 사실이다. 비대해진 뇌 구조와 그에 못지않 게 확장된 문화적 다양성들은 인간의 정동을 생물학적인 차원에서는 감당할 수 없을 만큼 팽창시켰고, 우리를 지배하는 신화의 통제가 아 니라면 감정의 그와 같은 팽창에 인간은 질식해버릴 것이다. 바로 그 런 의미에서 1장과 2장에서 다룬 (강박증과 히스테리라는) 신경증의 두 양상은 정동에 대한 방어의 두 양상인 동시에 또한 그것의 기능장 애이기도 하다. 한편 이번 장에서 다룬 멜랑꼴리는 신화의 방어적 성 벽을 쌓을 수 없었던 사람들의 이야기이다.

1장의 마지막에서 다룬 다이달로스의 미궁 이야기에 빗대어 말한 다면, 멜랑꼴리는 미로 없는 황무지로 풀려난 죽음 충동-미노타우로 스에 겁먹은 정신병적 주체가 두려움과 절망 속에서 스스로를 목 졸

---

14 여기서 말하는 프로이트적 승화의 개념은 성적 리비도가 자아-초자아가 허용할 수 있는 다른 대상으로 전환되는 프로이트 초기 승화 이론이나, 혹은 후기의 탈성화 이론에 초점을 맞 춘 것이다. 이후 신경증에서의 우울증 극복을 위한 승화의 개념에서는 승화에 대한 라깡의 보 다 정교한 해석을 따라갈 것이다.

라 살해하는 상황에 다름 아니다. 따라서 멜랑꼴리 환자를 다루는 의사의 역할은 정확히 다이달로스의 그것이 된다. 의사는 환자의 욕망이 때로는 길을 잃지만 가능하면 확신에 찬 모습으로 걸음을 옮길 수 있는 미로를, 일종의 매혹적인 미로를 환자와 함께 건설하는 조력자의 역할을 떠맡아야 한다. 달리 표현한다면, 의사는 환자의 욕망의 민낯을 가리는 베일을 짜는 직조공의 역할을 떠맡는다. 삶이 남김없이 발가벗겨진 뼈와 살의 참혹한 모습이 아니도록 충동의 신체 위에 천을 입히고 베일을 두르는 과정이 곧 멜랑꼴리의 치료이며, 그러한 욕망의 옷을 입은 주체가 사회 공동체 내에서 자신의 좌표를 확인하고 또한 그에 대한 나름의 인정을 획득할 수 있는 단계로까지 프로이트적 승화를 진행시키는 데 도움을 주는 것이 치료의 절차일 것이다. 그런 의미에서 멜랑꼴리의 치료는 단지 자살과 같은 극단적 선택을 막는 것에 만족해서는 안 된다. 그런 목적에 한정한다면 약물 치료로 족할지도 모른다. 환자의 삶이 가족과 사회 공동체 내에서 자신의 자리를 확보하는 순간까지 도달하도록 관리하는 치료에는 보다 광범위한 접근과 노력이 필요하다. 멜랑꼴리의 치료는 그런 방식으로 환자를 생물학적 대상이 아닌 사유하는 주체로 간주할 때 라깡학파의 정신분석이 주장하는 주체로서의 인간 개념에 더 근접하게 된다.

그런 의미에서, 정신병적 멜랑꼴리와 신경증적 우울증(이하 우울증으로 통일)의 치료에는 일정 수준의 유사성이 있다. 둘 모두 베일의 창조, 신화의 건설, 미로의 설치가 전제되기 때문이며, 이를 통한 프로이트적 승화의 단계가 목적지로 간주되기 때문이다. 그럼에도 우울증자에게는 멜랑꼴리 환자의 치료 방식에 덧붙여 또 다른 조치들이 요청된다. 왜냐하면 우울증자는 멜랑꼴리 환자에게는 없는 부정의 능력이 존재하기 때문인데, 이는 신화를 믿지 않는 병이다. 간단히 말해서, 신경증적 구조 내부에서의 우울 증세는 세계의 허무를 이해한 자들의 증상이다. 만일 멜랑꼴리 환자들이 '이해할 수 없음'의 무기력 속에서 허무의 땅에 도달한 자들이라면, 우울증자들은 그들의 놀라운 이해력을 통해 신화와 환상과 미로의 허구를 거부하는 자들이기 때문이다. 이들은 때로는 아무런 경험도 없이 단지 직관으로 모든 신화의 허구성을 이해하고 허무에 도달한다. 혹은 외적인 삶의 비극적 경험들이, 실패와 좌절들이 주체에게 허무주의의 교훈을 우울증의 형태로 가져다준다. 또는 강박증과 히스테리의 내적인 심리 경험들이 그 또는 그녀를 좌절로 몰아넣은 나머지 주체는 이제 아무것도 신뢰하지 않는 심리적 황무지에 버려지게 된다. 우울증의 주체는 그렇게 아무것도 믿지 않겠다는 '확고한 이해' 속에서 삶의 쾌락들을 거부하기 시작한다. 그들은 사건의 시작부터 그것이 비극이라는 사실을 이해한 소수의 신경증자들인 것이다. 따라서 그들은 베일을 거부하는 주체들이다. 만일 이들에게 승화의 단계를 제안하고 유도한다면 이렇게 말할 것이다. "그게 다 무슨 소용인가요? 어차피 다시 무너질 모래성인 걸 이미 알고 있는데 말입니다. 선생님도 그걸 모르시진 않을 테지요?" 이처럼 철학적이면서도 날카로운 지적에 도대체 어떤 분석가나 의사가 제대로 된 반박을 할 수 있을까? 이 모든 삶의 모순과 부조리에도 불구하고 자살하지 않고 살아가야 할 이유를 누가 말해줄 수 있을까? 그가 정직한 사람이라면, 그리고 최소한의 교양을 지닌 사람이라면, 삶의 모든 현상들이 신기루에 불과하다는 사실을 어떻게 부정할 수 있을까?

이미 언급했던 것처럼 멜랑꼴리 환자에게 있어서 자살은 일종의 사유의 정지 속에서, 즉 충동의 차원에서 실행된다. 반면에, 진지한 우울증자의 경우 자살은 명석한 판단과 철저한 계산 속에서 계획되고 실행된다. 그렇기 때문에 결심이 확고히 선 우울증자의 자살을 예측하거나 가로막는 것은 훨씬 어렵다. 환자는 자신의 삶과 죽음에 대해 이미 완결된 결정을 실천에 옮기고 있기 때문이다. 어떤 의미에서, 여전히 환상에 빠져 앞을 보지 못하는 것은 우리 쪽이며, 환자에게는 모든 것이 명백히 보이고, 그래서 계산 착오와 오류는 환자가 아닌 우리 쪽의 특성이다. 아마도 진지하며 그래서 심각한 신경증적 우울증세를 치료하는 것의 어려움은 바로 이와 같은 사실에 있다. 환자는 알고 우리는 모르는 세계의 진리가 치료를 가로막고 있는 것이다. 어떻게 더 총명한 자의 정신을, 더 정확히 보는 자의 마음을 치료할 수 있겠는가? 그런 의미에서 분석가는 오류를 도구로 환자를 치료할 수밖에 없는 모순에 처한 존재다. 혹은, 분석가는 환자의 진리에 대한 명석함이 또 다른 기표나 환경의 영향 속에서 흐려지기를 조작하고 시도하는 일종의 사기꾼 역할을 떠맡는다. 쉽게 말해서, 자살 경향을 가진 우울증 환자의 치료는 신경증의 하얀 거짓말을 '다시 한 번', '그럼에도 불구하고' 믿도록 만드는 일종의 마술이다. 그리고 이 거짓말을 라깡의 정신분석에서는 욕망이라고 부른다. 그러나 어떻게?

환멸, 욕망의 0도

신경증적 우울증세를 묘사하는 가장 적절한 단어는 '환멸désillusion'이다. 이는 삶의 '환상illusion'이 소멸된 상태를 의미하며, 정신분석에서는 '환상의 횡단traversée du fantasme'이라고 부르는 특정한 과정 이후에 찾아오는 욕망의 소진 상태를 예로 들 수 있다. 욕망이란 언제나 대상에 대한 욕망이므로, 이러한 대상들의 순환 질서를 유지해주던 환상의 구조에 등을 돌린 주체는 환멸의 황무지에 내던져질 수밖에 없다. 특히 임상분석은 환자가 자신의 쾌락에 대해서 의존하던 구조와 증상들의 정체를 스스로 알아가도록 하는 과정에 다름 아니므로, 분석의 후반기에 찾아오는 환멸과 우울은 필연적이다.

환자는 분석을 시작하면서 키워나갔던 분석가와 자신의 전이적 관계의 신화가 어린 시절 자신을 사로잡았던 부모-타자에 대한 종속적 관계의 반복에 불과하다는 사실을, 그리하여 자신의 삶 전체가 이러한 환상적 구조에 의존하고 있었다는 사실을 환멸 속에서 이해하게 된다. 특히 환자는 분석가의 유도 속에서 무의식의 심연에 자리 잡고 있는 '근본환상fantasme fondamental'과 만나고 그 자신의 성충동과 자아에 관련된 신화의 허구성과 대면한다. 일상적인 표현을 쓰자면, 환멸은 한 개인을 둘러싼 세계가 단지 의식의 차원에서만이 아니라 무의식의 심급에 이르기까지 모두 거짓이었다는 자각 속에서 찾아오며, 나아가서 이러한 환영적 구조 없이는 환영에 대한 자각조차도 불가능하다는 절대적 소외의 인식으로 심화된다.

그런 식으로 주체는 이제 더 이상 욕망할 어떤 대상도 가질 수 없는 욕망의 0도로 진입한다. 여전히 힘을 발휘하는 초자아의 압력 속에서 주체는 옴짝달싹할 수 없는 마음의 폐쇄성, 즉 고독을 견뎌야 한다. 이러한 고독은 거의 물리적인 힘을 발휘하여 주체의 신체를 짓누를 것인데, 그들이 속한 세계의 중력은 상상할 수 없는 무게로 그들의 신체를 고독의 심연으로 끌어내리기 때문이다. 그런데 이와 같이 분석되는 고독의 상황들은 우리 모두가 인생의 기나긴 항로에서 한 번쯤은 만났을 우울의 암초들을 묘사하는 것 이상도 이하도 아닐 것이다. 우울과 환멸에 대한 담론들은 멜랑꼴리의 정신병리학이나 19세기를 떠들썩하게 만들었던 낭만주의 문학의 전유물이 결코 아니기 때문이다. 그것은 견고한 일상의 현실이다. 어린 시절 부모 중 누군가의 고통으로 어두워지는 집안 전체의 검은 공기 속에서, 마음을 닫아버린 아내나 남편의 침묵 속에서, 스스로도 어쩌지 못하고 허우적거리며 가라앉게 되는 자신에 대한 환멸 속에서 체험되는 현실이다. 그렇게 우울은 세상을 조금씩 갉아먹는, 그리하여 마침내 거대한 범선을 침몰시키고야 마는 가장 현실적인 심리의 힘이다. 어떻게 이 괴물로부터 벗어날 수 있을까?

답을 찾기 전에 우리는 그것이 불가능해 보이는 이유부터 말해야 한다. 우울의 정동이 우리를 그토록 쉽사리 잠식하여 고독 속에 유폐시키고, 그로부터 벗어나는 것을 불가능하도록 만드는 이유는 애도의 불가능성에 있다. 그러나 이것은 정신병으로서의 멜랑꼴리에서 애도가 불가능했던 것과는 전혀 다른 이유에서이다. 정신병에서는 상징계-언어 시스템 자체가 제대로 기능하지 않기 때문에 애도가 불가능했다면, 신경증에서의 우울이 애도를 실행할 수 없는 이유는 존재하는 애도의 레파토리들에 신물이 났기 때문이다. 신경증의 우울에서는 우울 이전에 이미 환멸의 단계가 존재했기 때문이다. 그곳에서 주체는 어떤 방식으로든 환상을 횡단했으며, 타자의 언어로 자신이 노래하던 애도의 노래들이 어떻게 자신을 가장 은밀한 방식으로 속이고 있었는지를 알아챘기 때문이다.

바로 그런 이유로, 극심한 우울의 상태는 모든 애도의 시도를 거부한다. 우울증자들은 신경증의 가장 놀라운 능력인 은유의 기능, 문장을 연쇄시키는 마술을 통해 삶을 신화화하는 데 더 이상 참여할 것을 거부한다. 그런 식으로 우울증의 주체는 세계에 대한 "입장권을 정중히 반납"[15]하는 것이다. 만일 누군가 우울증자에게 삶의 가치들에 관한 이야기로 그를 설득하려 한다면, '지상의 양식'에 관한 이야기로 다시 삶의 한가운데로 나설 것을 권유하려 한다면, 그는 이렇게 말할 것이다. 욕망에 관한 당신의 모든 담론들이 흘러나온 장소가 타자의 제국이라는 사실을 어째서 알지 못하는 것이냐고, 바로 그 타자가 당신의 불행의 원인이기도 했다는 사실에 어떻게 무지할 수 있느냐고 말이다. 한 인간의 인생을 애초에 결정짓고, 한 줌의 충동과 욕망을 미끼로 헛된 유혹을 반복하는 것은 모두 형상 없는 타자, 그럼에도 모

---

15 문학 속에 등장하는 가장 위대한 우울증자들 중 하나인 이반 카라마조프는 도스토예프스키의 『카라마조프 가의 형제들』의 주요 등장인물이다. 그가 설명하는 일화 속에서 "천국으로의 입장권을 정중히 반납"함이라는 이야기를 참조할 것.

든 것을 지배하는 타자의 권력인 것을 어떻게 외면할 수 있느냐고 말이다. 은밀한 동시에 결정적인 방식으로 우리의 삶을 이끌어가는 욕망의 민낯이 그토록 굴욕적인 소외의 결과물이었음을 정말로 잊을 수 있을까? 그리하여 환상의 횡단 뒤에 들어선 환멸의 울타리를 다시 한 번 횡단할 수 있을까? 즉, '횡단을 횡단'할 수 있을까?

이에 대해서 누군가는 망각을 이야기할 수도 있다. 인간은 쉽사리 잊는 존재라고, 그렇게 해서 삶이란 사는 것이 아니라 살아지는 것이라고. 그러나 이는 신체적 자살을 정신적 자살로 대체하는 미봉책에 불과하다. 그것은 횡단을 횡단했다기보다는 횡단에서 다시 소외로 퇴행했음을 의미하며, 주체는 머지않아 이러한 퇴행에 대한 책임을 자기 자신에게로 돌리면서 또 다른 환멸의 심연으로, 그리하여 반복되는 더욱 심각한 우울증의 발작으로 던져질 뿐이다. 현대인의 사망 원인 중 자살이 언제나 상위에 랭크되는 것은 결코 우연이 아니다. 그 원인이 진정한 절망에 있건, 타자에 대한 원망과 호소에 있건, 자살은 모두 타자에 의해 식민화된 자신의 욕망의 지대에 대한 환멸로부터 기인한다. 만일 우리가 환멸과 우울의 이토록 치명적인 공간으로부터 벗어나기를 원한다면, 그러한 벗어남이 인간에게 요구되는 가장 근본적인 윤리적 실천임을 이해하기를 원한다면, 절망에 관한 보다 정교한 탐사가 필요할지도 모른다. 모든 것의 원점인 허무의 지점, 욕망의 0도로부터 승화의 가능성을 타진해봐야 하기 때문이다.

라깡적 승화

루브르 박물관에 소장된 카라바조의 〈성모의 죽음〉은 그곳에 전시된 많은 작품들 중에서 단연코 가장 우울한 그림이라는 인상을 준다. 드 농관 1층의 8번 방을 방문한 관람자들은 어둡고 침울한 이 그림 앞에서 걸음을 멈추고, 화가의 의도를 의심한다. 어째서 이토록 우울한 이미지를 그려낸 것일까?

제목이 암시하듯 그림은 성모 마리아의 죽음을 묘사하지만, 이 작품에는 동일한 주제의 다른 많은 작품들에서 보여지는 신비적 묘사나 장식이 없다. 그곳에는 단지 창백하게 부풀어 오르기 시작한 누군가의 시신이 있으며, 격렬하지도 드라마틱하지도 않은 슬픔이, 담담한 애도가 있을 뿐이다. 이는 우리에게 친숙한 애도의 형식은 아니다. 예수의 어머니이며, 성처녀이며, 삼위일체의 한 축을 이루며, 바로 그런 의미에서 모두의 어머니인 성모 마리아의 죽음에 대해서 우리가 알고 있는 애도의 형식은 영광과 성스러움이 아닌가? 성모의 죽음을 애도하는 교회의 형식은 육신의 죽음이라는 참혹함을 훌쩍 넘어서는 천상의 거룩한 노래였다. 그러나 카라바조는 이 모든 애도의 규범을 거부하고 있다. 카라바조는 거리의 창녀 또는 심지어 익사한 시체를 모델로 하면서(이것이 당시 무성했던 소문이며 우리가 이것을 믿지 않을 그 어떤 논박의 가설도 존재하지 않는다), 성모의 존재를 감싸고 있는 모든 '신화적' 요소를 걷어낸다. 화가는 그저 한 여인의 죽음 그 자체를 그리려 했다. 마치 우리 자신이 스스로의 육신과 죽음에 관해 유지해오던 모

카라바조Caravaggio, 〈성모의 죽음*Morte della Vergine*〉(1604-1606), 루브르 박물관 소장.

든 환상을 걷어낸 뒤에 그저 고깃덩어리로서의 신체를 보는 순간처럼, 카라바조는 신화 없는 세계에 던져진 마리아의 시신을 그려내려고 했다. 이토록 담담한 우울 속에서 성모의 죽음을 묘사한 그림은 이전에도 이후에도 미술사에 등장하지 않는다. 그림을 주문했던 산타 마리아 델라 스칼라 교회의 수도사들은 결국 이 그림을 거부하고 돌려보내기에 이른다. 그리고 카를로 사라체니라는 또 다른 화가로부터 동일한 주제의 그림을 다시 주문해 성당 장식을 완성한다.

사라체니의 그림을 보는 것만으로도 우리는 카라바조의 그림이 당시 회화의 애도 형식으로부터 얼마나 벗어나 있었는지 확인할 수 있다. 또한 카라바조가 바라보는 종교적 사건의 형상이 우리의 우울증 분석에 얼마나 접근해 있는지 역시 깨닫게 된다. 사라체니의 성모는 죽었으나 죽은 시체의 형상을 하지 않았다. 왜냐하면, 인간의 신체는 영혼을 담는 그릇이기 때문이다. 더구나 성모의 영혼은 가장 성스러운 것이므로 육체를 초월하는 이미지 속에서 그려져야 한다. 또한 그림에서 그녀를 둘러싸고 있는 성자들은 슬퍼하기보다는 놀라고 있는 모습이다. 왜냐하면, 성모의 머리 위에서 하늘이 열리고 천사들의 하프 소리와 노랫소리가 들려오고 있기 때문이다. 성모의 죽음, 어머니의 죽음은 바로 이런 식으로 애도되고 신화화되는 것이다. 그렇다면 이와 같은 애도의 방식을 화가는 어떻게 알게 되었는가? 혹은, 우리 자신이 상실해야 했던 어린 시절의 어머니의 욕망에 대한 기억을 신화화하는 팔루스의 의미화 기능은 어떻게 우리를 지배하게 되었는가?

카를로 사라체니Carlo Saraceni, 〈성모의 죽음*Morte della Vergine*〉(1610), 산타 마리아 델라 스칼라 성당 소장.

종교적 사건에 접근하는 사라체니의 애도 형식이 당대의 고정관념이라는 타자로부터 왔고, 마찬가지 방식으로 상실된 것에 대해서 은유하고 욕망하는 우리 자신의 신화적 세계관이 타자의 흔적에 기인한다는 사실을 우리는 알고 있으며, 카라바조도 나름의 방식으로 이를 간파하고 있었다. 그에게 당시의 모든 회화가 추구하는 성경 묘사의 방식은 그의 것이 아니었으며, 바로 그런 의미에서 전통을 따르는 것은, 타자의 언어로 자신의 상실을 애도하는 것은 부조리하게 보였던 것이다. 그러나 저항이 끝은 아니다. 오히려 시작일 뿐이다. 카라바조는 성모의 죽음이라는 사건에 대해서 당대의 고정관념에 의존하는 의미화를 거부하는 동시에 라깡이 승화의 기능이라고 말하는 특별한 단계로 이미지를 끌어가고 있기 때문이다.

다시 카라바조의 그림을 보자. 그림 속에는 우리가 알아보고 관심을 가질 만한 성서적 의미의 흔적들이 극히 드물다. 17세기 당시의 관객이라면 더욱더 그러했을 것이다. 그들의 상식으로 이해하고 향유할 의미를 담은 이미지들이 그림 속에는 존재하지 않는다. 단지 제목이 그러했기에 죽은 시체를 성모 마리아로 이해할 수 있겠지만, 그마저도 확신을 가질 수 없다. 부풀어 오르기 시작한 창백한 시신을 성모에 관련된 이미지와 연결하려는 시도는 불경스러워 보이기조차 하다. 시체를 둘러싼 인물들의 묘사 역시 마찬가지다. 그 누구도 예수의 제자나 성인으로 암시될 만한 표식을 갖고 있지는 않다. 카라바조는 마치 그림으로부터 의미화의 가능성들을 털어내려는 듯 이미지를 담백하게 만들고 있다. 그림은 그런 식으로 의미의 전개를, 즉 기표의 연쇄

〈성모의 죽음〉 세부.

$(S_1 \rightarrow S_2)$를 정지시킨다.

일반적인 그림이었다면 그것을 보는 관객은 이미지들을 따라서 의미를 산출해낼 수 있어야 하는데, 이 그림은 바로 그것을 힘들게 만들고 있다. 그리하여 카라바조의 이미지가 도달하는 장소는 의미의 연쇄를 따라서 욕망이 흐르는 '대상 a'의 기능이 장애를 일으키는 공간이다. 의미화의 연쇄를 통해 이미지들의 감각적 특성을 중화하는 것이 전통 회화의 본질적 기능이라면, 이 그림에서는 오히려 반대의 현상이 일어나고 있는 것이다. 관객은 그림의 의미들의 순환이 정지되는 일종의 '의미의 진공 상태'에서 사건의 이미지 자체와 만난다. 그것은 아직 해석되지 않은 사건의 시간이다. 단지 한 여인이 죽었으며, 썩어가기 시작한 그녀의 시체 주위에는 애도하는 인물들이 엉거주춤 서 있을 뿐이다. 그들은 무어라고 말하며 애도하고 있는 것일까? 작가는 이를 설명하기 거부한다. 그곳에는 일종의 침묵이, 상징체계의 정지가 있다. 마치 자신의 상실에 대해서 애도할 말을 찾지 못하는 멜랑꼴리 환자의 우울증 발작의 순간처럼 말이다.

그러나 이 그림은 가장 결정적인 지점에서 멜랑꼴리의 우울증 발작과는 다른 면모를 드러내는데, 그것은 바로 아름다움이다. 성모의 죽음을 의미화 체계의 도움 없이 그려내면서도 카라바조는 사건이 비참과 참혹 속으로 흩어지지 않도록 자신만의 특수한 묘사 방식으로 붙잡고 있다. 바로 그런 의미에서 이 그림은 단지 한 여인의 시체를 애도하는 장면이 결코 아닌 것이다. 그림은 특수하게 재현된 애도 장면이면서 또한 상징체계에서 거세되지 않는 재현의 형식을 하고 있다. 이것이 바로 라깡이 말하는 승화의 단계가 아니라면 무엇이겠는가?

라깡은 진정한 승화란 대상을 '사물'의 위상으로 높이는 것이라고 말한다. 또한 승화는 억압 없는 만족이 가능한 어떤 상태라고도 한다. 그러나 승화는 충동과의 직접적인 대면은 결코 아니다. 왜냐하면, 충동과의 직접적인 대면은 강한 불안을 야기하며, 멜랑꼴리 환자에게서 보이는 초자아의 폭정을 불러올 것이기 때문이다. 따라서 우리는 다음과 같은 단계로 라깡적 승화를 간단히 설명해볼 수 있을 것이다. 즉, 승화란 대상 a의 단계에서 발생하는 의미화 연쇄의 체계가 정지된 순간이며, 바로 그런 의미에서 승화의 공간에서는 의미에 의한 충동의 억압과 연기라는 팔루스적 경제가 정지되어 있다. 그럼에도 승화는 주체가 자신의 충동과 직접적으로 만나는 것을 피하게 하는 기술이기도 하다. 즉, 승화란 충동과 욕망 사이의 공간에서 작동하는 특수한 기능이며, 욕망의 환상적 순환으로부터 벗어나는 동시에 충동의 폭력에 잡아먹히는 것에 방어하는 이중의 기능이다. 쉽게 말해서, 승화란 일종의 쾌락인데, 충동보다는 덜 파괴적이며, 욕망보다는 더 강렬한 것이다. 승화는 만족의 실현을 연기하지 않는다. 승화는 지금 이 순간의 만족을 보장한다. 그러나 이것은 또한 신경증자가 꿈꾸는 유토피아적인 주이상스, 상상적인 주이상스는 결코 아니다. 승화는 아주 단순한 만족을 가져다주는데, 바로 지금 이 순간 우리 앞에 있는 사물을 그 자체로 받아들이고 그로부터 충족감을 얻도록 할 뿐이기 때문이다. 그러므로 이것은 프로이트가 지속적으로 암시했던 사회적 수용으로서의 승화는 아니다. 우리가 멜랑꼴리 환자의 치료를 다루면서 언급했던 승화는 승화라는 개념이 가진 가장 보수적인 차원이며, 신경증적 우울증자라면 이것의 유치함을 아주 간단히 비웃어버릴 것이다.

카라바조의 작품 역시 그러한 프로이트적 승화와는 전혀 다른 승화를 보여주고 있으며, 그 증거로 우리는 그림을 본 당시의 기독교인이 신앙을 상실할 수도 있을 위험성을 지적할 수 있다. 카라바조의 그림은 의미와 욕망의 차원으로 수용되는 충동의 간접적 만족을 원천적으로 봉쇄하고 있기 때문이다. 그림은 관객이 이해할 만한 그 어떤 해석의 기쁨도 제공해주지 않는다. 오히려 당대의 관객이 자신이 속한 세계의 고정관념을 포기하지 않고서는 들어올 수 없는 완고함을 보여준다. 그림은 마치 성모의 죽음이라는 사건이 가진 의미의 진공 상태 또는 공백 그 자체라고 말할 수 있는 것의 마지막 외피를 드러내려고 시도하는 듯 보인다. 이 그림의 이미지들의 역할이란 공백을 은폐하는 테두리가 아니라 오히려 공백의 존재를 드러내는 최소한의 테두리이다.

그런 의미에서 이 그림은 1장에서 다루었던 강박증적 회화와 건축들이 수행했던 억압하는 테두리의 역할과는 정반대의 위치에 있다. 만일 욕망의 구조와 환상이 강박증적 특성 속에서 '사물'을 비켜가도록 하는 기능을 한다면, 라깡적 승화는 사물이 공백의 형식으로 흩어지지 않도록, 또는 초자아의 폭력으로 붕괴되지 않도록 조율하는 특수한 기술이며, 그런 식으로 드러나는 존재로서의 공백을, 사물을 직접 대면할 수 있도록 주체를 위치시키는 기술이다. 이것 앞에서 주체가 감내해야 하는 것은 타자의 흔적으로부터 형성된 그 자신의 고정관념의 파괴이며, 자아가 의존하던 사회적 좌표로부터의 일탈이다. 카라바조는 성모에 대해서, 성서에 대해서 알도록 강요받던 타자의 지식이 그림 앞에서 붕괴되는 것을 감수하는 관객의 존재를 가정하고 있기 때문이다.

승화에 대한 보다 직접적인 이해를 위해서 라깡이 든 예는 성냥갑이었다. 라깡은 1960년 1월 20일의 세미나에서 자신의 친구이자 시인인 자크 프레베르의 집을 방문했던 기억을 떠올린다. 프레베르는 성

냥갑을 수집하는 취미가 있었는데, 그날 라깡이 본 것은 그의 집 거실
벽에 붙여놓은 성냥갑들의 끝도 없는 나열이었다. 재미있는 것은 성
냥갑들이 모두 똑같은 종류였다는 사실이다. 동일한 모양의 성냥갑들
이 마치 사열 중인 병사들처럼 한 치의 오차도 없이 벽을 따라 나열된
모습을 기억하면서 라깡은 대상이 사물의 단계로 이행하는 과정이란
이런 것이 아닐까, 라고 가정한다. 쉽게 말해서, 성냥갑이라고 하는
대상은 의미를 가진 것이며, 욕망의 대상이 될 수 있는 위치에 있다.
우리는 그것으로 담배나 벽난로에 불을 지필 수 있다. 또한 성냥갑은
따스함이나 화재의 위험과 같은 다른 의미의 단어와 문장으로 은유-
전개되어나갈 수도 있는 상징계 내의 대상이다. 그런데 프레베르의
성냥갑들은 동일한 모양이 무한 반복되는 구조 속에서 더 이상 그와
같은 의미의 대상이 되기를 멈추고 있다. 그것들은 지속적인 반복이
라는 특수한 상황 속에서 의미를 털어버리고 하나의 사물 그 자체가
되며, 그것에 의미가 부여되기 직전의 시간을 출현시키고 있다. 라깡
은 바로 이 순간의 사물을 승화의 단계에 도달한 것으로 간주하는데,
흥미로운 것은 바로 이러한 대상의 사물화 전략이란 현대미술 속에서
가장 흔하게 발견되는 재현의 특수한 형식이라는 것이다.

예를 들어, 앤디 워홀의 모든 작업은 예외 없이 바로 이러한 대상
의 사물화를 겨냥하고 있다. 그의 작품들은 일상의 대상들이 가진 의
미화의 체계를 반복을 통해 무너뜨리고 그 너머에 있는 사물의 존재
그 자체를 드러내려는 경향을 보이기 때문이다. 〈캠벨 수프 깡통〉과
같은 류의 작품들이 보여주는 1차적인 국면은 욕망의 대상으로서의

캠벨 수프 깡통이 반복 속에서 스스로의 고유한 의미를 상실하는 과정이다. 이를 달리 말하면, 캠벨 수프 깡통은 의미화 체계이자 고정관념의 테두리라고 할 수 있는 상징계로부터 일탈하고 있는 것이다. 의미는 이제 더 이상 깡통이라는 사물과 주체 사이를 매개하는 안정적인 고리의 역할을 하지 못한다. 그러자 출현하는 것은 의미로부터 자유로운 텅 빈 이미지이다. 그런데 의미가 비워진 캠벨 수프 깡통 이미지는 역설적으로 깡통의 존재 그 자체를 드러낸다. 인간의 해석이 가해지기 이전 단계에 속하는 존재의 출현이 그것이다. 이는 욕망의 체계가 환상의 구조를 작동시키기 이전에 사물과 주체가 만났던 순간의 관계를 재현한다. 또는 어린아이가 충동의 대상(어머니)과 만났던 순간의, 거세 이전의 대상관계를 재현하고 있다고 말할 수도 있다. 그러나 이것은 충동과의 직접적인 대면은 아니다. 이미 작품은 이미지 반복이라는 정교한 조율을 통해서 충동의 불규칙성이 출현하지 못하도록 통제하고 있기 때문이다. 따라서 극단적인 인위성으로 통제된 충동과의 만남이며, 이것을 우리는 라깡적 승화라고 부를 수 있다. 이는 주체가 자신을 파괴하지 않으면서도 충동의 대상, 즉 사물과 만날 수 있는 유일한 방법이다. 그럼에도 이와 같은 승화의 순간, 주체는 대상들의 순환 질서를 보장하는 세계를 포기해야 한다. 대상들의 순환이 정지되지 않고서는 그 너머의 사물에 접근할 수 없고, 대상-순환의 질서를 정지시키려면 세계에 대한 신념을 포기해야 하기 때문이다. 다음의 도식은 바로 이것을 가시화한 것이다.

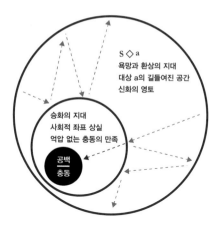

만일 주체가 자신의 세계관을 포기하는 대가로 대상-관계의 환상을 횡단할 수 있다면, 주체는 사물의 외피인 동시에 공백의 시작점인 그곳에 도달할 수 있게 된다. 작품의 승화적 기능은 바로 이러한 횡단을 가능하게 만드는 구조이며, 주체가 충동의 표면인 동시에 욕망의 시작점인 그곳과 안정적으로 조우할 수 있게 하는 기능을 말한다. 바로 그와 같은 방식으로 카라바조의 회화는 그림의 의미화 기능을 최소화하면서 이미지를 극단적 우울의 정서 속에 던져 넣는 위험을 감수하지만, 그럼에도 아름다움으로 이미지를 지탱하도록 만드는 최후의 수단을 통해 관객이 사건의 외피와 만나도록 하고 있었던 것이다. 만일 이것이 '어머니의 상실'에 대해서 취할 수 있는 애도의 가장 마지막 형식이라면, 이는 또한 신경증적 우울증자의 염세적 세계관을 극복할 수 있게 하는 최후의 조치라고도 할 수 있다. 만일 우울증자가 타자에 의해서 부여된 애도의 모든 형식에 신물이 난 자라면, 그리하

여 그 어떤 노래도 부르지 않겠다고 작정한 허무주의자라면, 그들에게
남겨진 마지막 가능성이란 이제까지 존재하지 않았던 방식으로 자신만
의 새로운 애도의 노래를 창안해내는 것뿐이다. 타자의 언어가 아닌 자
신만의 새로운 언어로 애도를 실천하는 것이다.

　승화는 바로 이러한 새로운 애도의 창안이 시작될 수 있도록 주체를
모든 것의 시작점에 위치하도록 만드는 장치이다. 승화는 충동에 대한
억압 없는 만족을 미끼로 주체를 공백의 가장자리로 유혹한다. 이곳에
서 주체는 이제까지 자신의 세계를 지탱하던 모든 의미의 체계를 포기
할 것과 자신이 의존하던 사회 속 좌표를, 즉 상상적 자아를 포기할 것
을 요청받는다. 우울증자라면 이러한 요청을 기꺼이 수용하거나 혹은
이미 그러했을 것이다. 라깡적 승화는 바로 그렇게 세계를 포기한 자가
다시 애도하기를, 그리하여 욕망하기를 시작할 수 있도록 하는 특수한
장치이다. 충동에 적대적이며 욕망에 환멸을 겪는 주체가 다시 충동을
삶의 에너지로 전환할 수 있도록 해주는 승화의 이와 같은 기능은 우울
증의 치료뿐만 아니라 새로운 세계의 창안이라는 윤리적 실천의 가장
핵심적인 기능에 다름 아니다.

　라깡은 이러한 승화의 실천을 '실험문학littérature expérimentale'[16]이라
고 명명한다. 1960년 3월 30일의 세미나에서 사드의 예를 통해 승화를

16　"이제 사드는 내가 실험문학이라 부르려고 하는 것의 질서 속에서 스스로를 드러낸다. 예
술 작품은 여기서 그 자신의 절차를 통해 주체를 사회-심리적 토대로부터 뿌리째 뽑아내는 하나
의 경험, 보다 명확히 하자면 그것에 관계되는 모든 사회-심리적 승화의 용인에 대해서 주체를
뿌리째 뽑아내는 경험이라고 말할 수 있을 그러한 것이다."(Jacques Lacan, *Le Séminaire VII*,
Paris, Le Seuil, 1986, p.237)

설명하는 라깡은 사드의 외설적 작품들이 성충동의 승화를 가능하게 만든 것이 아니라 오히려 사드의 인생 자체가 그를 환멸의 한가운데로 이끌면서 승화의 기능을 완수했다고 평한다. 여기서 실험문학이라는 개념은 바로 그와 같은 작품으로서의 인생 여정을 가리키는 것으로 이해될 수 있다. 사드의 문학 자체에는 승화라고 부를 수 있는 그어떤 요소도 없지만, 그럼에도 그의 문학이 삶과 하나로 용해되는 과정에서 사드에게 사회적 좌표를 잃게 만드는 환멸의 효과를 부여했고, 이를 통해 근본적 허무의 지점에 도달하도록 만들었기 때문이다. 삶의 후반부의 거의 대부분을 외설문학을 쓴 죗값으로 감옥에 갇혀 살았던 사드에게 찾아온 승화의 순간은 자신의 소멸을 담담히 받아들이도록 만들었던 시간들이기 때문이다.

승화에 대한 오해의 소지를 남길 수 있는 위험을 무릅쓰면서도 라깡이 사드의 사례를 '실험문학'이라는 타이틀 아래 예로 제시하는 이유는 '환멸'과 '소멸' 그리고 '자아의 상실'과 '포기'라는 단계가 승화에 가장 핵심적인 부분이기 때문이다. 간단히 말해서, 욕망의 환상적영토에서 벌어지는 대상들에 대한 리비도의 투여가 포기되지 않는다면 승화는 여전히 불가능하며, 만일 이 같은 환상의 대륙이 비로소 횡단될 수 있다면, 그곳에서 우리는 마침내 억압 없는 충동-만족의 아주특수한 형식과 만나게 될 것이라는 말이다. 그런 의미에서 사드의 외설문학의 한 문장 한 문장은 그것들이 발음될 때마다 사드를 사회로부터 고립시키는 동시에 성충동의 가장 격렬한 장소로 혼돈 없이 도달하게 만드는 문자들이다. 18세기 말과 19세기 초 프랑스 사회를 그토록 동요시켰던 사드의 '문자lettre'들은 고정관념의 세계를 '오염시켜 litter' 흔드는 동시에 그 대가로 주어지는 몰락을 받아들이는 주체-사드에게 억압 없는 만족을, 나중으로 미뤄지지 않은 만족을 가져다주었을 말과 문장들이었다.

그런 의미에서 승화란 욕망의 주체가 거짓된 삶을 거부하면서도, 그리하여 우울증의 허무 속에 머물면서도, '그럼에도 불구하고', '다시 한 번' 삶의 하얀 거짓말을 (단지 믿는 것이 아니라) 스스로 시작하게 되는 계기의 순간을 의미한다. 물론 이제 시작되는 하얀 마술의 기원은 타자가 아닌 주체의 영토라는 점에서, 혹은 그 누구의 영토도 아닌 (바르트적) 중립의 지대라는 점에서 가장 윤리적인 거짓말이라는 역설적 형식을 취한다. 우울증의 환멸 속에서 삶의 환상을 횡단한 주체는 승화가 주는 충동의 만족을 동력으로 다시 한 번 삶의 거짓된 환상 게임에 참여하지만, 그러나 이번에는 소외되지 않은 목소리로, 자신만의 새로운 애도의 노래를 부르기 시작할 것이기 때문이다. 승화는 그렇게 환멸의 지대를, 세계의 끝인 동시에 공백의 연안인 그곳을, 모든 것의 종말인 그곳을 창조의 시작점으로 전환하는 마술이다.

횡단의 횡단

롤랑 바르트는 『애도 일기』에서 다음과 같이 말한다.

> 애도는, 우울은, 병과는 다른 것이다. 그들은 나를 무엇으로부터 낫
> 게 하려는 걸까? 어떤 상태로, 어떤 삶으로 나를 다시 데려가려는 걸
> 까? 애도가 하나의 작업이라면, 애도 작업을 하는 사람은 더 이상 속없
> 는 사람이 아니다. 그는 도덕적 존재, 아주 귀중해진 주체다. 시스템에
> 통합된 그런 존재가 더는 아니다.

이와 같은 바르트의 고백 또는 선언은 우울증의 치료 불가능성을
정당화한다. 삶에 대한 환멸은, 세계에 대한 존재의 물러섬은 극복되
는 것이 아니기 때문이다. 그것은 함께 사는 것이며, 그로부터 우리는
살아진다. 우울은 병이 아니다. 그것은 세계에 대해서 주체가 맺을 수
있는 가장 진실한 관계이다. 그러니까 우울증자가 애도를 종결시키지
못하고 그 속에 갇혀 침묵을 지키는 것에 대해서 우리가 할 수 있는 논
평이란 오히려 그들의 도덕적 가치를 인정하는 것이 전부라고 할 수
있다. 바로 그런 의미에서 라깡적 승화는 우울을 종결짓는 절차가 아
니었다. 그것은 오히려 우울을 지속하는 절차이며, 그것도 가장 깊은
슬픔 속으로 들어가 그 속에 머물도록 하는 고립의 전략이다. 그러니
까 여기서 말하는 승화란 현대 정신의학이 신앙처럼 떠받드는 항우울
제의 화학작용과는 정반대의 효과를 불러오는 것이다. 승화는 자아의

몰락을 받아들이고, 마음속 폐허의 텅 빈 공간에서 살아가는 일종의 기술이다.

바르트의 글쓰기는 바로 이 기술, 라깡적 승화의 전형을 보여준다. 고독 속의 독백처럼 발음되곤 하는 바르트의 글들은 세계의 고정관념으로부터 자신을 물러나게 하려는 집요한 고집 속에서 하나의 텅 빈 영토, 그가 '글쓰기의 0도'라고 표현하는 어떤 중립의 지역을 고수하려는 투쟁을 지속하기 때문이다. 발음되는 그의 한마디 한마디, 한 문장 한 문장들은 연쇄 속에서 의미의 신화들을 만들어내는 것이 아니라 오히려 앞선 문장의 의미들을 도래하는 문장들이 무화시키는 형식 속에 있다. 그리고 그의 글쓰기는 세계의 몰락을 받아들일 뿐만 아니라 야기한다. 그의 문장 연쇄는 공백을, 몰락을 은유한다. 그에게 글쓰기는 작은 몰락들을 발명하는 절차이다.

그럼에도 바르트가 슬픔 속에서의 파멸을 연기할 수 있었던 힘은 바로 몰락을 야기했던 언어들의 힘이기도 했다. 말은, 단어들은, 문장들은 놀랍게도 어떤 종류의 충동을 만족시켜주기 때문이다. 바로 이것에 의한 촉발 속에서, 그리고 균열의 공백 속에서, 주체가 시작될 수 있는 공간이 열린다. 그러나 여기서 말해지는 주체는 모든 것의 중심에 있으며 자아와 이상을 통합하는 능력의 신화적 주체, 서구 근대이성의 신앙이었던 그런 주체가 결코 아니다. 승화의 주체는 오히려 나를 상실케 하는 간극, 자아의 견고한 표면을 흔들어 일렁이도록 만드는 현기증이다. 모든 존재의 토대가 되는 공백, 즉 '무'이며, 바로 이곳을 통해 지금 여기가 아닌 다른 어떤 곳으로 미끄러져 나가는 유출의 운동 그 자체이다. 어떤 문장들은 바로 이러한 유출을 가능하게 만들면서 쾌감을 발생시킨다. 어떤 이미지들 역시 그와 같은 승화의 기능에 접근해 있다. 그러나 예술 작품 속에서만 그것이 가능한 것은 아니다. 일상의 사유 속에서, 독백이나 대화 속에서 말을 통한 승화 역시 가능하다. 발음되는 단어들에 의존하는 생각의 전개 속에서 우리는 자신의 삶을 테두리 치고 한계 짓는 타자의 권력으로부터 자신을 소멸시키는 승화를 실천할 수 있기 때문이다.

라깡학파의 정신분석 임상 과정이 목표로 하는 것이 정확히 이것이다. 분석가는 환자에게 요청한다. 말하라고, 지배되지 않으면서 말하라고. 이것이 바로 자유연상이다. 그리하여 우리의 무의식을 지배하는 가장 무거운 단어를 찾아내고, 바로 그것 앞에서 자신을 소멸시키는 기술, 우리 자신을 짓누르던 가장 무거운 기억의 단어였기에 하나의 테두리이며 벽이기도 했던 그것을 전혀 예상치 못했던 방향으로 개방하는 기술이 정신분석이다. 현재의 시간 속에서라면 소멸처럼 보였을 어떤 사건, 그러나 미래 시제 속으로의 도약이었던 그것 말이다. 물론, 도약이 완결된 장소에서 주체는 다시금 세계를 만들고, 또다시 타자에게 지배되는 소외를 반복할 것이다. 그러나 한 번 소멸했던 주체가 소멸을 반복하는 것을, 도약을 꿈꾸는 것을 막을 방법은 없다. 주체는 그러한 소멸과 도약의 반복 속에서 타자로부터 달아나는 끝없는 유출의 운동으로 자신의 삶을 오염시킬 것인데, 바로 이것이 주체적 삶의 윤리적 패러다임이다. 그리하여 다음과 같은 명제들이 흘러나오게 된다. '윤리란 윤리를 의심하고 비판하여 새로운 윤리를 창안해내는 절차 그 자체'라는 것, 혹은 '가장 아름다운 예술 작품이란 현재의 세계를 지배하는 미의 이데올로기를 비판하면서 그로부터 빠져나가는 유출의 궤적 그 자체'라는 것이다. 마치 정신분석의 윤리가 한 개인의 주체성을 구성하는 모든 의식적-무의식적 담론들로부터 빠져나가는 사유의 운동 속에 위치하는 것과 마찬가지로.

라깡적 승화의 개념이란 이와 같은 진리를 향한 운동들이 단지 고통과 의무 속에서 초자아의 겁박 아래 이루어지는 것이 아니라는 사실을 증명한다. 오히려 이러한 일탈의 운동들은 욕망 중에서도 가장 순수한 욕망인 억압 없는 충동의 특수한 형식 속에서 가능하기 때문이다. 만일 우울증이 일탈 이후에 주체를 찾아오는 의미의 부재에 기인한다면, 승화는 진리의 병이기도 한 우울증의 단계로부터 주체를 구하는 유일한 가능성이다. 그리고 바로 이것이 '횡단의 횡단'이라고 필자가 불렀던 것에 대한 가능한 모든 설명이다.

4장　성도착의 박물관

V. B. 여인, "비단이 신음하고 있어요."

1906년 7월 30일 더위가 기승을 부리던 파리 경시청 위탁 특수병동으로 40세의 여인이 후송된다. 절도죄로 프렌 교도소에 수감 중이던 여성은 그곳에서 발작을 동반한 기물 파손과 타자에 대한 상해 위협 등이 문제가 되어 정신병 진단이 요청된 상태였다. 담당자로 34세의 정신과 의사가 배정되는데, 바로 이 남자가 20여 년 뒤 라깡의 인턴 시절 지도교수가 될 가에탕 가티앙 드 클레랑보 박사였다. '에로토마니아(또는 클레랑보 신드롬)'를 비롯해 '오토마니' 등의 정신의학 개념을 정립하며 이름을 떨치게 될 드 클레랑보는 기이한 사진 작품들과 그보다 더욱 기괴한 자살 사건으로 유명세를 치르게 될 운명이었다. 훗날 라깡은 스승이던 이 남자의 냉정한 대우와 근거 없는 비난에도 불구하고 자신이 존경할 수 있었던 몇 안 되는 정신의학자로 그를 추억

하게 된다.[1]

한편, 이날 입원한 문제의 여성은 특히 드 클레랑보의 관심을 끌게 된다. 박사가 2년 뒤인 1908년에 작성하게 될 논문 〈천에 대한 성애적 욕망을 가진 여자〉에서 단지 V. B.라는 이니셜로 표기되는 이 여성은 '천에 대한 성도착적 경향'의 전형적 사례를 보여주고 있었기 때문이다. 여성은 네 차례의 절도 전과에, 마지막으로 기소된 후 26개월의 수감형을 선고받은 상태였다. 여성은 네 번 모두 비단 천을 훔치려다 체포되었는데 이미 히스테리 증상으로 진단된 이력이 있었다. 드 클레랑보에 의해서 명시된 히스테리의 보다 자세한 진단 병력은 다음과 같다. 우울증 경향, 성적 불감증, 접촉 충동, 비단 도착, 도벽 충동, 꿈속에서의 성도착 경향(동성애, 피학증, 수간), 단순 고통 성애. 물론 앞서 언급한 히스테리를 비롯해서 다른 진단들은 현재의 정신의학이나 심리학, 특히 프로이트-라깡 이후의 정신분석의 관점에서 보았을 때는 불완전한 진단명들이다. 당시에는 여성의 정서 불안이나 충동조절장애 등의 불안정적 심리 현상들을 한데 묶어 히스테리라고 진단하는 경향이 있었기 때문이다. 아직은 프로이트라는 정신의학계의 지각변동이 프랑스에 알려지기 전이었음을 염두에 두자.

어쨌든 드 클레랑보는 당시에 유행하던 정신의학의 지식을 도구로 V. B.의 병력을 조사하면서 환자의 보다 내밀한 심리 속으로 들어가려고 노력한다. 그 과정에서 박사는 여성의 도벽과 비단 천 도착-성애

---

1 "클레랑보는 환자의 관찰에 있어서 나의 유일한 스승이었다."(Jacques Lacan, *Écrits*, Paris, Le Seuil, 1966, p. 151)

가에탕 가티앙 드 클레랑보Gaëtan Gatian de Clérambault(1872~1934).

가 연결되어 있다는 사실을 발견한다. V. B.는 비단으로 자신의 성기 주변을 문지르는 자위행위를 통해서만 성적인 쾌락을 얻을 뿐, 질 내 삽입과 같은 남성과의 성행위를 통해서는 어떠한 쾌락도 느끼지 못한 다고 증언했는데, 여기에 덧붙여서 그 비단 천은 오직 자신의 절도 행 위를 통해서 입수한 천이어야만 했으며, 절도 행위 직후에 천을 사용 한 자위만이 가장 강력한 쾌락을 불러일으켰다고 진술했다. 드 클레 랑보는 여인의 이 같은 성적 경향 외에도 그녀가 손가락이 심하게 경 직되면서 바늘로 찌르는 듯한 고통을 느끼는 히스테리성 발작 증세로 고통 받고 있었다는 사실 또한 알게 된다. 흔히 생리 주기를 전후해서 발작하곤 했던 이 증상은 자위행위의 쾌감이 너무 강렬했을 경우에도

발생했다.[2]

V. B. 여인의 증언을 자세히 기록한 후 드 클레랑보 박사는 나름의 분석과 진단을 시작한다. 그러면서 여인이 과연 비단 천에 대한 페티시, 즉 물신숭배의 성도착증으로 진단될 수 있는지에 대해서 질문한다. 일반적으로 성도착증자들이 특정 사물-물신에 대해서 강한 소유 욕구를 보이는 반면에 이 여인은 한번 사용한 천은 간직하는 법이 없었기 때문이다(그녀는 '사용된' 천을 주변 사람들에게 나누어주었다). 또한 여인은 다른 성도착자들과는 다르게 성적 방탕함이나 노골적인 타락의 경향을 보이지도 않았다. 여인이 동성애나 수간 또는 여러 남자에게 강간당하는 피학증적 경향을 보이는 것은 오직 꿈이나 백일몽 속에서일 뿐이었다. 현실의 차원에서 여인이 취하는 성적 쾌락은 전적으로 절도와 자위행위에 의존할 뿐이었기 때문이다. 게다가 32세에 첫 절도를 시작했다는 여인의 증언을 감안할 때, 여인의 천-물신숭배 경향은 아주 늦은 나이에 출현한 것처럼 보였다. 물론 여인이 천에 자극을 받아 첫 자위를 시작한 때는 16세 전후였다. 그러나 이는 단지 천의 감촉에 대한 자극이었을 뿐, 절도라는 위법 행위와 연관되지는 않았다.

---

2 V. B. 여인의 손가락 마디 통증이 히스테리성 증상이라는 증거는 없다. 그러나 만일 그렇게 가정한다면, 이 여인은 성도착적 과정에 사로잡히지 않는 순간에는 히스테리적 신경증 구조에 사로잡힌다는 사실로 해석할 수 있다. 여인은 성도착자가 분명하지만, 특이하게도 여인의 성도착을 둘러싸고 있는 신경증적 외피는 히스테리적이다. 성도착에서는 자신들의 쾌락 탐닉에 대해 죄책감을 갖지 않는다. 그런데 이 여인은 손가락 마디를 통해 억압된 (죄책감의) 충동이 표현되고 있다. 이를 통해서 우리는 성도착의 구조가 히스테리와 교차되어 존재할 수 있는 가능성도 가정해볼 수 있다.

드 클레랑보 박사에 의해 조사되고 분석된 여인의 이 같은 자료는 라깡주의 정신분석학파의 눈에는 아주 흥미로운 몇 가지 사실들을 드러낸다. 기존의 심리학이나 정신의학과는 다르게 라깡은 인간의 정신 현상에 대해서 언제나 구조적인 접근을 하려고 노력했으며, 그와 같은 노력의 결과가 사실상 라깡 정신분석의 근간을 이룬다. 이를 따를 때에 우리는 성도착이 단순한 이상 성욕의 표현이 아니라 하나의 세계관이며, 그것을 지탱하는 구조라는 것을 알게 된다. 성도착증은 신경증이나 정신병이 그런 것처럼 인간의 심리를 결정하는 특정한 패러다임이라는 것이다. 그런데, 다른 두 가지 구조와 대별되는 성도착 구조의 특이성은 '분열clivage'에 있다. 성도착자는 때로는 신경증자로, 때로는 진정한 성도착자로서 행동한다. V. B. 여인의 사례는 어떻게 성도착의 구조가 신경증의 구조와 교차되어 존재할 수 있는지, 따라서 어떻게 전적으로 분리된 구조에서 성도착과 신경증 사이를 오갈 수 있는지를 보여주는 전형적인 사례라고 할 수 있다. 먼저 그녀가 어째서 성도착자로 간주되어야 하는지 라깡의 이론에 기대어 설명해보도록 하자.

여인의 증언을 신뢰할 수 있다면, 우리는 그녀가 정상적 성행위를 통해서는 어떤 쾌락도 향유하지 못한다는 것을 알 수 있다. 심지어 자위행위에서조차도 손가락이나 다른 도구를 이용한 질 내 삽입의 행위는 부재한다. 그녀의 최초의 자위행위 역시 비단 천과 성기 주변 피부의 접촉을 통해서 시작되었다. 그런데 이 같은 사실보다 더욱 주목해야 하는 것은 그녀가 자위행위 중에 그 어떤 남성 혹은 여성도 떠올리지 않는다는 사실이다. 그런 식으로 여인의 성적 환상 속에서는 남녀의 성차를 암시하는 요소들이 등장하지 않는다. 물론 신경증의 히스테리 증상에서도 V. B. 여인과 같이 남성과의 성행위 자체에 대해서 강한 반감을 가진 경우를 자주 발견할 수 있다. 히스테리 환자들에게서 발견되는 강한 성적 억압의 경향은 모든 종류의 성행위들에 대한 역겨움으로 표현되곤 하는 것이 사실이다. 그러나 V. B. 여인의 경우에는 억압된 성충동만 존재하는 것이 아니었다. 여인은 자위행위를 통해서 그 무엇과도 비교할 수 없는 격렬한 쾌감을 획득하고 있었기 때문이다. 이에 대해서 우리는 강박증과 비교할 수도 있을 것이다. 일반적으로 강박증자들은 타인과의 성행위에 대해서 극단적으로 소극적인 반응을 보이는 반면 자위행위를 통해 강한 성적 만족에 도달하기 때문이다.

그러나 V. B. 여인의 경우에는 사태가 그리 간단하지 않았다. 그녀의 자위행위와 오르가슴은 오직 절도라는 행위와 그로부터 획득한 비단 천의 물신숭배를 통해서만 가능했기 때문이다. 여기서 우리는 여인의 절도 행위가 일반적인 히스테리의 도벽 충동과도 다르다는 사실을 또한 짚고 넘어가야 할 것이다. 히스테리 여성이 절도 행위를 통해 만족을 추구하는 것은 그러한 충동이 억압된 성충동을 대체하기 때문이다. 이러한 우회는 의식의 차원에서는 철저하게 은폐되는 조건 하에서만 가능하다. 히스테리 환자는 자신의 절도가 성욕과 연결됐다는 사실을 결코 알지 못한다. 그러나 V. B. 여인의 경우 자신의 절도 행위가 성적 만족에 직결된다는 사실을 알고 있었으며, 심지어는 언제나 기대하고 있었다. 따라서 V. B. 여인의 경우 절도는 이미 성적 만족을 위한 행동이라는 사실에 의식적이다. 숨겨진 것은 아무것도 없으며, 여인은 이 모든 성적 활동에 결코 무지하지 않다. 이를 통해서 우리는 법의 위반과 물신 그리고 자위행위가 서로 견고하게 연결되어 있음을 알 수 있다. 이 세 가지 중에서 위반과 물신은 가장 중요한 요소이며, 자위행위는 부차적이다. 여인의 자위행위는 비단 천의 절도라는 위반과 그것을 다시 자신의 (상실된) 남근의 대체물로 간주하는 물신 행위에 대한 일종의 완결, 즉 마침표를 찍는 행위 이상이 아니라고 할 수 있기 때문이다. 비단 천이 전시된 포목점에 들어서는 순간 여인은 이미 전신을 타고 흐르는 강렬한 전율에 사로잡히곤 했다고 증언하고 있다. 이와 같은 순간 여인은 이미 '거세의 부인'이라는 성도착의 고유한 구조 속으로 들어서고 있다.

성도착의 고유한 구조

V. B. 여인을 비롯한 성도착의 주체들을 설명하기 위해서 '거세' 개념을 언급하는 것은 필수적이다. 다시 강조하건대, 성도착이란 단순한 성적 취향의 문제를 넘어서 세계관 자체와 연결되어 있기 때문이다. 간단히 말해서, 이 세상에는 세계가 불완전하다고 생각하는 사람들(신경증자)과 반대로 세계가 완전하다고 믿는 사람들(성도착증자)이

존재한다. 신경증자들에게 세계가 불완전하게 된 이유는 어머니가 거세되었다는 사실의 인식으로부터 시작되는데, 성도착자들은 이 같은 거세 사실을 받아들인 이후 곧바로 부인하는 특징을 갖는다. 여기서 어머니가 거세되었다는 말의 의미는 여성에게 페니스가 존재하지 않는다는 사실로부터 출발한다. 어린아이는 남녀의 성 차이를 어머니의 성기(질)와 아버지의 성기(페니스)의 생물학적 차이로 이해하는 대신 단지 남근의 존재 유무라는 형태로 인식한다. 따라서 아이는 아버지에게만 완벽한 형태로 존재하는 남근이 어떤 이유로 인해서 어머니에게는 부재하는 것, 즉 거세된 것으로 인식한다. 여아와 남아 모두 성 차이에 대한 지식을 이렇게 남근의 존재 유무로 인식하게 되며, 이때 아버지는 누구도 갖지 못한 남근을 소유한 자, 그리하여 미지의 향유를 약속하는 존재로 등장하는 반면 거세된 어머니와 여자들은 아버지의 욕망의 법에 전적으로 종속된 존재들로 가정된다.

그런데, 이 모든 성차에 대한 지식 발생과 관련하여 가장 중요한 심리적 현실은 어머니의 존재이다. 어머니의 신체는 사실상 아이에게 완전한 것으로, 어머니의 욕망은 아이와의 관계에서 충만한 쾌감을 보장하는 것으로 먼저 인식된다. 이어서 출현하는 아버지의 존재와 거세의 인식은 아이에게 심각한 상실로, 불안한 세계의 도래로 경험된다. 따라서 어떤 아이들은 어머니가 거세되었다는 사실을 사후적으로 부인하려고 한다. 어머니가 거세되지 않았다면, 아이-어머니의 세계는 결여 없이 충만한 공간이 될 것이며, 아버지라는 침입자를 인정하고 그를 통해 미지의 쾌락에 판돈을 거는 위험천만해 보이는 욕망의 도박을 감수하지 않아도 될 것이기 때문이다. 어머니의 거세 현실에 대한 부인은 그렇게 해서 아이를 성도착의 구조로 이끌어가고, 불완전한 세계가 아니라 충만한 유아적 세계관, 단순 명료한 유토피아적 세계의 모습을 상상할 수 있도록 하는 토양을 제공한다.

특히 페티시즘의 경우 유아기에 선택된 특정 사물은 거세된 어머니의 남근을 대신하는 상상적 대상으로 기능한다. 여성의 속옷이나 옷감, 머리카락, 액세서리 등이 물신숭배의 대상으로 흔히 등장하는 이유는, 이것들이 어머니의 남근 부재를 대면하는 순간 아이에게 발견되는 가장 흔한 주변적 사물이기 때문이다. V. B. 여인의 경우 그것은 비단 질감의 천이었을 것이다. 이 여성은 자위행위 중에도 남자와 여자의 성적 차이를 암시하는 모든 상상을 차단하고 있었으며, 이를 통해서 어머니의 거세 현실에 대한 어떠한 정보도 받아들이지 않았다. 대신 비단 천이라고 하는 하나의 사물에 전적으로 집중하면서, 오직 천의 질감과 부스럭거리는 소리를 통해서 오르가슴에 도달했다. 이를 묘사하는 여인의 표현은 다음과 같다. "포목점에 들어서는 순간 나는 비명을 지르고 싶었어요." 같은 논문에서 다루어진 또 다른 여성 성도착자 마담 F.는 이렇게 말한다. "비단이 신음하고 있어요."

성애적 문맥 속에서 하나의 사물이 이처럼 강력한 리비도 투여의 대상으로 고착될 수 있다는 것은 그것이 일반적인 신경증-욕망의 구조에서 이탈해 있다는 것을 의미한다. 신경증의 욕망에서라면 대상은 언제나 지금 여기가 아닌 도래할 것으로서 운동하는 속성을 갖기 때문이다. 예를 들어, 신경증자가 여성의 속옷과 같은 사물을 통해서 성충동을 경험할 수는 있겠지만, 그것에 지속적으로 집중하면서 결핍 없는 주이상스의 실현에 도달할 수는 없다. 신경증자의 성애적 사물은 성차에 관한 지식으로부터 발생하는 환상들을 따르도록 배치되어 있기 때문이다. 신경증자는 언제나 속옷 자체에서 속옷을 입고 있는 (거세된) 여성의 신체로 리비도를 이동시키며, 이러한 이동은 다시 또 다른 상상적 대상으로의 이동을 멈추지 못한다. 신경증적 성욕의 만족은 언제나 도래할 것으로 연기될 뿐이며, 이들에게는 결코 지금 이 순간 완결되는 성적 향유 같은 것은 존재하지 않기 때문이다. 그런 의미에서 신경증자는 결여를 통해 개방된 구조, 불완전성을 통해서 완전함의 가상적 도래를 상상만 하는 구조의 세계를 살아간다. 그러나 성도착자들의 구조는 다르다. 이들은 원초적인 어머니의 완결된 모습, 전지전능한 힘을 상상하면서 자신의 신체 혹은 또 다른 특정 사물을 어머니의 욕망의 제물로 상정한다. 이때 문제가 되는 것은 어머니가 거세되었다는 미시적 현실의 부인이 세계 자체가 불완전한 욕망의 구조로 개방되어 있다는 거시적 현실을 부인하는 차원으로 확장되는 것이다. 그리하여 거세를 담당했던 아버지의 법에 대한 도전과 위반의 시도가 성도착의 가장 중심적인 동기로 작동하게 된다. V. B. 여인의 경우 오직 훔친 비단 천만이 주이상스를 가져올 수 있었던 이유가 바로 여기에 있다. 그녀에게서 훔친 비단 천이란 아버지의 법에 의해 거세된 어머니의 남근을 다시 회복하는 것이고, 그것으로 자신의 클리토리스를 자극하는 것은 스스로에게 남근을 설치하는 행위에 다름 아니었다. 그리하여 V. B. 여인은 스스로 거세되지 않은 여성을,

어머니의 욕망을 재현한다. 비단 천을 통해서 그녀에게 문제가 되는 것은 거세의 법에 대항하여 클리토리스를 외부로 연장하는 것이지 그 것을 내부로, 질 속으로 삽입하는 것이 아니다. 어떤 경우에도 질 내 삽입은 그녀에게 거세의 불쾌한 현실을, 세계의 궁핍을 상기시킬 뿐 이기 때문이다.

법과 위반의 논리학

일반적으로 숨겨지기 마련인 여성 성도착자들에 대한 드물고 귀중한 사례들이 드 클레랑보에 의해 보고될 수 있었던 것은 그가 전문의로 서 거의 대부분의 시간을 경시청 위탁 병동이라는 특수 기관에서 보 냈기 때문이다. 이곳은 범법자들 중에서 정신장애를 가진 환자들을 골라내어 그들의 형을 감해주거나 기소를 면해주는 대신 정신병 치료 의 의무를 부과하는 의료진단 기관이었다. 정신병자에게 정상인과 동 일하게 사법적 판단을 적용하는 것은 옳지 않다는, 당시로서는 획기 적이었던 새로운 법의학 제도의 산물이었던 것이다. 따라서 이곳에 보내진 범법자들은 일반적인 의료 상황에서라면 결코 발설하지 않았 을 심리적 내용들을 의사에게 털어놓을 수 있었다. 죄를 면하게 해준 다는 조건이 그들의 닫힌 입을 여는 데 동기를 부여했기 때문이다. V. B. 여인의 경우도 그녀가 드 클레랑보에게 털어놓은 성도착적 쾌락의 내밀한 이야기들은 그녀의 변호사들에게는 언급조차 할 수 없었던 터부의 내용들이었다. 그뿐만이 아니다. 일반적인 문맥 속에서라면 성도착자들은 결코 정신병원이나 정신분석가를 찾지 않을 것이었다. 그들은 오히려 정신의학과 심리학의 지식들을 조롱하며, 자신들의 완결된 세계에 대한 특수한 지식을 더욱 신뢰한다. 이들에게 타자-세계의 지식은 언제나 불완전하며 불만족스럽다. 그런 의미에서 만일 성도착자가 학자가 된다면 그는 자신의 모든 에너지를 현존하는 지식의 불완전성을 폭로하고 무너뜨리는 데에 사용하게 될 것이다. 마찬가지 관점에서 예술가가 된 성도착자는 현존하는 예술 규범을 전복하는 데 전 생애를 바칠 확률이 높다. 평범한 삶을 살아가는 성도착자도 예외는 아니다. 그들에게 현존 세계를 지탱하는 법과 규범은 언제나 도전할 것으로, 전복할 대상으로 간주된다. 그러나 이미 범죄를 저질러 수감된 이후에는 상황이 달라진다. 성도착의 연장선에서 범죄를 저지른 피의자는 형량을 줄이기 위해 현존하는 법-체계와 거래를 하기 시작할 것이기 때문이다. 이들이 법에 대해 관심을 보이는 관점은 그것의 존중이 아니라 도전과 위반의 차원이었던 만큼, 남겨진 과제는 이미 위반된 법체계와의 거래를 통해 형량을 줄이고, 가능하면 빠른 시간 내에 일상으로 돌아가는 것이 된다. 일상으로 돌아가 자신들의 도착적 향유를 다시 시작하는 것이다. 경시청의 특수 위탁 병동은 바로 그러한 거래의 장소이기도 했다. 성도착자들은 자신들의 내밀한 이야기를 의사들에게 팔아넘기는 대가로 형량을 감하는 거래를 시작했다. 실례로, V. B. 여인의 경우 네 차례의 재범에 의해서 무기형을 선고

받을 위험에 처했지만, 정신 병력을 이유로 26개월의 수감형으로 감형받는다. 그런 의미에서 성도착자들은 법에 관련하여 분열병이나 편집증과 같은 정신병의 구조와는 전혀 다른 감각을 보여준다. 성도착자들은 이미 아버지의 상징계적 법을 수용한 존재들이지만, 단지 수용하고 복종하는 것을 넘어 이것을 다시 위반하거나 거래하기 위해 한층 더 세련된 법 감각을 획득한 존재들이다. 따라서 성도착자들의 사유 구조 속에서 법의 개념이 차지하는 비중은 신경증의 경우보다 오히려 크다고 할 수 있다. 라깡은 이와 같은 성도착과 법의 밀접한 관계를 사드 후작의 사례를 빌어서 설명하고 있다. 그가 『에크리』의 「사드와 함께 칸트」라는 텍스트에서 설명하는 내용에 따르면, 칸트와 사드는 도덕법의 모순을 보여주는 동전의 양면과 같은 관계 속에 있다.

칸트의 법, 사드의 법

칸트의 윤리학은 정언명령이라고 불리는 목적론적 도덕법칙의 지배를 받는다. 쉽게 말해서, 칸트의 윤리는 올바른 명제를 이행하는 것 자체에 의미를 둔다. 예를 들어 '거짓말하지 말라'라는 도덕법의 명제가 있다면, 이것을 단지 지키는 것이 윤리이지 그것 너머의 다른 행복이나 마음의 평화를 꾀하는 것은 윤리가 될 수 없다(병리적 대상의 배제). 반박당할 수 없는 도덕법의 명제를 세우고 그것을 단지 지키는 것, 즉 합리적으로 상식적인 법을 지키는 것이 윤리이며, 오직 그것만이 윤리다. 그런데, 이미 칸트 스스로도 맞닥뜨렸으며, 라깡에 의해 다시 한 번 환기되는 칸트적 도덕명령의 모순은 도덕법 자체가 삶을 파괴하는 죽음 충동으로 연결된다는 사실이다. 단순히 '거짓말하지 않는 법'을 강박적으로 추구하는 것만으로도 우리의 삶은 흔들리고 파괴되기 시작할 것이기 때문이다. 언제나 사실만을 말하는 사람을 상상해보라. 그의 삶은 하루 이틀은 견딜 수 있어도 그 이상을 지탱할 수는 없을 것이다. 이와 같은 경우 우리는 삶을 보존하는 현실원칙과 도덕법의 기표가 분리되는 경험을 한다. 칸트가 맞닥뜨린 윤리의 역설이 바로 이것이다. 어떻게 올바름과 삶의 보존원칙을 연결시킬 수 있을 것인가? (그것은 불가능하다.)

　칸트 이전의 모든 윤리학은 이 둘을 조화롭게 연결할 수 있을 것이라고 생각했다. 칸트는 그와 같은 행복의 윤리, 재화의 윤리학을 거부하면서 도덕법이 가진 본질을 드러내는 데 부분적으로 성공했지만, 그러나 이러한 성공에 가장 먼저 당황한 이는 칸트 자신이었다. 윤리와 죄책감의 공간에서 언어적 사유에 집착하면서 정념들의 출현을 억압하고자 했던 강박증자로서의 칸트는 자신의 집착 자체가 출현시키는 사유의 막다른 골목을 감당할 수 없었다. 따라서 칸트는 도망갈 방책을 만들기 시작한다. 칸트는 법 자체를 '물신'으로 만들면서 법을 그 내부로부터 붕괴시키는 대신에, 붕괴의 마지막 순간에 히스테리증자의 위치로 자신을 전치시키는 몰락한 강박증자의 역할을 떠맡는다. 칸트는 스스로의 도덕법칙이 결코 온전히 지켜질 수 없다는 사실을 마지막 순간에 인정하면서, 도덕법에 대한 존중의 이론으로 우회한다. 법을 완전히 지킬 수는 없지만 그것의 중요성에 신뢰를 보내는 사후적 제스처가 바로 그것이다. 언어-도덕법에 모든 것을 걸었던 강박증자로서의 칸트가 자신의 불완전성을 전면에 드러내는 히스테리 증자의 위치로 우회하는 것은 바로 이 순간이다.

라깡은 칸트의 이 같은 뒷걸음질과 비교하면서 사드의 근본주의에 주목하자고 제안한다. 사드는 『규방 철학』에서 다음과 같은 주이상스의 법칙을 선언한다. "프랑스인이여, 공화주의자가 되기 위해서 조금만 더 힘을 내자!"라는 선동의 문구 이후에 사드는 다음과 같은 쾌락의 합리적 정언명령을 제시한다. "나는 너의 육체를 통해 쾌락을 즐길 권리가 있으며, 다른 누구라도 나에게 같은 말을 할 수 있다. 그리고 이러한 권리는 그 어떤 한계도 나의 변덕스런 취향 속에서의 만족을 멈추지 못하게 하도록 향유될 것이다." 여기서 사드는 정확히 칸트의 정언명령 형식을 차용하고 있다. 칸트는 정념의 억압을 위해 도덕명제를 소환하고 그것에 집착했지만 사드는 같은 형식을 빌려 주이상스의 의지를 추구한다. 그런데 놀라운 것은 사드의 이와 같은 정언명령적 향유 원칙이 칸트가 피해 가려 했던 대타자의 존재를 출현시키고 있다는 사실이다.

칸트는 마치 도덕명령이 주체들 사이의 상호적 담화 속에서 기능하는 것처럼 간주하고 있었다. 그러나 사실에 있어서는, 도덕명령을 비롯해서 그 어떤 담화도 상호적이지 않다. 대화는 2자 관계 속에서 이루어지는 것이 아니라 언제나 제3의 존재를 은폐하고 있다. 간단한 예를 들어 담화의 이러한 특수성을 설명하자면, 환자와 분석가의 관계를 언급할 수 있을 것이다. 정신분석 상담을 위해 분석가를 찾아온 신경증 환자는 임상분석을 진행하는 과정에서 분석가와 대화하고 있다고 생각한다. 그러나 환자는 전이라는 특수한 감정의 구조 속에서 분석가를 어린 시절의 부모와 같은 존재로 가정하기 시작한다. 이때 환자는 분석가에게 말하는 것이 아니라 사실상 자신의 어린 시절의 대타자에게 발화하고 있는 것이 된다. 마찬가지로 이때 발화되는 분석가의 권고는 환자에게 일종의 도덕명령으로, 부모로부터 발화되는 윤리의 명령으로 간주된다. 같은 현상들이 일상의 다양한 차원에서 동일하게 반복되는 것 역시 사실이다. 우리는 타자와 객관적이며 선명한 관계 속에서 대화를 나누고 있다고 생각하지만, 이와 같은 2자 관계의 선명함 너머에 대타자가 도사리고 있는 경우가 많다. 칸트의 정언명령 역시 신경증적인 2자 관계의 환상 속에서 제3의 존재를 억압하고 있다. 칸트는 자신의 도덕법칙이 마치 사회 구성원들 사이의 2자 관계적 도덕계약인 양 말하고 있지만 사드는 정언명령의 형식을 살짝 비틀어 그 너머에 존재하는 무시무시한 초자아의 존재를 출현시키면서 신경증의 모순을 단숨에 넘어서고 있다. 사드가 이처럼 법에 의해서 법을 붕괴시키는 행위를 통해 그 너머의 절대적 대타자의 잔혹함을 출현시키는 전략은 성도착의 구조 일반이 가지고 있는 특수성의 전형을 보여주는 것이기도 하다.

성도착의 이와 같은 특수성을 가장 알기 쉽게 드러내는 방법 중의 하나는 그들이 현실의 타자와 맺는 관계의 경향을 살펴보는 것이다.

물론 이러한 방법은 신경증이나 정신병에서도 동일하게 적용될 수 있다. 예를 들어, 정신병의 경우에는 2자 관계가 불가능하다. 엄밀한 의미에서 그들은 언제나 절대적인 대타자와의 대화에 사로잡혀 있기 때문이다. 어린 시절의 그들을 사로잡았던 부모의 존재가 다양한 변주를 통해 성인이 된 정신병자의 세계를 어떠한 방해나 억압도 없이 노골적으로 지배하고 있다. 그들에게 대타자는 현존하며, 실재한다. 물론 신경증의 경우에도 부모의 흔적으로 남겨진 대타자의 유령은 그들의 세계관을 근본적으로 결정짓는다. 그러나 이러한 대타자-주체의 관계는 언제나 은폐되어 있다. 신경증자는 말의 객관성과 보편성의 강력한 환상 속에서 대화 상대방과의 2자 관계를 유지하기 때문이다. 이때 대타자의 존재는 무의식 속으로 억압되며, 이러한 억압이 안정적으로 유지되는 동안 주체는 자신의 말들이, 특히 욕망과 관련된 말들이 현재 그의 앞에 존재하는 '타자autre'가 아니라 무의식 속의 '대타자Autre'에게 향하고 있었다는 사실을 인지하지 못한다. 역설적이게도 신경증의 이러한 '무지' 혹은 '외면'이 그와 '타자들autres'의 안정된 관계를 지탱하는 토대이다. 따라서 이들의 대타자는 부재, 또는 추상성으로 특징지어진다.

그러나 성도착에서는 문제가 달라진다. 성도착의 구조에서는 대화의 2자 관계 바로 뒤에 가상적이지만 그럼에도 도착자에게는 가장 현실적인 존재인 절대적 대타자가 도사리고 있다. 성도착자는 대화의 상대방인 타자를 절대적 권력의 대타자를 불러내는 일종의 도구로만 간주하기 때문이다. 특히, 도착적 욕망의 절차가 본격적으로 가동되는 순간의 타자는 더 이상 일상적인 말의 수신자가 되지 못한다. 이때 무엇보다 중요해지는 것은 말의 의미가 아니라 형식인데, 명령어의 형식이 그것이다. 권력관계를 환기시키는 명령어는 그것의 최초의 발화자로서의 대타자를, 거세되지 않은 어머니의 유령을 불러내기 때문이다.

특히 사디즘과 마조히즘의 폭력적 지배관계를 통해 가장 두드러지게 등장하는 것이 이것이다. 상대방에게 굴욕적인 폭력을 가하거나 또는 당하는 장면을 연출할 때 도착자가 진정으로 염두에 두는 것은 바로 절대 권력을 가진 제3의 존재이며, 그녀의 응시이기 때문이다. 노출증과 관음증에서 역시 마찬가지 현상이 발생한다. 자신의 성기를 드러내어 보여주는 행위는 그것을 보게 된 상대방의 시선이 아니라 그보다 더 원초적이며 더욱 강력한 존재감을 과시하게 될 대타자의 응시를 출현시키는 것을 목적으로 한다. 소위 '바바리맨'으로 불리는 노출증자들이 여성들의 시선 앞에서 자신의 성기를 드러내면서 불러내려는 것의 진정한 정체는 거세되지 않은 대타자의 초법적 응시이다.

관음증에서도 동일한 메커니즘이 역전된 형식으로 작동하고 있다. 여성의 은밀한 곳을 훔쳐보려는 이들이 욕망하는 것은 여성의 나체 이미지가 아니다. 만일 그것뿐이었다면 관음증자들은 훔쳐보는 것에 수반되는 그 모든 위법의 위험을 무릅쓰는 대신 포르노 영상이나 매춘 여성을 찾는 것으로 만족할 수도 있을 것이다. 이들이 진정으로 원하는 것은 가려짐과 드러남의 대립 속에서 출현하는 대타자의 응시 그 자체이며, 그러한 응시가 출현하는 과정에 참여하는 것이다. 그런데 응시와 관련된 변주의 절차들 속에서 중요한 동력으로 작동하는 것은 바로 법과 위반의 대립이라고 할 수 있다. 단지 훔쳐보는 것만으로는, 혹은 단지 노출하는 것만으로는 근원적 대타자의 응시가 출현하지 않는다. 단지 명령하는 것만으로는, 혹은 명령받는 것만으로는 상징계의 법 이전에 존재했던 상상적 대타자의 초법적 응시는 출현하지 않는다. 성도착자에게는 이미 상징적 아버지의 법에 대한 감각이 존재하므로(그는 정신병자가 아니므로), 오직 이것에 대한 위반을 통해서 거세되지 않은 어머니의 응시가 출현할 수 있기 때문이다.

정신병과 성도착증을 구분하는 결정적인 차이가 바로 여기에 있다. 정신병에서는 아버지의 법의 도입 자체가 '폐제forclusion'되어 있기에 거세되지 않은 대타자의 존재가 응시와 목소리의 박해망상을 통해 직접적으로 출현할 수 있다. 그러나 이미 상징계 내부에 편입된 성도착자들에게는 오직 상징적 법의 위반이라는 우회 장치를 통해서만 대타자의 응시 혹은 목소리가 출현한다. 그들이 법체계를 암시하는 무대장치 위에서 아슬아슬한 위반을 연출하는 수고를 무릅쓰는 이유가 바로 여기에 있다. 그런 의미에서 이들에게 모든 종류의 규범과 규칙과 실정법들은 매우 중요한 의미를 갖는데, 바로 이러한 법의 지표를 중심으로 위반의 폭과 주이상스의 강도가 측정될 수 있기 때문이다. 정신분석가와의 대화는 물론이고, 거의 모든 대화 상대자와의 관계에서 성도착자의 담론을 채우는 단어들이 의무와 규범 그리고 명령과 복종의 의미를 직간접적으로 포함하곤 하는 이유가 여기에 있다.

엄밀한 의미에서 성도착자들이 목적으로 하는 것은 상식과 보편성으로 지배되는 객관적 법규범을 넘어서는 대타자의 또 다른 법에 자신을 종속시키려는 것이다. 바로 그런 의미에서 라깡은 성도착자들이 법의 외부에 있는 것이 아니라고 말한다.[3] 오히려 이들은 자신을 비롯한 성도착적 무대의 등장인물들을 대타자의 주이상스의 도구로 만들면서 대타자의 특수한 법에 종속되는 것을 자처한다. 물론 이와 같은 특수한 법은 거세의 법과는 다른 것이다. 오히려 거세를 폐지하는 또 다른 법이라고 할 수 있는데, 종국에는 스스로의 규범까지도 붕괴시키도록 조율된 역설의 법규범이다. 바로 그러한 역설 속에서 성도착자들이 '문자 그대로' 따르도록 창안해낸 기괴한 법규범들은 스스로의 실재성을 드러낸다. 성도착의 법들은 상징적인 속성을 넘어서는 물질성을 띤 채로 출현하기 때문이다. 쉽게 말해서, 명령되는 법규범의 한 문장 한 문장들은 마치 하나의 사물인 것처럼 상징계 전체의 순환으로부터 떨어져 나온 채 떠다닌다. 포괄적인 의미에서 우리는 이것을 '법의 기표signifiant de loi' 자체에 대한 과대평가된 대상화, 즉 물신숭배(페티시즘)라고 말할 수 있을 것이다.[4]

그러한 방식으로 성도착에서의 법의 기표는 욕망의 대상이 아닌 향유의 대상, 또는 실재의 대상이 되며 거세의 질서인 팔루스의 경제를 일시적으로 정지시키는 파괴적인 힘을 발휘한다. 그리하여, 위반과 파괴의 법이 도달하는 최종적인 환상의 장소는 거세되지 않은 어

---

3 Jacque Lacan, «Kant avec Sade», *Écrits*, Paris, Le seuil, 1966.

4 Alain Juranville, *Lacan et la philosophie*, p.259

머니, 충만한 상상적 어머니이며 원초적 대상 그 자체이다. 바로 이것
에 도달하기 위해서 성도착자는 대타자의 폭력적인 법에 종속되며(사
디즘과 마조히즘), 대안적 남근을 발명하거나(페티시즘), 남근의 유무
에 따른 성 차이를 거부하며(동성애), 때로는 거세되지 않은 절대적 응
시를 소환한다(관음증과 노출증). 성도착의 구조가 파생시키는 셀 수
없이 다양한 변주의 양상들 속에서 관찰되는 법에 대한 위반, 굴복,
종속의 형식들은 다음의 효과를 겨냥하는 것이다. 즉, 법에 대한 맹목
적 추구가 법의 이념 자체를 붕괴시키는 역설적인 효과 속에서 어머
니를 거세했던 아버지의 법에 대한 복수를 완성하는 것, 그리하여 상
징계 이전의 충만한 상상적 환상을 실현하는 것.

드 클레랑보 박사의 응시

성도착 자체는 병이 아니다. 또한 범죄도 아니다. 성도착이 병 또는
범죄로 간주되는 것은 신경증이나 정신병과 마찬가지로 해당 주체가
타인에게 정신적, 신체적 상해를 입히는 등 현행법을 위반하는 순간
뿐이다. 마치 정신병과 신경증 모두 하나의 구조일 뿐 병이나 비정상-
정상의 개념에 포함될 수 없는 것처럼 말이다. 라깡학파의 정신분석
은 가장 엄격한 학문적 정직성을 유지하기 위해 '정상성'의 개념을 받
아들이지 않는다. '정상적 성 취향'이나 '정상적 인격'과 같은 개념은

각 시대의 남성-지배적 패러다임이 만들어낸 권력의 환상일 뿐이니까 말이다. 이미 인간과 문명이라는 현상 자체가 자연에 대한 초과적이며 돌발적인 사건으로부터 파생된 만큼, 자연스러운 성이나 자연스러운 인격과 같은 개념은 순수하게 인위적이며 우연적인 속성을 갖는다. 바로 이와 같은 라깡학파의 인간관을 논증하는 사례를 멀리서 찾을 필요는 없을 것 같다. 드 클레랑보 박사의 삶이 바로 그렇기 때문이다. 드 클레랑보의 환자가 아니라 박사 자신의 삶 말이다.

이번 장의 도입부에서 잠시 언급했던 것처럼, 드 클레랑보는 학문적 업적뿐만 아니라 기이한 삶의 궤적으로도 유명하다. 특히 천과 베일에 관한 집착은 그의 정신의학 연구의 경향뿐만 아니라 예술적인 활동 역시 자극했다. 간단히 말해서, 드 클레랑보는 그의 환자들만큼이나, 혹은 그보다 더 지속적이고 은밀하게 천에 집착했던 것이다. 그는 천-도착 환자들을 연구할 뿐만 아니라 천에 관련된 의복의 역사를 연구했으며, 파리국립미술학교에서 학생들에게 천과 의복의 역사적 형태와 그에 대한 미술적 표현 이론을 강의하기도 했다.

한편 1차 세계대전 당시 군에 징집된 드 클레랑보는 1915년에 어깨에 총상을 입은 이후 모로코에 머물게 되는데, 이때 수천 장에 달하는 사진 작품을 완성한다.[5] 여기서도 드 클레랑보의 관심을 끄는 것은 신체를 가리는 천과 베일이었다. 특히 모로코의 이슬람 여성들이 두

---

5 드 클레랑보의 모로코 시절 사진 작품들은 1990년 조르주 퐁피두 센터에서 특별 전시되어 세간의 관심을 끌었다. 이후 작품들은 1997년 세르주 티세롱(Serge Tisseron)이 편집하여 화집으로 출간됐으며, 현재 파리의 인간 박물관(Musée de l'Homme)에 원본이 소장되어 있다.

르는 부르카는 박사의 관심사를 지배했다. 이 같은 연구 경험을 바탕으로 인류학회에도 참석했던 드 클레랑보 박사는 부족별 아랍인들의 베일 두르는 방식의 차이를 학자들 앞에서 세심하게 재현하곤 했다. 몸을 가리기 위해 사용되어왔던 천과 의복의 형태 자체의 중요성뿐만 아니라, 그것을 입거나 벗는 행위 속에 감춰진 은폐와 드러냄의 의미들 역시 주목받아야 한다는 사실을 보여주려고 노력했다.

어째서 드 클레랑보는 이토록 천과 베일의 이미지에 집착했던 것일까? 질문에 답할 수 있는 더 자세한 정보를 우리는 갖고 있지 않다. 박사 스스로는 정신과 진료를 받은 일도, 정신분석을 받은 일도 없었기 때문이었다. 그는 존경받는 의사로서, 인류학과 미술 그리고 사진에도 조예가 깊은 파리의 지식인으로서 살아갔을 뿐이다. 그가 범죄와 연관된 경우는 오직 범죄자의 정신 감정을 위해서 29년간 경시청 위탁 특수병동에서 일하는 순간들뿐이었다. 그의 인생은 성도착의 일반적인 이미지가 보여주는 폭력이나 기괴함과는 거리가 먼 것처럼 보였다. 단 한 번 예외적인 경우가 있었다면 스스로 죽음을 선택했던 순간 정도라고 할 수 있다.

백내장 수술의 실패로 두 눈의 시력을 상실한 이후 박사는 불안증세에 시달렸고, 결국 자택 다락방에서 권총 자살한 상태로 발견된다. 이때 박사는 커다란 거울을 마주 본 채였고, 박사의 주변에는 강의를 위해 사용되던 밀랍 인형들이 가지런히 늘어서 있었다. 기괴한 느낌을 주는 박사의 자살 소식이 파리에 알려졌고, 그에 대한 이러저러한 소문이 떠돌기도 했지만 그마저도 그걸로 끝이었다. 어떤 경로를 통해서도 우리는 박사가 천에 관한 도착자였는지 판단할 수 있는 근거를 찾지 못한다. 그럼에도 우리는 그의 천에 대한 집착이 그의 환자였던 V. B. 여인의 경우와 비교될 수 있다는 사실을 간과할 수 없다. 만일 V. B. 여인이 반사회적 경향 속에서 돌출된 성도착의 구조를 보여주고 있었다면 드 클레랑보 박사의 경우 친사회적이며 승화라고도 부를 수 있는 경향 속에서 돌출된 성도착이라고 볼 수 있지 않을까?[6] 물론 박사가 성도착자였다고 판단할 근거는 전혀 없다. 그리고 만일 박사가 성도착자였다는 사실이 밝혀진다고 해도 달라지는 것은 없을 것이다. 우리가 이제부터 관심을 갖고 분석하려는 것은 박사 자신의 천에 대한 집착이 아니라 그의 사진들이 스스로 말하고 있는 의미에 대해서이기 때문이다. 박사가 촬영한 수천 장의 사진들은 한결같이 단하나의 사실을 우리에게 알려주고 있는데, 그것은 '베일로 가릴수록 무언가 알 수 없는 제3의 것이 은밀히 출현한다'는 사실이다. 박사가 의식하고 있었건 그렇지 않았건, 박사의 천에 대한 집착과 그 산물로서의 사진 이미지들은 박사의 환자 V. B. 여인이 그랬던 것보다 더욱

---

6 승화라는 개념과 관련해서 특히 물신주의와 관련된 성도착은 자신의 범위를 무한히 확장하는 것처럼 보인다. 종교적 사물을 신성시하면서 그로부터 천상의 환희를 체험하는 종교적 제례 의식들은 분명 페티시즘의 한 유형이라고 볼 수 있다. 마찬가지 관점에서 보석과 같은 사물에 광적으로 집착하고 그로부터 강력한 만족을 얻는 현상들 역시 페티시즘의 범주에 들어갈 수 있지 않을까? 여기서의 승화란 성도착의 성애적 국면을 사회적으로 수용 가능한 신경증적 국면으로 전환시키는 1차적 과정을 포함한다고 할 수 있을 것이다. 이것을 우리는 신경증화된 성도착의 구조라고 부를 수 있지 않을까? 마치 드 클레랑보의 환자였던 V. B. 여인이 성도착적 구조 속에서 자위행위를 한 이후 손가락 마디에 격렬한 히스테리성 통증을 느꼈던 것처럼, 성도착의 구조는 신경증에 의해 교차 가능하지 않을까? 즉, 부인은 억압과 교차 가능하지 않을까? 더 정확히 말해서, 성도착의 부인-구조는 억압의 옷을 입고 있지 않을까?

전형적인 성도착의 구조를 드러내고 있으며, 성도착이 무엇인지 보다 명백한 논증을 가능하게 해주고 있다.

드 클레랑보가 모로코에서 찍은 사진 이미지들을 세심히 관찰해보자. 우리는 베일로 가려진 현지인들의 신체, 대부분 여성인 이들의 이미지로부터 무엇을 보는가? 베일은 가리는 기능을 하므로 우리가 베일로부터 보는 것은 '볼 수 없음'이다. 쉽게 말해서, 우리는 베일 때문에 그 너머를 볼 수 없고, 그래서 이미지는 볼 수 없음 그 자체만을 재현하고 있다. 물론 각각의 베일이 가진 차이들을 언급할 수도 있겠다. 실제로 드 클레랑보 박사가 사진 속에서 보여주려고 했던 것은 이와 같은 베일들의 주름의 모양과 두르는 방식의 차이들이 아닐까 생각해볼 수도 있기 때문이다. 그러나 베일 두른 사람들의 이미지가 수십 장, 수백 장으로 늘어나고, 그리하여 다시 수천 장으로 확장되기 시작하면 우리는 이제 더 이상 그들 사이의 차이에 의미를 부여할 수 없게 된다. 마치 3장의 라깡적 승화 개념에서 언급된 자크 프레베르의 성냥갑들의 무한 반복처럼, 사진 속 베일의 반복은 사소한 차이들을 무화시키면서 단 하나의 근본적인 사실을 강조하고 있는데, 그것은 베일의 가리는 기능 속에서, 즉 볼 수 없음의 현시 속에서 출현하는 응시 그 자체이다.

앞선 2자 관계의 논의를 통해 설명하자면, 사진은 보는 눈, 시선과 마주 보는 눈, 즉 대상-시선 사이의 관계를 베일로 지워버림으로써 제3자의 눈, 대타자의 응시를 출현시키고 있다. 라깡이 1964년의 세미나들에서 집중적으로 다루고 있는 응시의 문제가 바로 이것이다. 또한 관음증-노출증의 성도착이 구조의 중심에 위치시키는 것도 바로 이것이다. 상상적인 관계 혹은 상식적인 관계라고도 말할 수 있는 시선-교환의 상호적 기능을 정지시키는 전략을 통해 대타자의 응시를 출현시키는 것 말이다.

아랍의 의복을 연구한다는, 그토록 빈약한 알리바이는 쉽사리 잊힐 뿐이다. 그리고 남는 것은 수천 장의 사진들이 반복해서 드러내는 응시 그 자체이다. 누구의 응시인가? 그것은 분명 모델이 되었던 현지인들의 응시는 아니다. 사진을 찍고 있는 드 클레랑보 자신의 시선도 아니다. 사진 속에서는 관찰자(드 클레랑보 또는 우리 자신)와 대상(현지인 모델)의 시선 교환을 넘어서는 보다 강력한 응시가 떠오르고 있기 때문이다. 라깡은 이것을 '시관충동pulsion scopique'의 대상이라고 부른다. 시관충동은 거세 이전에 아이가 탐닉했던 네 가지 충동[7] 중에서 눈과 관련된 충동으로, 부모의 시선이 아이의 심리에 각인시킨 바로 그 충동이다.

신경증자의 경우였다면 응시는 공포를 불러일으킬 뿐이다. 다른 모든 충동들이 그렇듯이 온전히 거세되었으며 상징계의 내부로 편입된 신경증자의 지각은 유아기의 충동에 대해서 거부반응을 보인다. 이것이 바로 쾌락원칙과 현실원칙이라는 프로이트적 자기 보존의 시스템이 작동하는 방식이다. 이에 따르면 신경증자의 자아는 유아기의 충동의 대상들을 욕망의 대상 a로 거세시켜 안정적인 삶의 환상을 구

---

7 구강충동, 항문충동, 호원충동(귀), 시관충동(눈).

드 클레랑보 박사가 모로코에서 찍은 베일을 두른 현지 여인의 사진들.

축하도록 만든다. 만일 충동의 대상들이 상징계 내부로 침입해 들어올 경우 신경증자는 이것을 고통이나 불안 또는 공포로 인식하고 밀어내려 한다. 히스테리의 경우 원인을 알 수 없는 신체적 증상들이 바로 그와 같은 충동의 불법적 출현의 흔적에 다름 아니다. 강박증의 경우에는 불안과 죄책감이 그 흔적이다. 정신병의 경우 환청과 환각은 유아기 충동의 흔적이 망상의 형태로 되돌아온 것이다. 보다 선명한 이해를 위해서라면 공포영화의 효과를 예로 들어도 좋다.

아무도 없는 버려진 건물의 어두운 복도를 혼자 걸어가고 있는 주인공을 상상해보자. 어둠 속에서 누군가 자신을 응시하고 있다는 기분이 들기 시작하면 주인공은 패닉 상태에 빠지게 될 것이다. 혹은, 버려진 건물의 스산함이라는 특수한 현실이 주인공을 패닉 상태에 빠뜨리는 순간 즉각적으로 응시의 공포가 출현한다. 이때 주인공이 신경증자라면 그는 자신의 이와 같은 오싹함을 기분 탓으로 돌리려고 한다. 건물에 아무도 없다는 객관적 사실에 의존하여 응시의 공포를 누그러뜨리려 할 것이다. 여기서 객관적 사실이란 세상을 지탱하는 대상들의 상식적 질서를 말한다. 영화 속 주인공 자신의 자아를 형성했으며, 같은 방식으로 세계의 이미지를 안정된 방식으로 구성했을 일관성의 패러다임이 바로 객관성이다. 그러나 이러한 객관성의 패러다임이 특수한 현실 속에서는 제대로 기능하지 않는다. 공포영화는 주인공을 바로 이러한 특수한 현실 속으로 밀어넣음으로써 객관성의 상호적 관계를 무너뜨리고, 그 너머에 존재하는 응시의 공포를 등장시키기 위한 다양한 장치들을 고안해낸다. 공포영화의 성공 여부가 바로 여기에 달려 있다고 해도 과언이 아니다.

그런데, 만일 같은 조건 속으로 던져진 주체가 정신병자라면 어떨까? 응시의 실존을 믿어 의심치 않는 그는 더 이상 어둠 속으로 걸어 들어가려고 하지 않거나 반대로 응시의 명령에 복종하기 위해서 건물의 어둠 속으로 뛰어들 것이다. 신경증자의 망설임이 정신병에는 부재한다. 왜냐하면 정신병자에게 응시란 실재하는 것이며, 현실의 그 어떤 객관적 대상들보다 더욱 견고한 실존의 무게를 갖기 때문이다. 심지어 정신병자는 객관적 타자와의 상호적 시선 교환 속에서도 그 너머의 시선을 본다. 정신병자들이 누군가 자신을 감시한다는 절대자-망상에 쉽사리 사로잡히는 이유가 바로 여기에 있다. 그런데, 성도착자라면 영화 속에서 전혀 다른 행동을 취할 것이다. 그는 저 너머의 응시를 느끼는 순간 응시의 대상으로서 자신의 성기를 제공하기 위해 옷을 벗기 시작할 것이다. 혹은, 바로 그러한 응시에 참여하는 장치를 마련하기 위해 타인의 은밀한 부위를 훔쳐보려고 할 것이다. 성도착자는 그러한 방식으로 억압을 무화시키는 물신적 대상들을 신경증의 공간 한가운데로 불러들이고 쾌락의 탐닉적인 무대 연출을 완성한다.

드 클레랑보의 사진들이 출현시키는 것이 그와 같은 대타자의 응시라는 사실에는 의심의 여지가 없다. 성도착의 은밀한 의도 속에서든 아니면 신경증적인 호기심의 도발(혹은 죽음 충동) 속에서든, 드 클레랑보가 의도한 것은 시선 일반이 정지되는 순간 출현하는 근본적 시선, 즉 대타자의 응시이다. 어린 시절 그토록 아이를 매혹했던 어머니의 시선이었으며, 아이가 세상의 규범을 받아들인 이후로는 공포의 대상이 되어 무의식의 밑바닥을 떠돌아야 했던 바로 그 응시가 사진의 어둠 속을 떠다니고 있다. 만일 드 클레랑보가 그의 환자들이 그러했듯이 성도착의 심리 구조에 속한 존재였다면, 그는 분명 천에 대한 물신주의자는 아니었을 것이다. 그가 찍은 사진들은 그가 사물로서의 물신이 아니라 응시로서의 그것에 사로잡혀 있었다는 것을 명백히 알려주고 있기 때문이다. 그는 관음증자였을 확률이 높으며, 그도 아니라면 노출증자였을 것이다. 만일 드 클레랑보가 단순한 지적 호기심으로 천과 베일의 연구에 사로잡혔던 것이라면, 그는 응시라는 공포스런 충동의 현존에 매혹당한 호기심 많은 신경증자였을 수도 있다. 다시 강조하건대, 드 클레랑보가 어떤 구조에 속하는 주체였는지는 우리에게 중요하지 않다. 그보다 우리는 그의 사진 속에서 강렬하게 현존하는 응시의 실재에 주목할 뿐이다. 그의 사진들이 보여주는 응시의 감각은 이제부터 우리가 탐사하게 될 루브르 박물관의 시선과 응시의 게임을 분석하는 데 결정적인 지표 역할을 해줄 것이기 때문이다.

다비드와 고야의 시선 게임

루브르 박물관을 지배하는 것은 시선의 탐욕이다. 박물관에는 수많은 눈동자들이 보고 보이는 시선의 게임 속에서 각자의 쾌락을 추구하고 있다. 우선 먼저 그곳을 찾는 관람객들의 시선이 있다. 박물관을 찾는 관람자들은 그들이 보고 들었거나 혹은 보지도 듣지도 못했던 신비로운 유물과 예술 작품들의 현존을 눈으로 직접 확인하기 위해 그곳을 찾는다. 그리고 말할 것이다. "듣던 대로 대단했다"라고 말이다. 이들이 만족하는 이유는 이들의 시선에 주어진 이미지들이 자신들의 환상에 꼭 들어맞는 모습이었기 때문이다.[8] 그러한 감상자들의 환상을 구성하는 것은 '들은 바대로'의 논리였을 것이다. 간단히 말해서, 감상자의 환상은 상징계의 상상적 고정관념들에 의해 구성된다.

그러나 관객의 이 같은 시선에 선행하는 시선이 존재했다는 사실을 간과하지 말아야 한다. 그것은 작품의 최초 관찰자였던 작가 자신의 시선이다. 작가는 자신의 작품이 완성되어가는 과정의 매 순간 넋이 나갈 정도로 작품에 매혹당한다. 그의 시선은 그 누구의 것보다 탐욕스러웠으며 작품에 대한 욕망으로 가득 차 있었다. 자신의 분신처럼 느껴졌을 작품에 투여되는 작가의 시선에 담긴 리비도의 양은 언제나 포화 상태에 도달한다. 이 같은 시선의 탐욕의 정도는 작품이 실패하거나 사람들로부터 외면당할 때 느끼는 절망의 강도와 정확히 비

8　반면, 현대 미술관에서 두드러지는 관람객들의 실망과 조소는 현대 미술의 윤리가 바로 이러한 상식적 환상의 만족을 거부하는 데 있기 때문이다.

례한다. 바로 그런 의미에서 박물관을 방문한 우리들이 제일 먼저 발견하는 가장 강렬한 시선은 작품 앞을 서성거리며 열광과 좌절의 양극단을 오가던 작가 자신들의 시선이다. 그러나 시선은 언제나 다른 시선에 의존한다. 작가들은 작품의 최초 스케치를 위해 연필을 드는 순간 이미 작품의 주변에 모여들어 감탄하거나 비난하게 될 비평가-감상자들의 시선을 떠올리기 마련이다. 예술 작품의 구상과 창조의 가장 근본적인 구조는 작품을 보고 감상해줄 상상적 타자의 시선에 의존하기 때문이다. 그런 의미에서 감상자의 시선이 가정되지 않는 작품은 존재하지 않으며, 작가의 시선은 전적으로 그와 같은 객관적 타자의 시선에 연결되어 있다. 화가, 음악가, 문필가 등 모든 종류의 예술 창조자들은 예외 없이 감상자의 위치에 존재하는 상상적 타자의 시선에 전적으로 종속되어 있다. 그런 이유에서 감상자로서의 우리 자신의 시선은 작가의 시선에 대한 대응물이다. 이 둘은 라깡이 상상적 관계라고 부르는 객관적 지식의 신화 속에서 유지된다.

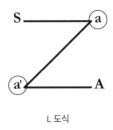

L 도식

라깡이 『에크리』에서 'L 도식 schéma L'이라고 불렀던 이 도식은 환자와 분석가의 관계를 비롯해서 주체의 자아가 타자와 맺는 일반적이며 상상적인 관계를 설명해준다. 도식에서 a-a'의 사선에 위치한 환자의 자아(a')와 분석가의 자아(a)는 박물관에서 발견되는 작가의 자아와 감상자의 자아로 환원될 수 있다. 작가는 비평가를 포함하는 객관적 감상자 일반의 시선을 염두에 두고 자신의 작품을 창조하기 때문이며, 그와 같은 과정 속에서 작가 자신의 자아가 결정된다. 환자-분석가의 관계가 그런 것과 마찬가지로 작가(a')와 감상자(a)의 관계는 현존하는 고정관념-지식의 틀에 의존한다. 여기서 발생하는 시선의 교환(a-a')은 상상적 특성을 갖는다.[9]

만일 이것이 박물관의 시선 게임 속에서 발생하는 첫 번째 시선들이라면, 두 번째는 작품 내부에 존재하는 시선들이다. 루브르 박물관의 가장 화려한 전시실의 한가운데를 차지하고 있는 자크 루이 다비드의 〈나폴레옹 1세의 대관식〉이라는 작품을 보자. 이 그림은 프랑스 대혁명의 영웅인 나폴레옹이 스스로 황제가 되기 위해 대관식을 진행하는 장면을 묘사한 것이다. 그림은 자신의 아내 조세핀에게 황후의 관을 씌워주는 나폴레옹의 몸짓을 제외하고는 극단적으로 제한된 움직임을 보여준다.

그런데, 그림이 이 같은 운동-이미지의 부재에도 불구하고 놀라울

---

9 앞서 설명했던 칸트의 정언명령이라는 상식적 도덕법칙이 작동하는 공간 역시 이곳의 상상적 관계 위에서이다. 지식과 고정관념의 영역인 이곳에서 도덕법칙의 일관성이 균열을 일으키는 순간 상상적 관계망(a-a')은 붕괴되며, 실재적 관계로서의 대타자(A)가 출현한다. 이와 같은 대타자(A)에 조응하여 비로소 자신을 드러내는 것이 바로 무의식의 주체 S이다. L 도식에서 상상적 언어의 장벽(a-a')에 의해 은폐되어 있는 것이 바로 무의식의 주체(S)와 대타자(A)의 관계인데, 드 클레랑보의 사진 작품 속에서는 대타자의 자리에 응시가 올 수 있다. 객관적 상호성(a-a')의 질서가 붕괴되면, 대타자(A)의 응시가 출현하기 때문이다.

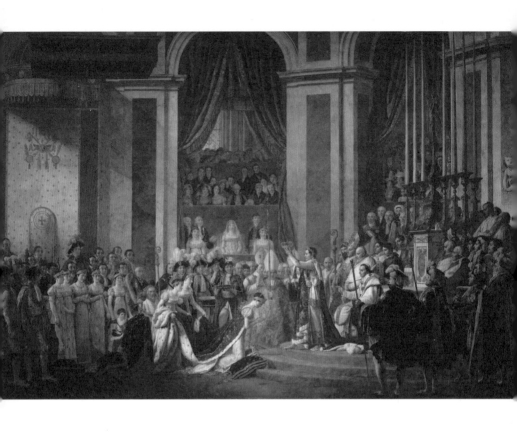

자크 루이 다비드Jacques Louis David, 〈나폴레옹 1세의 대관식Le Sacre de Napoléon〉(1807), 루브르 박물관 소장.

〈나폴레옹 1세의 대관식〉 세부.

정도의 생동감을 유지할 수 있는 이유는 바로 살아 숨 쉬는 듯한 시선
들의 움직임이 있기 때문이다. 이 그림에서 다비드는 숭고함을 표현
하는 엄격한 외곽선과 깊이 있는 구도의 신고전주의적 전통을 포기하
는 대신 시선들의 묘사로 작품의 깊이와 생동감을 창조해내고 있다.
나폴레옹의 대관식이라는 정치적 사건이 보여주는 엄숙함과 비열함,
정치적 성과와 음모들, 순진무구한 추종자들과 깨어 있는 반대자들의
은밀한 시선들의 투쟁이 그림의 밋밋한 구도를 배경으로 박진감 넘치
는 드라마를 표현해내고 있다. 다비드가 그림에서 드러내고 있는 역
동적인 시선의 움직임들은 하나의 상상적 표면(a-a')을 형성하면서 그
림을 감상하는 관람자의 시선을 사로잡는다. 시선들의 이 같은 교차
가 만들어내는 작품의 표면은 의미에 사로잡힌 시선들의 심급이라고

불릴 수 있다. 감상자들은 그림의 등장인물들의 시선이 서로 교차하면서 만들어내는 의미심장한 눈빛들의 그물에 사로잡혀 그 너머의 다른 것을 볼 수 없기 때문이다.

그러나 이것이 전부는 아니다. 시선으로 시선을 사로잡는 회화의 테크닉은 초상화의 장르에서 또 다른 기술을 통해 기능하고 있다. 루브르의 스페인 회화관에 전시된 고야의 초상화는 시선 게임의 독특한, 또 하나의 차원을 보여주고 있다. 모든 초상화 작품이 그렇듯이 이 작품은 최초의 관찰자로서의 화가 자신과 모델이 된 여성의 시선이 은밀하게 교환되는 기본적인 시선 게임으로부터 출발한다. 이때 모델은 화가의 시선에 노골적으로 응답해서는 안 된다. 작품 내부 공간의 독자성을 지켜내야 하기 때문이다. 쉽게 말해서 작품의 공간과 관찰자의 공간이 연결되어서는 안 되는 것이다. 그러나 모델은 관찰자로서의 화가의 시선을 완전히 무시할 수도 없다. 여인의 포즈와 표정, 몸짓에 이르기까지 모든 것은 이미 화가의 시선에 종속되어 있기 때문이다. 그럼에도 모델은 화가의 시선에 저항한다. 화가의 요구와 요청이 아닌 모델 자신의 인간적 깊이와 개성을 포즈를 통해 표현하는 것 역시 인물화의 중요한 요소이다. 따라서 화가는 모델에게 이러저러한 요구를 할 수는 있지만 그럼에도 모델이 자신의 고유한 시선의 영역을 드러내도록 여지를 남긴다. 초상화를 그리는 화가가 작품의 성공 여부를 결정하는 가장 중요한 요소로 간주하는 것이 바로 이것이다. 화가의 시선에 완전히 사로잡히지 않는 모델의 시선과 그로부터 암시되는 작품의 깊이 말이다. 고야는 모델과 화가 사이에서 벌

프란시스코 고야Francisco de Goya, 〈카르피오 백작부인*La Condesa del Carpio, Marquesa de la Solana*〉(1794~1795), 루브르 박물관 소장.

어지는 이와 같은 시선의 전쟁에서 가장 뛰어난 재능을 발휘했던 화가 중 하나였다.

작품에서 고야는 병약한 귀족 부인의 시선을 표현하고 있다. 그녀는 화가를 위해 포즈를 취하고 화가의 시선에 자신의 시선을 던져 모든 것을 맡긴 듯하다. 이처럼 두 인물 사이에서 벌어지는 시선의 교차라는 객관적이며 현실적인 행위는 그러나 여인의 눈빛 속에서 알 듯 모를 듯한 간극을, 일종의 균열과 같은 것을 드러내며 흔들린다. 그녀의 시선이 관찰자의 시선에 완전히 사로잡힌 것 같지는 않기 때문이다. 빠져나가는 듯한 모델의 눈빛은 시선 자체가 하나의 매혹이 될 수 있다는 사실을 우리에게 알려준다. 이 분야에서 고야는 단연코 최고의 기술을 보여준다. 상상적 관계 속에서의 시선 게임이 불러일으키는 신비로운 매혹의 효과들은 고야의 다른 모든 작품 속에서 일관된 빛을 발하고 있다. 고야의 그림에 등장하는 인물들은 그들의 눈빛만으로도 관객의 시선을 사로잡고 놓아주지 않는 회화의 매혹을 증명하고 있다.

그림 속 등장인물들이 자신이 속한 회화의 환상적 공간 속에서 보여주는 시선의 흐름들, 혹은 모델과 화가 사이에서 벌어지는 시선의 은밀한 긴장 관계들은 모두 관객이 즐기며 탐닉할 수 있도록 고안됐다는 의미에서 일종의 보상, 감상자의 시선을 사로잡는 미끼들이다. 우리가 루브르 박물관을 찾는 가장 큰 이유 중 하나는 바로 이러한 시선의 쾌락에 참여하고 탐닉하기 위해서라고 할 수 있다. 물론 이것을 알아보고 즐기는 데에는 상당한 수준의 '교양'이 필요한 것도 사실이

고야, 〈카를로스 4세의 가족 *La Familia de Carlos IV*〉(1800), 프라도 박물관 소장.

다. 전통 회화가 단지 사실적으로 잘 그려지거나 박력 있게 표현된 인물과 사물들의 재현 솜씨만을 자랑하는 것은 아니기 때문이다. 회화는 시선의 게임이라는 차원에서 좀 더 복잡하고 은밀하며 모호한 보석들을 숨겨놓기 마련이다. 이러한 보석들은 우리가 일상의 차원에서 타인과의 눈빛 교환을 통해 얻게 되는 은밀한 쾌락과 본질적으로 다르지 않다. 타인과의 공모와 경쟁 또는 비밀의 은닉과 폭로의 다채로운 상황 속에서 벌어지는 눈빛의 매혹적인 향연들과 꼭 같은 의미와 쾌락을 간직하고 있다. 또한 그것은 환자가 분석가를 찾아와 그를 바라보며 보내는 눈빛과 동일한 것이라고 할 수 있다. 경솔한 분석가라면 이에 대한 화답으로 환자가 원하는 시선을 되돌려 보내줄지도 모른다. 마치 모델을 앞에 두고 그 시선에 화답하면서 스케치를 시작하는 화가의 눈빛처럼, 서툰 분석가는 시선의 게임이 상상계적 의미의 공간에, 고정관념의 평평한 표면이기도 한 그곳에 사로잡히는 것을 그대로 허용할 것이다. 그리하여 서툰 분석은 서툰 회화와 같은 결과에 도달할 뿐이다. 그것은 화가가 원하는 만큼만의 깊이를 드러내는 모델의 표정이다. 사실에 있어서는 자신에 관하여 그 무엇도 말하지 않는 건조하고 메마른, 판에 박힌 표정의 인물화가 그것이다. 그러나 이것은 또한 환자의 방어이기도 하며, 경험도 지식도 없는 분석가가 베풀 수 있는 최대한의 호의이기도 하다. 왜냐하면, 공모 관계 속에서 출현하는 상상계적 시선의 동맹이 붕괴되는 순간 그 너머에는 실재가, 대타자의 목소리 또는 대타자의 응시가 출현할 것이고, 그리하여 자아의 몰락이 재촉될 것이기 때문이다.

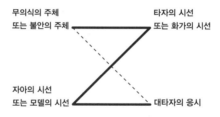

무의식의 주체
또는 불안의 주체

타자의 시선
또는 화가의 시선

자아의 시선
또는 모델의 시선

대타자의 응시

관음증의 박물관

그런 의미에서 박물관의 시선-교차-게임들이 만들어내는 환상의 외피는 분석 과정에서 출현하는 환자-분석가-자아의 언어적 장벽이 그러하듯이 방어적이다. 간단히 말해서, 박물관을 장식하는 이미지들의 동맹은 응시의 출현에 저항한다. 그럼에도 예외는 존재한다. 마치 드 클레랑보의 사진이 그러했던 것처럼, 어떤 작품들은 응시의 출현을 오히려 반기는 듯 보이는데, 우리는 이들을 성도착적 이미지라고 부를 수 있을 것이다. 예를 들어, 앵그르의 〈터키 목욕탕〉이 그렇다.

이 그림은 신고전주의 화풍으로 당대 유럽의 화단을 지배했던 프랑스의 화가 앵그르가 1862년에 완성하고, 1863년에 수정한 작품이다. 작품의 특징은 그림을 주문한 남자의 취향에 따라 전체적인 구도와 소재가 특별히 선택되었다는 점이다. 특히 루브르의 다른 모든 그림과는 다르게 테두리가 사각형이 아닌 원형으로 처리되었는데, 처음에는 그렇지 않았다고 한다. 작품의 소재는 동방 제국의 술탄을 위한

앵그르, 〈터키 목욕탕*Le bain turc*〉(1862), 루브르 박물관 소장.

하렘의 목욕탕으로, 당시 유행하던 오리엔탈리즘의 이국적 풍경을 묘
사하고 있다. 지금 봐도 상당히 성애적으로 보이는 이 그림은 이후 나
폴레옹 3세의 인척에게 팔렸다가 며칠 만에 되돌려보내진 일화로 유
명하다. 그런 다음에는 루브르 박물관에 전시되기 위한 몇 차례의 시
도가 있었지만 두 차례나 거부당하고 나서 1911년에서야 비로소 정식
소장품이 된다. 거절의 이유는 언제나 외설이었다. 어째서일까? 동
일한 인물 이미지(중앙)를 반복하여 완성한 앵그르의 다른 작품 〈발팽
송의 목욕하는 여인〉에게는 관대했던 당시의 도덕규범이 어째서 이

〈터키 목욕탕〉이 원으로 잘려 나가기 전의 사각형 판본 사진. 1859년 찰스 마르빌 촬영.

그림에 대해서는 그토록 외설적이라는 비난의 날을 세웠던 것일까?

단지 여성의 벗은 몸을 그렸다는 것만으로는 외설적이라는 비난을 받을 이유가 없다. 르네상스 이후 여성의 육체적 아름다움을 표현하는 것은 미의 이데아를 표현하고자 하는 모든 미술가들의 공통된 수단이었다. 아마도 하렘이라는 장소의 의미가 이와 같은 비난의 주요한 원인이 되었을지도 모른다. 술탄의 욕정을 만족시키기 위해 욕실에서 옷을 벗고 기다리는 수많은 여인들이라는 소재는 당시 유럽의 사회규범을 자극하기에 충분했기 때문이다. 그러나 정말 그것뿐이었을까? 그렇다면 어째서 들라크루아가 하렘을 소재로 해서 그렸던 다른 그림에 대해서는 동일한 비난이 쏟아지지 않았던 것일까? 필자는 다른 곳에서 그 원인을 찾아보려 한다.

앞서 밝힌 것처럼 이 그림의 테두리는 원래 원형이 아니었다. 수정되기 전의 그림을 보면 앵그르의 다른 작품들과 마찬가지로 사각 틀에 그려졌으며, 구도 역시 그에 맞추어 조율되었다. 원본이던 이 그림과 이후 최초 구매자의 요구대로 원형 틀에 맞추어 수정된 최종 작품 사이에 큰 차이는 존재하지 않는다. 이미지 자체로만 보자면 그렇다. 그보다는, 테두리가 원형으로 바뀐 이후 전체 이미지는 시선과 응시의 관계 속에서 근본적인 변화를 겪는다는 사실에 주목해야 한다. 원형 틀은 이미지 전체를 일종의 열쇠구멍 효과 속으로 가둬버리기 때문이다.

일반적으로 모든 회화가 수직과 수평의 사각 틀을 테두리로 사용하는 이유는 그것이 가장 개방적인 구도를 제공해주기 때문이다. 여기서 개방적이라는 말은 그림 속에 보이는 사물들이 사각형 틀 바깥으로 무한히 확장된 나름의 세계 속에서 일부를 구성하는 듯 보인다는 것을 의미한다. 그러한 방식으로 그림은 자신이 속한 거대한 세계의 일부 이미지를 우리에게 보여주고 있다는 환상을 제공한다. 이와 같은 환상 속에서 우리의 시선은 그림 속 사물들의 배치를 따라 이리저리 운동하게 된다. 또한 그림의 그와 같은 개방성은 우리의 시선이 운동을 멈추지 않고 그림의 틀 바깥 공간으로 무한히 확장되어 나갈 수 있다는 환상을 준다. 그런데 이와 같은 사각의 틀을 원형으로 변화시키면 어떤 일이 벌어질까? 우리의 시선은 이미지들의 외부로 확장되어 나가는 대신 내부로 집중하게 되는데, 이때 예외 없이 출현하는 현상은 바라봄 자체의 대상화, 즉 응시의 출현이다. 열쇠구멍 효과란 그런 것이다. 눈앞에 보이는 대상 사물들이 작은 구멍을 통해 드러나도록 하는 효과 속에서 대상은 나를 볼 수 없지만 나는 대상을 볼 수 있는 시선의 일방향 구조가 형성된다. 이때 우리는 우리 자신의 시선이 아니라 하나의 독립된 응시가 출현하는 경험을 한다. 이러한 효과는 시선 자체가 과도하게 강조되는 순간 발생하기도 한다. 서로의 시선을 교환하는 것이 아니라 단지 하나의 대상이 하나의 강력한 응시에 노출되는 이와 같은 효과는 시선의 상호적 게임이 펼쳐놓은 의미의 덫을 단숨에 찢어버리고 제3의 응시를 출현시킨다. 성도착에 있어서 관음증이 목표로 하는 연출의 구도가 바로 이것이다. 단지 누군가를 보는 것이 아니라 대타자의 응시와 함께 그것을 보는 것, 그리하여 보고 보이는 시선의 게임을 초월하여 거세되지 않은 어머니의 초법적 응시를 다시 불러내는 것 말이다. 관음증과 노출증이 상호 역전된 방식으로 추구하는 이와 같은 응시의 소환은 어머니-아이의 상호적 완결성이라는 유아기적 유토피아 환상을 실현하기 위한 성애적 매개의 기능을 한다.

이 그림의 주문자이며 최초 구매자였던 칼릴 베이Khalil Bey라는 남성이 원했던 것이 응시의 소환 효과였다는 사실은 명백해 보인다. 당시 파리 주재 터키 대사관의 외교관이었던 이 남자가 구매했던 또 다른 회화 작품의 목록은 우리의 가정을 더욱 확신하도록 해주는데, 그

구스타프 쿠르베Gustave Courbet, 〈잠*Le Sommeil*〉(1866), 프티 팔레 소장.

것은 쿠르베의 〈세계의 기원〉과 〈잠〉이다.

먼저 〈잠〉과 관련해 몇 가지 언급하자면 다음과 같다. 이 작품 역시 칼릴 베이의 개인 주문 형식으로 제작된 작품이었기에 쿠르베는 동성 애적 표현을 자유롭게 할 수 있었다. 그러나 이 그림은 단지 동성애라는 성도착의 구조, 즉 남녀 성 차이의 지식에 대한 거부만을 드러내는 것은 아니다. 그림은 성도착에서 보다 본질적인 차원을 묘사하고 있는데, 그것은 바로 거세되지 않은 어머니의 남근 이미지이다. 그림에서 뒤엉킨 두 여인의 다리들은 성도착자가 꿈꾸는 거세되지 않은 어머니, 즉 남근을 가진 어머니의 환상에 접근하고 있기 때문이다. 아래쪽에 자리한 여성에게 위쪽 여성의 왼쪽 다리는 남근을 대신한다. 반대로 위쪽 여성의 다리 사이에 끼인 아래쪽 여성의 왼쪽 다리는 또한 위쪽 여성의 남근을 대체하고 있다. 그렇게 해서 그림은 단지 동성애적 성행위를 묘사하는 것을 넘어서 거세되지 않은 어머니의 이미지를 묘사한다. 성도착으로서의 동성애적 근본환상을 재현하는 것이다.

쿠르베의 이와 같은 동성애 묘사는 프로이트가 레오나르도 다빈치의 동성애-도착의 구조를 다루기 위해 언급했던 그림 한 점을 떠올리게 하는데, 역시 루브르에 전시된 〈성모자와 성 안나〉가 그것이다. 물론 전혀 다른 문맥으로 은폐되어 있지만, 이 작품에서도 역시 두 여인의 다리가 교차되어 있는 것을 볼 수 있다. 특히 옷자락 밖으로 노출된 세 개의 다리는 마치 그중 하나가 두 여성 중 한 명의 남근이 될 수도 있으리라는 상상을 가능하게 해준다. 프로이트 역시 이 작품을 그렇게 분석하고 있다. 다빈치의 동성애는 유년기의 거세되지 않은 어

레오나르도 다빈치Leonardo da Vinci, 〈성모자와 성 안나Sant' Anna, la Vergine e il Bambino con l'agnellino〉(1510~1513), 루브르 박물관 소장.

머니-이미지로 지탱되는 도착적 구조에 기인한다는 것이고, 다빈치는 자신의 작품 속에서 지속적으로 이와 같은 거세되지 않은 여성의 이미지를 반복하고 있다는 것이다(같은 이야기를 남성적 건장함으로 묘사되는 미켈란젤로의 여성 이미지에도 적용할 수 있을 것이다).

그러나 칼릴 베이의 성도착적 작품 컬렉션의 정점을 이루는 것은 쿠르베의 〈잠〉이 아니라 〈세계의 기원〉이라고 해야 할 것이다. 이 작품 역시 관음증이 의심되는 터키 외교관의 취향에 맞도록 직접 주문 제작된 작품이다. 이 작품이 다른 많은 사실주의적 누드화와 다른 점이 있다면, 그것의 부분성이라고 할 수 있다. 즉, 여성의 전체 이미지를 보여주는 대신 특정 부분만을, 그것도 성기 부분만을 노출시켜 보여주는 것에서 그림의 외설적 효과가 강조되고 있다. 현재 오르세 미술관에 소장된 이 그림은 세느강변을 사이에 두고 루브르에 전시된 〈터키 목욕탕〉에 대응하는 대표적 관음증 회화 이미지라고 할 수 있다. 둘 모두 관음증의 구조 속에서 출현하는 응시의 실재를 산출해내고 있기 때문이다. 만일 〈터키 목욕탕〉이 원형 틀의 열쇠구멍 효과를 통해서 응시를 출현시키고 있다면 〈세계의 기원〉은 부분성 또는 파편성이라고 부를 수 있는 것의 강조 효과를 통해 그렇게 한다. 그런데 어째서 부분적으로 대상을 노출시키는 것은 응시를 불러일으킬까? 이것을 이해하기 위해서라면 정반대편의 전제로부터 접근하는 것이 도움이 된다. 전체성의 이미지는 어떻게 응시를 억압하는가?

〈세계의 기원〉과 신경증자들의 불안

파편과 전체성이라는 개념으로 논의를 축소해보자. 미술은 언제나 후자, 즉 전체성의 구도를 완성하기 위해 노력해왔는데, 이는 미시적 차원에서의 개인의 자아와 거시적 차원에서의 사회-문명이 추구했던 욕망 속에서도 마찬가지였다. 전체성이란 어린아이가 자신의 파편적 신체-이미지들이 하나로 통합되는 현상 앞에서 느꼈던 쾌락인 동시에, 문명이 스스로를 역사화하면서 전체로서의 인류의 이미지를 완성하며 도달하는 쾌락의 실체이기도 하기 때문이다. 전체성은 그렇게 우리의 자아가 누리는 쾌락의 원천이다. 나 자신이 누구인지 확신할 수 있다는 것은 바로 나 자신의 자아-이미지가 하나의 이상 아래 통합됨을 의미하기 때문이다. 이 같은 통합의 전체성이 위협받을 때 우리는 불안을 느끼며 삶의 여정에서 길을 잃은 듯한 느낌을 받게 된다. 정신분석을 비롯하여 여타 심리상담을 받기 위해 상담실을 찾는 내담자들 중 대부분이 바로 이러한 자아의 파편성을 호소한다. 스스로가 분열되었음을 인식하고 불안에 빠지는 것이다. 적절히 통합되어 전체성을 구성하지 못하는 자아는 파편화된 충동과 불안의 정동에 침입당하는 고통 속에 던져진다. 이는 히스테리의 증상에서는 원인을 알 수 없는 신체적 고통이나 마비의 증상으로, 강박증에서라면 근원을 알 수 없는 불안과 죄책감, 그리고 이를 저지하기 위해 동원되는 강박적 사고의 반복과 그로 인해 더욱 피폐해지는 고통스런 삶의 형태로 경험된다. 라깡 이전의 전통적인 관점에서 '심리를 치료한다'는 말의 의

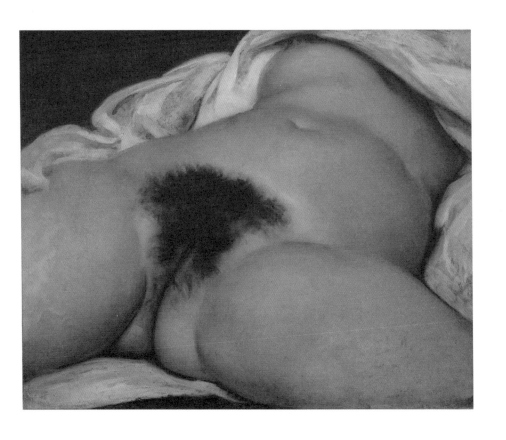

쿠르베, 〈세계의 기원 *L'Origine du monde*〉(1866), 오르세 미술관 소장.

미는 바로 이러한 파편화의 고통으로부터 전체의 통일성으로 이행하는 것에 다름 아니었다. 그리고 동일한 욕망이 전통 미술의 창조 과정에서도 오래도록 추구되어왔다. 그림을 그린다는 것은 세계의 파편적 이미지들을 하나의 질서 아래 통합하여 전체를 구성하는 행위였기 때문이다. 각 시대가 파생시켰던 아름다움의 이데아를 통해 세계의 이미지를 다시 셈하고 새로운 전체 이미지로 재편하는 것, 이것이 전통 미술의 목표였다. 그런데, 같은 일들이 박물관이라는 고고학적 장소에서는 조금 다른 양상으로 벌어진다. 박물관은 유물들의 파편적 존재 양식을 통일성 속에서 다시 조합하고 이를 통해 인류 전체의 안정된 이미지를 구성하려 한다. 각 시대와 사조 별로 구분된 유물과 예술 작품들은 박물관을 지배하는 타자의 지식에 의해 셈해진 결과물이다. 땅 속에 묻혔던 시간의 파편들은 고고학의 세례 속에서 비로소 역사 전체의 일부가 되며, 인류의 최종적인 전체성 형성에 기여한다.

1장에서 다루었던 것처럼, 만일 박물관의 강박증이 언어적 지식(대학 담화)을 통한 억압 속에서 공백의 출현을 저지하고 있었다면, 그와 같은 공백을 파편성이라는 개념으로 대체할 수 있을 것이다. 라깡적 의미에서의 공백이란 자아-질서의 부재 자체라는 관점에서 전체성이 상실된 파편적 사태를 의미하기 때문이다. 공백은 또한 셈해질 수 있는 규범의 부재, 그리하여 재현될 수 있는 요소들의 부재를 의미한다. 강박증자가 언어적 사유를 통해 공백을 억압하려 했던 이유는 결국 자신의 자아가 흩어지는 파편적 이미지를 견딜 수 없었기 때문이다.

자아가 흩어지면 욕망의 민낯인 파편적 또는 '다형적polymorphes'인

작자 미상, 〈사모트라케의 승리의 여신 *Victoire de Samothrace*〉, 루브르 박물관 소장. 원래 이 조각상은 수백 개의 파편으로 발굴되었는데 고고학자들이 조합하여 끼워 맞춘 것이다. 루브르 입구에 세워져 관람객을 맞이하는 이 신상은 파편을 거부하고 전체를 추구하는 방어적 욕망에 사로잡힌 박물관의 본성을 보여준다.

충동들이 출현한다. 아이-어머니의 세계를 지배했던, 그러나 상징계의 법을 받아들임으로써 포기되어야 했던 부분 충동들의 세계가 바로 그것이다. 그런데, 파편적으로 흩어진 부분 충동들의 상공을 떠다니는 것이 바로 응시, 시관충동이다. 응시는 다른 모든 충동들의 배후에서 가장 치명적인 불안의 정동을 흩뿌리는 저승사자이다. 시각적 이미지의 공간 속에서 추구되는 전체성에 대한 욕망이 응시의 출현을 필사적으로 억압하려는 이유가 여기에 있다. 이미지가 흩어지거나 혹은 이미지 자체가 부재하면 응시의 공포가 출현할 것이기 때문이다.

후자의 예로서는 빈벽 증후군을 들 수 있다. 텅 빈 벽을 바로 보며 느끼는 불안과 공포의 심리장애가 그것이다. 한편 쿠르베의 〈세계의 기원〉이 주는 효과는 전자에 속한다. 신체의 특정 부위 이미지가 전체 이미지로부터 떨어져 나와 파편적으로 존재함으로써 응시를 출현시키기 때문이다. 이 그림의 외설적 성격은 바로 여성의 성기 이미지가 누구의 성기인지, 어떤 인격의 여성에게 속하는지 알 수 없는, 그래서 전체성으로 포섭되지 않음으로써 강조되는 것이다. 물론 신경증자라면 이 같은 형식의 이미지보다는 전체성의 누드를 선호할 것이다. 노출된 여성의 성기가 어떤 여성성에 속하는지, 나아가서 어떤 성애적 상황의 문맥에 속하는지를 알고자 하며, 그러한 의미의 향유 속에서 욕망을 지속하려 할 것이기 때문이다. 그러나 성도착자가 탐닉하는 것은 그러한 성 차이를 기반으로 하는 의미의 전개가 아니다. 성도착자는 부분적으로만 잘려진 성기 이미지의 상공에 출현하는 응시의 실존을 탐닉할 뿐이니까 말이다. 성도착자는 그녀가 누구인지, 어떤 여자인지에 대해서는 관심이 없다. 중요한 것은 파편적 신체 이미지를 매개로 해서 소환했던 응시이며, 그것을 통해 도달하는 거세가 부인된 장소, 즉 주이상스의 유토피아이다. 그러나 신경증자들에게는 이와 같은 파편적 이미지는 불편함을, 나아가서 불안함의 정동을 불러일으킬 뿐이다. 쿠르베가 이 그림을 그린 이후에 벌어진 일련의 소동은 신경증자들이 보여주는 응시에 대한 불안의 반응을 설명해준다. 1878년에 출간된 한 서적에서 막심 뒤 캉Maxime du Camp이라는 문필가는 〈세계의 기원〉에 대해 다음과 같이 논평하고 있다.

> [···] 사실주의의 최신 유행을 따르며 실제 모델을 재현한 이 작품은, 그러나 이해할 수 없는 망각을 통해 모델의 발과 다리와 허벅지와 배, 그리고 허리와 가슴과 손과 팔과 어깨, 목과 얼굴을 그리는 것을 빼먹고 있지 않은가.

20세기에 들어서도 이 미스터리한 그림의 성기 이미지에 얼굴을 찾아주려는 신경증자들의 헛된 노력은 멈추지 않았다. 그림이 그려졌을 당시에 모델로 추정되던 여인은 쿠르베의 제자였던 미국의 화가 제임스 휘슬러James Whistler의 연인 조안나 히퍼넌Joanna Hiffernan이었다. 당시 쿠르베와 휘슬러의 갑작스런 결별은 외설적인 그림의 모델이 자신의 연인이었다는 사실을 알게 된 휘슬러의 분노가 원인이었다는 설이 지배적이었다. 그러나 2011년 미술사학자 제라르 데상쥬Gérard Desanges는 그림의 모델이 히퍼넌이 아니라 주문자 칼릴 베이의

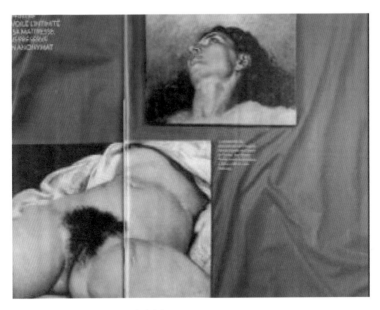

2013년 『파리 마치』에 발표된 재구성 이미지.

연인이던 잔 드 투르베Jeanne de Tourbey라고 주장한다.

'성기 이미지'에 얼굴을 찾아주어 전체성을 획득하려는 이 모든 헛된 강박증적 시도들은 2013년 『파리 마치』라는 정기간행물에 실린 한 편의 논문으로 절정에 달한다. 장-자크 페르니에Jean-Jacques Fernier라는 미술사학자는 2010년 파리의 골동품상에서 발견된 여인의 얼굴 초상화를 근거로 〈세계의 기원〉이 원래는 부분적 이미지가 아니라 여성의 신체 전체를 묘사한 것이었다는 가설을 주장한다. 논문이 발표된 이후 한때 논란의 중심에 서게 된 이 주장은 오르세 미술관의 전문가들에 의해서 반박당한다. 페르니에가 쿠르베가 그린 것이라고 주장하는 여성의 얼굴 그림과 팔다리 스케치는 〈세계의 기원〉의 성기 이미지와 전혀 어울리지 않는 포즈와 각도를 보여주고 있기 때문이다.

〈세계의 기원〉이라는 관음증적 성도착 회화와 관련된 이 모든 소동들이 의미하는 것은 무엇일까? 그것은 파편적 이미지의 불안을 견딜 수 없어 하는 신경증자들의 방어적 욕망, 전체성에 대한 동경이 아닐까? 신경증적인 문명은 충동의 불안이 출현하는 것을 억압하기 위해 전체성이라고 부를 수 있는 상상적 이미지 내부에 사물을 종속시킨다. 성도착자들이 추구하는 이미지의 파편성은 신경증자들에게는 오히려 주이상스가 아닌 고통과 불안으로 인식될 뿐이기 때문이다.

라깡의 덮개

루브르 박물관의 내부를 떠도는 응시의 불안과 이에 방어하는 신경증적 이미지들의 대립에 관련한 이제까지의 논의들을 정리하면서 필자는 라깡이 〈세계의 기원〉의 이미지를 덮는 데 썼던 또 다른 그림 한 점을 소개하려 한다. 칼릴 베이가 도박 빚의 청산을 위해 경매에 내놓았던 〈세계의 기원〉은 이후 여러 사람들의 밀실을 거치게 되는데, 흥미롭게도 라깡이 최후의 개인 소장자가 된다.[10] 먼저 칼릴 베이가 이 작품의 덮개 그림으로 사용했던 이미지부터 살펴보도록 하자. 그리고

---

10 라깡의 사망 이후에야 비로소 그림은 오르세 미술관에 소장되어 대중에게 공개된다.

쿠르베, 〈블로네 성*Chateau de Blonay*〉(1873), 부다페스트 국립미술관 소장.

나서 라깡의 그림과 비교해보는 것은 이 작품의 정신분석적 의미를 이해하는 데 도움이 된다.

칼릴 베이는 그림을 구입할 당시 작품의 외설적 이미지를 세인의 시선으로부터 감추어줄 덮개 그림을 쿠르베에게 요구했다. 그렇게 해서 그려진 것이 위의 이미지이다. 단순하게 그려진 밋밋한 풍경화는 〈세계의 기원〉을 숨기는 기능을 했다. 원본 그림과 가리개 그림의 두 이미지는 마치 어머니의 주이상스와 이를 가리면서 거세의 기능을 하는 아버지-법의 대립을 상징하는 듯 보인다. 성도착의 구조가 그러하듯이 그림은 아버지의 법에 종속된 거세된 이미지(풍경화)로 내밀한 성충동을 은폐하고 있지만, 그러나 덮개 그림이 열리고 내부의 이미

앙드레 마송André Masson, 〈성애적 대지Terre érotique〉(1955), 개인 소장.

지가 드러나는 순간에는 상상적 주이상스(〈세계의 기원〉)가 개방되며, 도착적 쾌락이 실현되기 때문이다. 이후 이 그림을 구입한 라깡은 쿠르베의 풍경화 대신 다른 덮개 그림 하나를 주문한다. 라깡은 자신의 처남이자 초현실주의 화가였던 앙드레 마송에게 덮개 그림을 부탁하는데, 위의 이미지가 그것이다.

이 그림은 쿠르베의 〈세계의 기원〉을 '다른 방식으로 재현'한 것이라고 할 수 있는데, 라깡이 주이상스에 대해서 취하는 정신분석적 태도를 이해할 수 있도록 도와준다. 대타자의 응시 앞에 던져진 대상으로서 쿠르베의 외설적 그림을 우리 모두의 무의식에 숨겨진 근본적 환상이라고 가정해보자. 성도착자들은 바로 이 환상을 억압하는 대신 도착의 형식 속에서 불러내는 재주를 가진 사람들이다. 그들은 거세되지 않은 어머니의 환상을 완성하기 위해 응시를 불러내거나 물신을 설정하는 등의 테크닉을 소유한 자들이다. 따라서 이들에게는 덮개를 여는 행동만으로도 쉽사리 주이상스의 만족은 이루어진다. 신경증자들이 억압의 강력한 지배 아래서 연기된 욕망을 좇는 고난의 여정을 지속하는 것과는 전혀 다른 유토피아가 성도착의 세계에는 실존한다. 한편, 신경증의 특징은 자신의 주이상스에 대해서 언제나 오인하며 그것이 실재하는 장소가 아닌 다른 곳에서 그것을 찾아 헤맨다는 데에 있다. 신경증자는 밋밋한 세계-풍경화 아래에 외설적인 〈세계의 기원〉이 존재한다는 사실을 철저히 외면하기 때문이다.[11] 그러나 성도착자는 외면하지 않는다. 그는 밀실로 들어가 풍경화의 덮개를 열고 〈세계의 기원〉을 마주 보는 대담함을 보이는데, 만일 사정이 그러하다면 성도착자는 욕망의 실재를 환상의 덮개 없이 마주 본다고 할 수 있을까? 강력한 성욕의 실현 속에서 전율하는 성도착자들의 존재는 신경증적 은폐와 환상의 기만을 넘어서고 있는 것일까?

이에 대한 대답은 성도착자들이 포기하지 못하는 거세되지 않은 어머니-형상의 비밀 속에 숨겨져 있다. 완전한 어머니이며, 아버지의 법에 의해 위협받지 않는 절대자로서의 어머니는 기원적 실체가 아니

---

11 그런 의미에서 신경증의 무의식은 주이상스의 대상에 대해 우회하는 방식 그 자체이다. 라깡이 『에크리』를 여는 첫 페이지에서 "인간은 문체 그 자체(Le style est l'homme même)"라고 말했던 것의 의미가 이것이기도 하다. 인간 존재는 자신의 주이상스에 대한 에둘러 말하기(la périphrae), 여담처럼 비켜 말하기(la digression), 반어법(l'ironie), 부정(la dénégation) 등 담화의 문체 그 자체라는 것이다.

라 사후적 환상일 뿐이라는 비밀이 그것이다. 어떠한 유아기도 성도
착자들이 즐기는 주이상스의 환상에 일치하지 않는다. 거세되지 않은
어머니라는 개념은 이미 거세라는 개념을 전제함으로써만 추론될 수
있기 때문이다. 따라서 성도착의 구조에서도 역시 환상의 개념은 필
수적이다. 그들은 환상 없이 주이상스에 접근하는 것이 아니라, 보다
강력하며 인위적인 환상을 매개로 주이상스에 접근할 뿐이다. 그들은
신경증자들과는 다른 (억압 없는) 환상에 속해 있을 뿐이며, 바로 그
러한 의미에서 그들의 존재 역시 근본적 소외의 구조에 종속되어 있
다. 신경증자들과 마찬가지로 그들 역시 자신들이 사로잡힌 강력한
욕망의 정체를 알지 못하는 것이다. 성도착자들에 의해 마치 원초적
이며 근원적인 것처럼 간주되곤 하는 성욕의 실재 역시 근본적 상실
에 대한 하나의 환영적 대응일 뿐이라는 사실을 그들은 모른다.

그리하여 우리는 성도착과 신경증에 관한 다음과 같은 결론에 도
달할 수 있게 된다. 즉, 무의식의 중핵에 도사린 근본적 결여, 어머니
의 상실로부터 야기되는 결여의 웅덩이인 공백만이 유일한 실재이며,
성도착과 신경증은 바로 이러한 공백의 가장자리로부터 피어오르는
최초의 환상에 대해서 취하는 두 가지 다른 양상의 태도라는 것이다.
성도착은 근본환상을 쾌락의 필터를 통해 재현하며, 신경증은 (쾌락
이 아닌) 쾌락원칙과 현실원칙이라는 억압의 필터로 재현한다.[12] 성도

---

12 성도착이 근본환상을 쾌락의 필터를 통해 재현한다는 표현은, 오직 그것이 성적 쾌락의
형태로만 출현할 수 있도록 재현의 구조를 조율한다는 것을 의미한다. 반면 필터 없이 출현하
는 정신병에서의 근본환상은 쾌락이 아닌 고통과 불안의 형태로 출현할 수 있으며, 실제로 대
부분의 경우 그러하다. 한편 쾌락원칙은 쾌락을 위한 원칙이 아니라 안정과 보존을 위한 원칙

착은 거세되지 않은 어머니라는 가장 일차적인 환상을 마주 보는 방식으로 그것에 매달려 있었던 반면, 신경증은 등지는 방식으로 그것에 매달려 있었을 뿐이다. 두 경우 모두 욕망의 여정을 지속하기 위해서는 근원적 결여로서의 공백과 자아 사이를 매개하는 환상을 필요로 한다는 사실에는 차이가 없다.

이와 같은 관점들에 주목하면서 라깡이 앙드레 마송에게 부탁했던 덮개 그림의 의미를 살펴보도록 하자. 초현실주의 회화의 형식을 보이는 이 그림은 정신분석의 자유연상 기법과 동일한 과정으로 그려졌다. 의식의 통제를 최소화하면서 무의식을 떠다니는 기표와 이미지들에 주목하는 것이다. 만일 신경증의 방어가 근본적 환상이 가진 욕망의 불법적인 속성을 억압하고 은폐하는 방식으로 기능하는 것이라면, 초현실주의의 자유연상적 표현은 그러한 억압을 느슨하게 만들어 근본환상에 보다 수월하게 접근할 수 있도록 한다. 성도착자라면 덮개를 여는 간단한 행위만으로도 접근할 수 있는 이와 같은 근본적 환상에 정신분석과 초현실주의 회화가 접근하려는 이유는 무엇인가? 그것은 근본적이며 그런 의미에서 욕망의 최종적 환상인 그것 너머에 도달하기 위해서가 아닌가? 신경증을 비롯해서 성도착과 심지어는 정신병의 구조에 있어서까지 지각과 인식의 세계를 구성하는 모든 것을 환상으로 간주하는 정신분석이 환상 너머에 도달하고자 하는 이유는 바로 자신의 근원적 결여와 상실의 검은 구덩이를, 공백인 그것을

이다. '쾌락이 아닌 쾌락원칙'이라는 상기의 표현은 신경증의 쾌락원칙이 강력한 쾌락을 오히려 포기하는 원칙이라는 의미를 갖는다.

마주 보기 위해서이다. 그리하여 환상 너머에는 아무것도 없음을, 혹은 없음이 있음을 체험하고, 그로부터 타자의 흔적으로서의 환상과 주이상스의 만족이 아닌 자신만의 새로운 환상을 창조해내는 방법을 체득하고자 함이 아닌가? 초현실주의 회화는 바로 그와 같은 환상의 횡단 과정에서 산물로서 출현하는 우연적 아름다움 그 자체이다.

그런 의미에서 라깡이 〈세계의 기원〉을 초현실주의 회화 이미지로 덮어 가리려 했던 이유는 단지 그것을 은폐하려는 목적만은 아니었을 것이다. 라깡이 보여주고 싶었던 것은 근본환상과 그것에 대한 창조적 은폐의 문제가 아니었을까? 만일 우리의 삶이 무의식의 중심에 간직하고 있는 근본적 결여와 환상을 은폐하는 방식으로만 지속 가능하다면, 그것이 신경증뿐만 아니라 성도착에서도 생존의 절대 조건이라면, 그러한 은폐가 내부로 폐쇄되는 방식이 아니라 외부로 개방되는 방식이어야 한다는 정신분석의 윤리를 앙드레 마송의 회화는 보여주기 때문이다. 마치 자신의 동성애적 성도착의 구조가 부여하는 위반의 감각을 현존하는 미술의 규범을 전복시키는 창조의 힘으로 전환할 수 있었던 다빈치와 미켈란젤로, 프란시스 베이컨과 데이비드 호크니 등의 수많은 위대한 도착자들의 삶이 그러했던 것처럼 말이다. 혹은 수많은 위대한 신경증자들이 죽음 충동의 불안에도 불구하고 자아의 몰락을 받아들이는 투쟁 속에서 새로운 주체로, 새로운 패러다임의 주인기표로서 자신의 자아를 창안해낼 수 있었던 것처럼 말이다.

성도착에 있어서도 소외는 존재하며, 그에 대한 극복은 신경증에서의 그것과 다르지 않음을 이 모든 논증과 사례들은 보여주고 있다.

결국 주어진 근본환상에 대한 각자의 포지션을 어떻게 주어지지 않은 방식으로 은유할 것인가의 문제가 그것이다. 성도착에서의 포지션은 주이상스를 마주하는 것이었으며, 신경증에서는 등을 돌리는 것이었다. 둘 사이의 차이에도 불구하고 이러한 포지션들은 공통적으로 우리의 삶을 대타자에 의해 주어진 방식대로 고정시킨다. 따라서 문제는 위치를 바꾸는 것에 집중된다. 위치를 바꾸는 것은 그것을 전혀 다른 방식으로 은유하는 과정을 통해서만 가능하다. 자신의 주어진 욕망에 대해서 달리 말하게 되는 것은 다른 방식의 쾌락을 가능하게 만들며, 이는 주어진 쾌락에 사로잡히지 않는다는 것을 의미한다. 라깡이 덮개로 설치한 마송의 그림은 그렇게 열기 위해 닫는, 개방하는 방식으로 폐쇄하는, 창조하는 방식으로 모방하는 뫼비우스적 통로의 은유이다. 이제까지 우리가 살펴보았던 성도착의 구조가 보여주는 충동과 쾌락의 다양한 양상들은 라깡이 제안하는 이와 같은 뫼비우스적 덮개가 없다면 우리를 언제나 동일한 장소, 삶의 폐쇄적 공간으로 되돌려보내는 소외된 주이상스의 운동이 될 뿐이니까 말이다.

그리하여 이 책의 마지막인 4장의 내용들, 드 클레랑보의 환자들과 사진 작품들, 박물관을 떠도는 응시의 유령들과 이에 반응하는 성도착자들과 신경증자들의 서로 다른 태도 등을 횡단한 뒤에 우리가 마주하게 되는 화두는 1장, 2장, 3장의 화두와 다르지 않다. 결국 환상에 사로잡힐 것인가 아니면 그것을 넘어설 것인가의 문제가 그것이다. 성도착의 구조는 강박증과 히스테리가 2자 관계의 환상 속에서 언제나 감추고 억압하려던 제3의 존재, 주이상스의 대타자를 노골적으로 출현시킴으로써 세계를 근본적으로 지배하는 '합리적 상호성 réciprocité rationnelle'의 환상을 넘어서고 있었다. 그럼에도 성도착은 스스로를 거세되지 않은 어머니라는 최후의 환상에 종속시킴으로써 또 다른, 더욱 강력한 환상 속에 세계를 가두고 만다.

루브르 박물관은 바로 이러한 두 가지 유형의 소외가 벌이는 투쟁의 장소, 응시와 시선의 전쟁터였다. 그리고 라깡의 덮개 그림으로 암시되는 정신분석의 새로운 관점은 박물관의 이 같은 투쟁들 속에서 새로운 가능성을 발견하도록 만들어준다. 환상을 횡단하는 과정에서 최종적인 타자로부터 자아를, 그리하여 세계를 해방시키는 가능성이 바로 그것이다. 어쩌면 이러한 가능성은 역사 속에서 이미 실천되어 온 것인지도 모른다. 만일 그렇다면 박물관을 채우는 작품들은 단지 상대적 가치들의 재현이 아니라 과거의 틀에 저항하고 빠져나가는 진보의 흐름의 흔적들이라고 간주될 수 있을 것이다.

라깡의 시선의 진정한 중요성은 바로 이 같은 진보를 진보로 알아볼 수 있도록 해주는 새로운 담론의 역할을 하는 데 있다. 진리의 사건이 발생한 자리를 알아보고 그것을 '진리'의 이름으로 명명하는 언어로서의 역할이 그것이다. 바로 이러한 역할에 기대를 걸었던 이 책이 스스로의 이름을 '라깡의 루브르'라고 부르려 했던 것은 우연이 아닐 것이다. 단순히 강박증적 예술을 말하는 것이 아니라, 히스테리적이거나 정신병적인 또는 성도착적 예술 작품을 단지 분석하는 것이 아니라, 그 너머에 있는 진리의 자리를 명명할 수 있도록 하는 역할을 라깡 정신분석 담론이 맡아주기를 기대했기 때문이다.

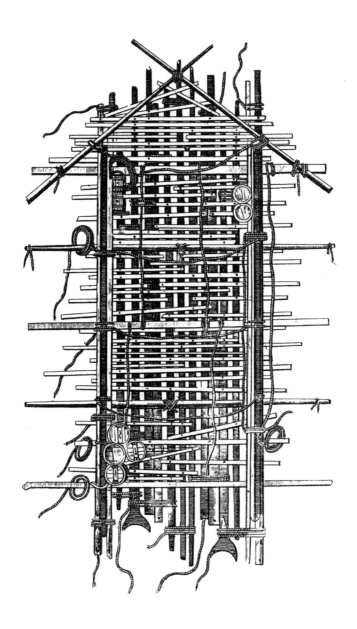

에필로그

인생은 기나긴 항해의 여정과 같다고들 말한다. 드물게 순풍을 타긴 하지만, 폭풍우의 암흑 속에서 혹은 바람 한 점 불어오지 않는 검은 태양의 열기 아래서 우리가 타고 있는 인생의 조각배는 죽음이라는 미지의 대륙을 향해 나아가고 있다고 말이다. 책 표지의 뗏목 그림은 그와 같은 험난한 항해를 암시한다. 암초에 걸려 좌초한 배의 파편들로 만든 어설픈 나무 조각배에 의지해 사투를 벌이던 메두사호의 조난자들은 우리의 인생이 순조롭지만은 않다는 사실을 환기시킨다. 그렇다. 인생은 관광책자에 등장하는 푸르고 조용한 바다와는 전혀 상관이 없다. 삶은 위태로운 항해이며, 난파한 범선과 조난당한 구명보트의 잔해들이야말로 삶을 묘사하는 가장 정확한 이미지이다. 정신분석가와 심리상담사를 찾는 수많은 평범한 사람들의 마음속 작은 폭풍우들이 그것을 증명하지 않는가? 그렇게 우리는 슬픔과 회한의 장대비 속에서도 잃어버린 대륙에 관한 기억으로 잠 못 들면서 희망의 끈을 놓지 않는다. 우리는 우리를 조난으로부터 구해줄 구조선의 그림자를 기다린다. 내담자들이 분석가나 의사에게 원하는 것이 바로 그러한 구조선의 역할이다.

라깡이 『세미나 7』에서 말하듯 우리는 '목자'를 기다리지만, 그러나 선한 목자는 결코 오지 않을 것이다. 왜냐하면, 우리가 목자라고 부르는 그들, 정신과의사나 정신분석가, 심리상담사의 인생 역시 조난을 당했거나 그러할 것에는 다름이 없기 때문이다. 라깡이 힘주어 말하듯, 누구도 행복이 무엇인지 가르쳐주지 못한다. 어떠한 대학 담화도, 주인 담화도, 자본주의 담화도 '행복'이라는 텅 빈 기표의 자리를 보편성으로 채울 수 없다. 그것은 존재하지 않는 환상이기 때문이다. 결국 누구도 오지 않으며, 영원히 그러할 것이다. 난파선에 남겨진 생존자들을 찾아오는 것은 오직 우울증의 유령들, 히스테리와 강박증의 유령들뿐이다.

그런 의미에서, 이 책의 각 장에서 묘사된 강박증과 히스테리, 멜랑꼴리와 성도착의 증상들로 고통받는 그들은 우리의 분신이다. 정도의 차이가 있을 뿐, 우리 모두의 삶은 라깡이 주이상스라고 부르는 충동의 격렬한 파도에 대한 무의식의 어설픈 방어이며, 그것이 불러오는 다양한 참사의 유형들이다. 쾌락원칙과 현실원칙이라는 무의식적 방어의 수단으로 나름의 안정과 한 줌의 쾌락을 얻기 위한 둑을 쌓지만, 그것은 언제나 일시적이며 불완전할 뿐이다. 사실을 말하자면, 오히려 우리의 무의식은 삶을 추구하기보다는 죽음을, 안정보다는 불안을, 앞으로 나아가기보다는 제자리걸음을, 의미보다는 무의미를 추구한다. 충동을 고정시키고 안정화시키려던 무의식의 전략은 오히려 충동의 반복 운동에 스스로를 사로잡히게 만드는 덫이 된다. 그렇게 덫에 걸린 마음은 고통스런 쾌락을 탐닉하는 무의식의 문법에 이끌려 언제나 동일한 암초의 지대로 되돌아간다. 이러한 되돌아감, 암초에 걸려 반복되는 삶의 고통이야말로 인생의 항로를 위협하는 재난의 가장 보편적인 구조라고 할 수 있다.

무언가가 재난 속에서 반복되고 있는데 매번 달라 보이는 이유는 기만적 환상 때문이다. 매번 같은 장소로 돌아가고, 같은 계단을 오르고 내리는데 그것이 매번 새로운 고통인 이유는 삶의 무미건조함을 은폐하려는 마음의 경향 때문이다. 결국 우리가 거대한 대양의 카오스라고 생각했던 항해의 궤적은 아주 협소한 마음의 연못을 맴도는 보잘 것 없는 흔들림, 도돌이표로 연주되는 짧고 우울한 피아노 소곡에 불과했다. "저는 괜찮습니다. 인생은 살 만한 것이지 않습니까?"라고 반복해서 말하는 강박증적 내담자의 눈동자 속에서 분석가가 보는 것은 오직 불안과 회한의 흔들림뿐이다.

그럼에도 불구하고, 이 같은 마음의 재난으로부터 빠져나갈 수 있지 않을까라고 끊임없이 질문하는 우리 자신의 목소리가 있다. 삶을 흥분된 기쁨의 장소로 만들 수는 없을지라도, 최소한 의미 있는 여행으로 만들 수 있는 방법이 있지 않을까 스스로에게 묻는 목소리가 있다. 아주 오래전 루브르 박물관 입구에 처음으로 들어서던 나의 마음속에서는 그런 목소리가 속삭이고 있었다. 예술이 그러한 역할을 해줄 수 있지 않은가라고 묻는 목소리가 있었다. 우리가 예술 작품을 찾고, 감상하고, 그 아름다움을 기억 속에 각인시키려는 이유는 현실적인 삶의 쾌락을 맛보려는 덧없는 시도들과는 전혀 다른 동기가 숨

에필로그

어 있기 때문이었다. 무언가 '고상한' 것을, 순간이 아닌 영원을, 현실이 아닌 초현실을, 비루함이 아닌 고귀함을, 그리하여 삶의 결핍된 모습을 보상해줄 충만함을 꿈꾸는 마음이 있었다. 그러나 흐르는 세월과 함께 내가 이해한 사실은 보다 힘 빠지는 결론이었다. 박물관에는 우리가 기대했던 그러한 것, 고귀하거나 영원한 가치는 존재하지 않았다. 그곳에는 보다 완고한 환영이 보다 교활한 방식으로 삶의 비루함을 은폐하고 있을 뿐이었다. 마치 텅 비어 있는 흰 벽의 공허를 참을 수 없어 그곳을 장식하여 감추려고 물감을 칠하듯, 문명은 세계의 허무를 견딜 수 없어 예술이라는 환영을 발명해냈던 것이다. 그런 의미에서 막장 드라마를 보며 넋을 놓는 것과, 위대한 예술 작품에 취해 마음이 고양되는 것 사이에는 조금의 차이도 존재하지 않는다고 말해야 한다. 고급 예술과 대중 예술 모두 삶의 진실을 은폐하는 기능 속에서 서로를 속이는 방식으로 자신을 속이고 있을 뿐이다.

바로 그런 이유 때문이었다. 이 책이 루브르 박물관이라는 숭고한 예술의 신전을 부산스런 정신병동으로 간주하는 무례함을 감히 시도했던 이유 말이다. 그곳에 전시된 작품들을 강박증, 히스테리, 멜랑꼴리, 우울증, 성도착증의 전형적 증상들로 간주하려 했던 이유. 그러한 방식으로 이 책은 문명의 빛나는 유산들이 주장하는 가치를 한낱 병리적인 효과들로 환원시켰고, 박물관을 과대망상증의 화려한 부산물로 되돌리는 신성모독을 시도했다. 왜냐하면, 바로 그것이 사실이며, 진실이기 때문이다. 예술가의 천재성과 예술 작품의 영원성이라는 신념은 모두 인간의 유한성을 감추려는 낭만주의적 신화에 불과하기 때문이다.

그렇다면 그러한 방식으로 이 책이 독자를 몰아넣고자 하는 곳은 궁극적인 허무이자 환멸의 장소였을까? 어떤 의미에서는 그렇다. 분석가가 정신분석클리닉을 찾아온 내담자를 데려가려는 장소 역시 환멸과 우울의 장소라는 의미에서 그렇다. 반복되는 삶의 재난이 감추는 비루한 환상의 정체를 폭로하는 정신분석클리닉이 환자를 데려가는 곳은 바로 참을 수 없는 존재의 가벼움의 장소, 텅 빈 환멸의 장소라는 의미에서 그렇다는 말이다. 그리하여 우리는 다시금 아주 협소한 마음의 연못으로, 그곳에 던져진 장난감 뗏목으로 되돌아오게 된다. 환멸과 우울이 유일하게 허용된 정동인 그곳으로. 그런 다음에는 무엇이 남는가? 아마도 '아무것도 남지 않았다'는 인식이 남을 것이다. 또는 다음과 같은 유일한 질문이 남을 것이다. 환상이 무너지고, 신화가 흩어져버린 폐허의 장소로서의 박물관의 한가운데서 이제 우리는 무엇을 해야 하는가?

이에 대해서도 나는 라깡학파의 정신분석의 교훈을 따르고자 한다. 죽음을 욕망하는 마음으로 삶을 욕망해야 한다. 나 자신의 자아의 몰락을 받아들임으로써 다시 태어나는 과정을 반복함이 그것이다. 바로 그 때문이었다. 박물관에서 발견된 아주 특별한 몰락의 장소들을 소개하고 이것에 가치를 부여하려는 노력에 몰두했던 이유 말이다. 어떤 예술 작품들은 스스로의 몰락을 오히려 초래하고, 유발하며, 받아들이려는 경향을 보이고 있었다. 나아가서 단지 몰락을 받아들일 뿐만이 아니라 그것이 어떻게 아름다울 수 있는지를 보여주려고 시도하고 있었다. 그것은 몰락을, 죽음을, 그런 다음 남겨진 폐허를 욕망할 수 있도록 하는 기이한 매혹의 장치와 같았다. 책을 읽은 독자들은 내가 말하는 폐허의 매혹이 카라바조의 〈성모의 죽음〉이라는 작품 속에서 실현되고 있었음을 기억할 것이다. 작품은 어떻게 텅 빈 공허 속에서도 매혹과 욕망이 유지될 수 있는지를 보여주고 있었다. 그것은 일종의 '견딤'의 기술을 우리에게 알려주고 있는 듯했고, 나 역시 그에 합당한 설명을 시도하려 했다. 폐허의 빈자리란 진리가 도래할 수 있는 유일한 사건적 장소라는 설명이 그것이다. 마치 정신분석클리닉에 남겨진 내담자의 텅 빈 마음, 환멸에 빠진 마음이야말로 새로운 사건적 기표가 연결될 수 있는 최적의 조건인 것처럼, 이 책이 발견하여 드러내고자 했던 박물관의 텅 빈 공허와 이를 보존하는 힘으로서의 아름다움은 새로움이 출현할 수 있는 사건적 진리를 기다리는 장치화된 공백의 구조였다.

이를 통해서 내가 말하고자 했던 것은 우리의 진정한 불행이란 타자의 힘에 의해 반복되는 환상에 사로잡히는 것이지, 난파와 조난이 아니라는 사실이다. 그런 의미에서 심리적 불행과 환멸은 오히려 환상의 정지점을 표지한다. 텅 빈 것 같은 마음의 공허는 새로움을 담아낼 진리의 빈자리였다. 그곳에서의 우울증은 거짓 욕망에 대해서 마음이 할 수 있었던 최선의 방어였던 것이다. 아마도 이것이 『라깡의 루브르』의 필자가 박물관을 나서는 독자들에게 선물할 수 있는 유일한 지식, 혹은 비지식의 지식인지도 모르겠다. 300페이지에 이르는 텍스트의 복잡한 디테일들이 아니라, 그 어떤 지식의 지배로부터도 빠져나가도록 해주는 공백, 균열, 허무의 감각이야말로 이 책이 독자를 위해 마련한 최고의 지식이다. 바로 그러한 공백의 감각으로부터 각자가 자신만의 새로운 지식을 창안해낼 수 있도록 하는 것이야말로 필자가 정신분석의 교훈을 예술과 일상의 정치학에서 보편화시키고자 했던 것이기 때문이다.

라깡의 루브르

초판 1쇄   2016년 4월 30일
초판 2쇄   2021년 4월 30일

지은이   백상현
펴낸이   이재현, 조소정
펴낸곳   위고
제작   세걸음
출판등록 2012년 10월 29일 제2013-000232호
주소   경기도 파주시 회동길 290 206-제5호
전화   031-946-9276
팩스   031-946-9277

ⓒ 백상현, 2016

ISBN 979-11-86602-12-6 03100

hugo@hugobooks.co.kr
hugobooks.co.kr

이 도서의 국립중앙도서관 출판예정도서목록(CIP)은 서지정보유통지원시스템
홈페이지(http://seoji.nl.go.kr)와 국가자료공동목록시스템(http://www.nl.go.kr/kolisnet)에서
이용하실 수 있습니다.(CIP제어번호: CIP2016010098)